Renate Riemeck

1789

Renate Riemeck

1789

Heroischer Aufbruch
und
Herrschaft des Schreckens

Urachhaus

Der Umschlag zeigt Jean Baptiste Regnaults Gemälde »Freiheit oder Tod« von 1794
(Hamburger Kunsthalle)

CIP-Titelaufnahme der Deutschen Bibliothek

Riemeck, Renate:

[Siebzehnhundertneunundachtzig]
1789 : heroischer Aufbruch u. Herrschaft d. Schreckens /
Renate Riemeck. – Stuttgart : Urachhaus, 1988
ISBN 3-87838-569-2

ISBN 3 87838 569 2
Umschlagentwurf: Bruno Schachtner, Dachau
Satz und Druck der Offizin Chr. Scheufele, Stuttgart

Inhalt

Die Kanonade von Valmy 1792

Zweite Phase der Revolution 1792–1795

Einzelschicksale zwischen Idealismus und Terror

Revolution in Deutschland

Georg Forster – Kosmopolit und Revolutionär

Anhang

Vorwort

Die Französische Revolution von 1789 ist *das* große Ereignis in der europäischen Geistes-, Wirtschafts- und Sozialgeschichte der neueren Zeit. Darin sind sich Freunde und Gegner der Revolution einig. Zu fragen bleibt: Wie lange muß ein solch epochales Ereignis wohl zurückliegen, ehe »der Parteien Gunst und Haß« sich gelegt haben und man in unparteiischer Distanz davon schreiben und reden kann?

An der Großen Revolution scheiden sich die Geister, seit sie sich ereignet hat. In Deutschland loderte der Konflikt der Meinungen schon 1790 auf, und er setzt sich bis in unsere Zeit fort. Begeistert begrüßte die Revolution ein Mann wie Friedrich Daniel Schubart, jener schwäbische Rebell, der 1777 in strenger Isolationshaft auf dem Hohen Asperg für seine freiheitlichen Gedanken büßen mußte. Vorbehaltlos glücklich war der Pädagoge Joachim Heinrich Campe, der als Reisebegleiter des jungen Wilhelm von Humboldt just im Revolutionsjahr 1789 in Paris eintraf. Bewundernd und nicht ohne Seufzen schrieb der greise Friedrich Gottlieb Klopstock 1790 seine Ode »Sie und nicht wir!« nieder. Im fernen Weimar war Christoph Martin Wieland hingerissen von dem »größten aller Dramen«, die je gespielt worden seien. Johann Gottfried Herder, der 1792 an seinen »Briefen zur Beförderung der Humanität« arbeitete, erachtete selbst noch nach der Absetzung des französischen Königs die Revolution als das wichtigste Ereignis seiner Zeit, wenngleich er seinen Originaltext schon nicht mehr in den Druck zu geben wagte. Der Weltumsegler und Goethe-Verehrer Georg Forster verschrieb sich den Idealen von Freiheit, Gleichheit und Brüderlichkeit dermaßen, daß er 1793 aus Deutschland fliehen mußte und einsam im Paris der Guillotine starb, ohne je seine Sympathien für die Revolution zu verleugnen. Solchen Revolutionsenthusiasten standen zur gleichen Zeit die Verfechter der althergebrachten Ordnung gegenüber. Es versteht sich von selbst, daß ein Monarch wie König Friedrich Wilhelm II. von Preußen vor jeglicher Umgestaltung nur dringend warnen konnte. Er schrieb 1791, »daß die Ansteckung des Geistes der Freiheit und des Ungehorsams die ernsteste Aufmerksamkeit aller Regierungen verdiene«, wobei er Freiheit mit Ungehorsam gleichsetzte. Seinem konservativen, aber zu vorsichtigen Reformen neigenden Minister Ewald Friedrich Graf Hertzberg gab er den Laufpaß, als dieser die Auffassung äußerte, die Französische Revolution werde erst dann ihre Wirkung auf andere Länder verlieren, wenn man gelten lasse, was sie Positives erbrachte, und daraus entsprechende Konsequenzen ziehe. Das blieb ungehört. Aus der Erstarrung der alten Mächte ergaben sich folglich auch die Revolutionskriege.

Die Ereignisse von 1789 kann man als Modellfall für alle Revolutionen der nachfolgenden Zeit verstehen – 1830, 1848, 1917, 1918. Solches ist nicht erst durch die marxistische Geschichtsforschung üblich geworden, von der das sehr betont wurde und wird. Modellcharakter hatte 1789 auch schon für Friedrich von Gentz, der in nachnapoleonischer Zeit zum Berater des österreichischen Staatskanzlers Metternich werden sollte. »Restauration und Reaktion« nennt man die Metternich-Ära (1815– 1848), in der Gentz als Staatstheoretiker eine große Rolle spielte.

Gentz war nach anfänglicher Revolutionsbegeisterung zum Gegner jeder Revolution geworden, doch war er mehr als nur ein polternder Konterrevolutionär. Das Jahr 1789 erschien ihm als tiefer Einschnitt in die Geschichte, und er war klug genug, um die Französische Revolution ebenso wie die Entstehung der USA als »Totalrevolution« zu begreifen. Eine solche Totalrevolution sei aus historischer Notwendigkeit hervorgegangen, »eine durchaus neue Ordnung aller Dinge zu schaffen und zwischen diese und die alte Ordnung eine entscheidende Kluft zu setzen« – wie Manfred Kossok 1988 feststellte. Gentz betrachtete die Revolution in Frankreich als zwingende Forderung nach Reformen innerhalb der alten Machtverhältnisse, als partielle Einbeziehung bürgerlicher Elemente in die monarchische Staatsordnung. Konterrevolution war für ihn also nicht mehr bloße Wiederherstellung der vorrevolutionären Verhältnisse, sondern ein Versuch, die Auswirkungen der Revolution durch Reformen abzufangen oder einzugrenzen. Das versuchten auch alle nachfolgenden Politiker konservativer Prägung in Europa. Aber 1789 war nicht nur ein unumkehrbares Ereignis in der europäischen Geschichte geworden. Es hatte Weltformat und wurde als solches zum Streitobjekt politischer Gesinnungen.

Man denke nur an den englischen Schriftsteller Thomas Paine, der einer der Wortführer der amerikanischen Unabhängigkeitsbewegung gewesen ist und 1791 eine Verteidigungsschrift für die Französische Revolution schrieb, oder an den Engländer Edmund Burke, der sie heftig verurteilte. Die Kontroverse um 1789 ist so alt wie die Revolution selbst und hat bis heute noch kein Ende gefunden.

Am deutlichsten zeigt sich das im Land der Revolution selbst. Schon im Vorfeld der Zweihundertjahrfeier entbrannte in Frankreich ein heftiger »Historikerstreit«, der sich in Zeitungen, Funk und Fernsehen schon seit Jahren niederschlägt. Die Kongresse anläßlich des »*Bicentenaire*«, die Artikel und Aufsätze sind unübersehbar geworden. Aufbruch in eine neue Zeit und Befreiung von den Fesseln eines veralteten Herrschaftssystems oder tragisches Ende einer festgefügten Ordnung und Terrorherrschaft sind die beiden Pole der Bewertung.

Daß Historiker sich streiten und im Gefolge ihres Streits öffentliche Meinungsmacher wie Presse, Funk und Fernsehen Urteilsbildungen beeinflussen, kennen wir aus dem eigenen Land. Friedrichs des Großen Staat, Bismarcks preußisch-deutsche Reichsgründung oder die Ursachen für Hitlers verhängnisvollen Aufstieg sind und bleiben umstritten. Es geht dabei um die Aufarbeitung geschichtlicher Ereignisse und deren Langzeitwirkung.

Nicht anders verhält es sich beim Historikerstreit in Frankreich. Dabei stehen sich konservativ denkende »rechte« Wissenschaftler und »linke«, progressiv orientierte Historiker kämpferisch gegenüber. Die »Rechten« verurteilen die Französische Revolution, die »Linken« sind stolz auf sie. Die einen verdammen die Schreckenstaten der Jakobiner, die anderen rechtfertigen sie.

Die Wahrheit liegt wie immer in der Mitte. Schon 1987, zwei Jahre vor Beginn der großen Erinnerungsfeiern, stritt man sich in französischen Zeitschriften und Zeitungen um das Erbe der Revolution. Im »*Figaro*«, dem auflagenstarken Blatt der Konservativen, wurde ein antirevolutionärer Feldzug gestartet, als dessen geschichtskundiger Stratege der angesehene Historiker Pierre Chanu gelten kann. Chanu und seine Schüler verurteilen alles, was jemals positiv über 1789 gedacht, geschrieben und gesagt wurde. »Am Anfang aller Völkermorde, die eines der Merkmale des Ideologie-Krebses sind, am Ursprung einer Reihe, die den armenischen Genocid [Völkermord; d. Vf.], Hitlers Holocaust, den sowjetischen Gulag umfaßt, steht jener innerfranzösische Genocid«, womit er die Französische Revolution meint.

Gegen Chanus vernichtende Auffassung wandte sich der Historiker Max Gallo, der nach dem Präsidentschaftswahlsieg Mitterands 1981 zeitweilig auch Minister im sozialistischen Kabinett war. Er schrieb: »Wenn die Sansculotten Mörder, wenn die Soldaten des Revolutionsjahres II (1793) nur SS-Schergen gewesen sind, wenn die Republik einen ›Genocid‹ anrichtete, dann wird man von den Fassaden der öffentlichen Gebäude die Worte ›Freiheit, Gleichheit, Brüderlichkeit‹ entfernen müssen. Und warum ersetzt man sie dann nicht durch ›Arbeit, Familie, Vaterland‹?« (in seinem »Offenen Brief an Maximilien Robespierre«, Paris 1987)

Die Gegenüberstellung der berühmten Revolutionsparolen von 1789 mit den Begriffen »Arbeit, Familie, Vaterland«, mit denen Gallo die Politik des Sozialistengegners Chirac und seiner Regierung charakterisieren will, zeigt deutlich: Hier wird nicht historisch, sondern politisch argumentiert. Das tat ja auch Chanu. Hinter dieser gegensätzlichen Beurteilung der Revolutionsvorgänge wird also eine ideologisch-politische Konfrontation sichtbar, wie man sie nicht erst jetzt, sondern auch in älteren Darstellungen der Französischen Revolution finden kann. Man wird beim Lesen eines jeden, oft quellenreichen Werkes immer darauf zu achten haben, welche »*couleur*«, welche Farbe durchschimmert: Schwarz oder Rot.

Dabei ist es gut zu wissen, daß es auch französische Historiker gibt, die uns wie Denis Richet und François Furet schon 1965 ein sehr objektives Revolutionsbild gegeben haben (»Die französische Revolution«, deutsche Übersetzung, München 1978). Furet griff nun 1987 endlich in den von Chanu entfachten Historikerstreit ein: »Es ist eine merkwürdige Debatte, die da um die Zweihundertjahr-Feier erneut aufgenommen wird. Als ich vor 15 Jahren gegen Soboul und die jakobinische Tradition schrieb, fand ich kaum Unterstützung. Danach gingen meine Argumente ihren Weg und die Debatte verlief in ruhigeren Bahnen. Heute, wohl weil der Wind von rechts weht, mißbraucht man meine Arbeiten, um den ganzen Revolutionsprozeß in Frage zu stellen. Die Revolution ist das große Ereignis der Geschichte Frankreichs, ist die Geburt der Demokratie. Wie schon Hegel schrieb, ist sie ein ›herrlicher Sonnenaufgang‹, aber eben auch eine Tragödie. « (nach: Basler Zeitung Nr. 201, 1987)

Diese Feststellung erschien ihm notwendig, nachdem Michel Vovelle sich 1985 über die Mentalität der französischen Revolutionäre außerordentlich subtil geäußert hatte (*» La mentalité révolutionaire «*). Vovelle ist Präsident der *» Commission Nationale de Recherche Historique pour le Bicentenaire de la Révolution Française «* und gilt als ausgesprochen Linker. Sein Buch über » Französische Revolution – Soziale Bewegung und Umbruch der Mentalitäten « erschien 1987 in deutscher Übersetzung. Es widerspricht sowohl der Furetschen These vom innerfranzösischen Völkermord als auch dessen Verunglimpfung der Revolution als Ursprung aller modernen Totalitarismen. Für Vovelle bleiben das Jahr 1789 und seine Folgewirkungen ein Schlüssel zum Verständnis aller gesellschaftlichen Veränderungen weit über die Grenzen bürgerlicher Fortschritte hinaus.

So ist die Französische Revolution zur Zweihundertjahrfeier bei weitem noch nicht aus » der Parteien Haß und Gunst « entlassen. Im Gegenteil!

Störte Furets Revolutionsgeschichte die » linken « Historiker, denen sie nicht jakobinisch genug war, so wird sie nun von ihren » rechten « Kollegen dazu benutzt, um eine Attacke gegen die » Roten « zu reiten, weil Mitterands sozialistische Regierung von einer konservativ-liberalen abgelöst wurde. Aber auch die konservativsten Gaullisten singen die *» Marseillaise «,* das Kampflied der Revolution, das zur Nationalhymne wurde, und sie paradieren vor den blau-weiß-roten Fahnen der Revolutionäre von 1789. Das macht den Franzosen so leicht keiner nach.

So etwas hat *» La Grande Nation «* uns Deutschen voraus. Sie feiert ein Revolutionsereignis, den Sturm auf das Staatsgefängnis der Ordnungsmacht (14. Juli 1789), als Sieg, als großes Fest. Die deutschen Revolutionen waren immer mit Niederlagen verbunden und geben keinen Anlaß zum Feiern.

Bei jeder Betrachtung der Großen Revolution sollte aber nie vergessen werden, daß ihre schon damals unerreichbaren Ideale von Freiheit, Gleichheit und Brüderlichkeit nie wieder aus dem Bewußtsein der Menschen getilgt werden konnten. Als Rudolf Steiner nach dem Ersten Welt-

13

krieg seine Dreigliederungsidee als Rettung vor dem drohenden Chaos anbot, in das die zentralistischen Nationalstaatsvorstellungen hineinführen mußten, da hat er an die drei Parolen der Französischen Revolution erinnert und deutlich gemacht, daß Freiheit im Geistesleben, Gleichheit im Rechtswesen und Brüderlichkeit im sozialen Zusammenhang unerläßliche Voraussetzungen für das Zusammenleben der Menschen sein werden und müssen. In der Französischen Revolution waren seiner Auffassung nach diese drei Säulen des Dreigliederungsgedankens wie in einem undifferenzierten »Mischmasch« zusammengeworfen worden und konnten ihrer Widersprüchlichkeit halber keine bleibende Wirkung erzeugen. Läßt man sie aber in ihrer jeweiligen Eigenheit gelten und entzieht sie dem Machtmonopol des Staates mehr und mehr, so werden sie weiterleben können: als »*liberté*« für den schöpferischen Geist, als »*égalité*« in allem, was mit dem Recht zusammenhängt, und als »*fraternité*« dort, wo es heißt: »Brich dem Hungrigen dein Brot.« *Dein* Brot, nicht etwa *das* Brot in unverbindlicher Allgemeinheit, ist hier gemeint und bedeutet heute mit Blick auf die sogenannte »Dritte Welt« mehr denn je Konsumverzicht. Die Revolution lebt weiter.

Für das vorliegende Buch ist sowohl konservativ wie sozialistisch geprägte Literatur benutzt worden. Beides ist brauchbar. Aber ein wissenschaftlich-historisches Werk will und soll dieses Buch nicht sein. Es möchte historisch Interessierten und vor allem jüngeren Lesern einen ersten Überblick über jenen »herrlichen Sonnenaufgang«, aber auch »über die Tragödie« geben, die man Französische Revolution nennt.

Auf einen detaillierten Anmerkungsapparat wurde, um der Lesbarkeit des Textes willen, verzichtet. Doch alle mitgeteilten Tatsachen sind zu belegen. Die im Anhang zu findenden Literaturangaben berücksichtigen deutschsprachige Werke oder Übersetzungen, damit jeder Leser, auch der des Französischen Unkundige, selbständig weiterarbeitend sich ein eigenes Urteil bilden kann.

Bei der Abfassung dieser Arbeit war die Beschäftigung mit einem halbvergessenen Deutschen wegweisend, der, in der Goethezeit lebend, europäische Berühmtheit erlangt hat: Georg Forster, der Weltreisende, Schriftsteller und Kosmopolit. Von Schiller, Herder, Humboldt und

Goethe geschätzt, wurde er nach 1789 zum Revolutionär. Er war maßgebend am Entstehen der ersten Republik auf deutschem Boden beteiligt. Seinem Werdegang wurde deshalb das umfangreiche Schlußkapitel gewidmet.

Die Große Revolution
im Urteil deutscher Zeitgenossen

1789

FRIEDRICH DANIEL SCHUBART

*Frankreich hat uns seit wenigen Tagen ein Schauspiel gegeben, auf welches die
Welt mit Staunen hinblickt. Groß und furchtbar begann die Empörung der Pariser Bürgerschaft, und ebenso groß und herrlich endigte sich dieselbe...
Mein Gott, was für eine armselige Figur machen wir krumme und sehr gebückte
Deutsche jetzt gegen die Franzosen!*

(Vaterländische Chronik und Brief, Juli 1789)

JOACHIM HEINRICH CAMPE

*Sie erinnern sich vielleicht, daß ich mit den Worten abreiste: Ich hoffe noch immer
früh genug zu kommen, um dem Leichenbegängnis des französischen Despotismus beizuwohnen. Und diese Hoffnung – wohl mir! – ist nun glücklich in Erfüllung gegangen. Der kühne Stoß, welcher das Herz des Drachens traf, war, als
ich hier ankam, zwar schon vollführt. Ich fand das Untier bereits in seinem
Staube liegen; aber noch ist Leben in seinen hundert Köpfen...*

(Auf der Reise mit Wilhelm von Humboldt in Paris, 4. August 1789)

1790

FRIEDRICH GOTTLIEB KLOPSTOCK

*Ach, du warest es nicht mein Vaterland, das der Freiheit Gipfel erstieg, Beispiel
strahlte den Völkern umher, – Frankreich war's!*

(Ode: » Sie und nicht wir! «, 1790)

16

CHRISTOPH MARTIN WIELAND

[Es ist] eine Glückseligkeit, um welche uns die Nachwelt beneiden wird, daß wir Zeitgenossen und Zuschauer dieses größten und interessantesten aller Dramen, die jemals auf dem Weltschauplatze gespielt wurden, gewesen sind.

1792

JOHANN GOTTFRIED HERDER

Für mich will ich es nicht leugnen, daß unter allen Merkwürdigkeiten unseres Zeitalters die französische Revolution mir beinah als das wichtigste erschienen ist und meinen Geist oft mehr beschäftiget, selbst beunruhigt hat, als mir selbst lieb ist.
(Entwurf für »Briefe, die Fortschritte der Humanität betreffend«, 1792)

1793

GEORG FORSTER

Ich glaube nun einmal an die Wichtigkeit dieser Revolution im großen Kreise menschlicher Schicksale, glaube, daß sie sich nicht nur ereignen mußte, sondern auch den Köpfen, den Fähigkeiten eine andere Entwicklung, dem Ideengang eine neue Richtung geben wird.
(Brief aus Paris, 1793)

Rückblick auf die Revolution

JOHANN WOLFGANG VON GOETHE

*Die Franzosen erblicken in Mirabeau ihren Herkules; und sie haben vollkom-
men recht. Allein sie vergessen, daß auch der Koloß aus einzelnen Teilen besteht
und daß auch der Herkules des Altertums ein kollektives Wesen ist, ein großer
Träger seiner eigenen Taten und der Taten anderer.*

*Im Grunde aber sind wir alle kollektive Wesen, wir mögen uns stellen, wie wir
wollen. Denn wie weniges haben und sind wir, daß wir im reinsten Sinne unser
Eigentum nennen: Wir müssen alles empfangen und lernen, sowohl von denen,
die vor uns waren, als von denen, die mit uns sind. Selbst das größte Genie würde
nicht weit kommen, wenn es alles seinem eigenen Innern verdanken wollte.*

*(Johann Peter Eckermann: »Gespräche mit Goethe
in den letzten Jahren seines Lebens«, 1836ff.)*

Einleitung

Der »Donnerkeil« des Mirabeau

Jede Revolution hat ihre Ursachen, ihre Vorgeschichte und ein auslösendes Moment in ihrem weltverändernden Aufbruch. Dem auslösenden Moment ging der Preuße HEINRICH VON KLEIST nach, uns bekannt durch seine Dramen; er war Zeitgenosse der Französischen Revolution von 1789.

Wer im Gesamtwerk dieses Dichters blättert, wird eine merkwürdige Entdeckung machen. In der kleinen Sammlung seiner Prosaschriften findet man eine Anzahl von Aufsätzen und Kurzgeschichten, die sich mit aktuellen Tagesereignissen befassen: »Anekdote aus dem letzten Kriege«, »Franzosenbilligkeit«, »Über die Luftschiffahrt des Wachstuchfabrikanten Claudius« und andere. Keine seiner Anekdoten und Aperçus ist ohne Hintergründigkeit. »Subjektiver als der Weltenbauer Goethe, weltbewußter als die Romantiker folgt Kleist seiner ›Notwendigkeit‹, die eine Notwendigkeit der direkten Wahrnehmung und der unmittelbaren Reaktion auf das Wahrgenommene war«, schrieb Walter Burri zu Kleists 200. Geburtstag in der Basler Zeitung vom 18. 10. 1977.

Selbstbewußt nahm Heinrich von Kleist auch die Vorgänge der Französischen Revolution wahr. In seinem Aufsatz »Über die allmähliche Verfertigung der Gedanken beim Reden« bringt er den Ausbruch der Revolution auf einen ganz bestimmten »Punkt«. Welcher Art dieser »Punkt« war, beschreibt er, der »das Absolute« in Leben und Tod äußerst radikal praktiziert hat, auf folgende Weise:

Oft sitze ich an meinem Geschäftstisch über den Akten und erforsche in einer verzwickten Streitsache den Gesichtspunkt, aus welchem sie wohl zu beurteilen sein möchte. Ich pflege dann gewöhnlich ins Licht

19

zu sehen, als in den hellsten Punkt, bei dem Bestreben, in welchem mein innerstes Wesen begriffen ist, sich aufzuklären. Oder ich suche, wenn mir eine algebraische Aufgabe vorkommt, den ersten Ansatz, die Gleichung, die die gegebenen Verhältnisse ausdrückt und aus welcher sich die Auflösung nachher durch Rechnung leicht ergibt.

Den »hellen Punkt« oder den »ersten Ansatz« für das plötzliche Auflodern des Umsturzes der bestehenden Verhältnisse im Frankreich des *Ancien régime* sah Kleist in dem Augenblick gegeben, als Honoré Gabriel Riqueti, Graf von Mirabeau (1749–1791), sich weigerte, einem Befehl des Königs Ludwig XVI. Folge zu leisten. Ort und Zeit des Vorfalls war die Pariser »Ständeversammlung« des Jahres 1789, die der Herrscher einberufen hatte, um durch eine neue Steuerbewilligung die Staatsfinanzen zu sanieren. Weil sich die drei Stände (»États généraux«) nicht einigen konnten, befahl ihnen der König, auseinanderzutreten. Mirabeau, der Aristokrat, hatte sich zum dritten Stand, repräsentiert durch das Bürgertum, geschlagen und zu seinem Sprecher gemacht.

Kleist wußte aus den »Gazetten«, den Zeitungen, vom Auftreten Mirabeaus vor der Ständeversammlung, und als er sich mit dem Problem der »allmählichen Verfertigung der Gedanken beim Reden« beschäftigte, fiel ihm ein, was ihn bei der Entstehung der Französischen Revolution so nachdenklich gestimmt hatte. Es war die Antwort des Grafen Mirabeau auf den königlichen Befehl.

Ich glaube, daß mancher große Redner in dem Augenblick, da er den Mund aufmachte, noch nicht wußte, was er sagen würde. Aber die Überzeugung, daß er die ihm nötige Gedankenfülle schon aus den Umständen und der daraus resultierenden Erregung seines Gemütes schöpfen würde, machte ihn dreist genug, den Anfang auf gutes Glück hin zu setzen. Mir fällt jener »Donnerkeil« des Mirabeau ein, mit welchem er den Zeremonienmeister abfertigte, der nach Aufhebung der letzten monarchischen Sitzung des Königs am 23. Juni, in welcher dieser den Ständen auseinander zu gehen anbefohlen hatte, in den Sitzungssaal, in welchem die Stände noch verweilten, zurückkehrte und sie befragte, ob sie den Befehl des Königs vernommen hätten. »Ja«,

antwortete Mirabeau, » wir haben des Königs Befehl vernommen « –
ich bin gewiß, daß er bei diesem humanen Anfang noch nicht an die
Bajonette dachte, mit welchen er schloß: » Ja, mein Herr«, wieder-
holte er, » wir haben ihn vernommen« – man sieht, daß er noch gar
nicht recht weiß, was er will. » Doch was berechtigt Sie « – fuhr er fort,
und nun plötzlich geht ihm ein Quell ungeheurer Vorstellungen auf –
» uns hier Befehle anzudeuten? Wir sind die Repräsentanten der Nation«. – Das war es, was er brauchte! » Die Nation gibt Befehle und
empfängt keine « – um sich gleich auf den Gipfel der Vermessenheit zu
schwingen. » Und damit ich mich Ihnen ganz deutlich erkläre« – und
erst jetzo findet er, was den ganzen Widerstand, zu welchem seine
Seele gerüstet dasteht, ausdrückt: – » so sagen Sie Ihrem Könige, daß
wir unsere Plätze anders nicht als auf die Gewalt der Bajonette verlassen werden. « – Worauf er sich, selbstzufrieden, auf einen Stuhl nieder-
setzte.

Wenn man an den Zeremonienmeister denkt, so kann man sich ihn
bei diesem Auftritt nicht anders als in einem völligen Geistesbankerott
vorstellen; nach einem ähnlichen Gesetz, nach welchem in einem Kör-
per, der von dem elektrischen Zustand Null ist, wenn er in eines elektrisierten Körpers Atmosphäre kommt, plötzlich die entgegengesetzte
Elektrizität erweckt wird. Und wie in dem Elektrisierten dadurch
nach einer Wechselwirkung der ihm innewohnende Elektrizitätsgrad
wieder stärker wird, so ging unseres Redners Mut bei der Vernichtung
seines Gegners zur verwegensten Begeisterung über. Vielleicht, daß es
auf diese Art zuletzt das Zucken einer Oberlippe war oder ein zwei-
deutiges Spiel an der Manschette, was in Frankreich den Umsturz der
Ordnung der Dinge bewirkte. Man liest, daß Mirabeau, sobald der
Zeremonienmeister sich entfernt hatte, aufstand und vorschlug: 1.
sich sogleich als Nationalversammlung und 2. als unverletzlich zu
konstituieren...

Man mag zu dem historischen Vorgang, der sich am 23. Juni 1789 ereignete, bessere und genauere Berichte heranziehen. Aber Kleists Darstellung gibt auf eindrucksvolle Weise die Erregung wieder, in der es möglich wurde, den Widerstand eines ganzen Volkes in der Aussage eines

21

einzigen Mannes zu bündeln. Der »*Tiers état*«, der unterste der drei Stände, erklärt sich zur »Nation«, die Befehle gibt, aber keine empfängt. Und dem hilflosen Zeremonienmeister wird gesagt, daß er »seinem« König zu übermitteln habe, was »die Nation« zu tun gedenkt, nämlich nicht auseinanderzutreten, es sei denn, daß der Dritte Stand durch Bajonette auseinandergejagt wird.

In dem »Donnerkeil« des Mirabeau kann man den letzten Anstoß für die gärende Revolte sehen, die zu einer großen Revolution werden sollte. Der »*Tiers état*« hat sich am 17. Juni zur »Nationalversammlung« erklärt. Aber was nun?

Der König tadelte den Ungehorsam der Bürger und wies auf die Unantastbarkeit monarchischer Rechte hin. Den Bürgern, die sich so kühn zum Widerstand hatten hinreißen lassen, wurde ein wenig bange. Doch sie faßten Mut, wenn sie die Schrift des Abbé Sieyès lasen, der mit ihnen gemeinsame Sache machte und die Situation des Dritten Standes aufreizend in drei Fragen und drei Antworten zusammenfaßte: »Was ist der Dritte Stand?« »Alles. « – »Was bedeutet der Dritte Stand für den Staat?« »Nichts. « – »Was verlangt er?« »Etwas zu bedeuten. «

Als sich die Abgeordneten des Dritten Standes am 20. Juni zu einer Versammlung begeben wollten, fanden sie den Saal ihres Tagungsgebäudes von Soldaten umstellt und verschlossen. Erregt begaben sie sich in ein nahegelegenes Saalgebäude, in das sog. »Ballhaus«. Dort legten sie den feierlichen Schwur ab, daß sie so lange zusammenhalten wollten, bis sie Frankreich eine neue Staatsverfassung gegeben haben würden. Der »Ballhausschwur« machte Eindruck. Zwei Tage später, am 22. Juni, vereinigten sich 149 Geistliche und Aristokraten mit dem »*Tiers état*«. Die Revolution war ins Rollen gekommen, und sie war unaufhaltsam geworden.

Begriff der Revolution

Alle Revolutionen der Weltgeschichte waren von blutigen Ereignissen begleitet, wenn man einmal von der sog. »*Glorious Revolution*« – Glorreichen Revolution von 1688/89 in England absieht. Die Französische Revolution, die mit dem unglücklichen Verlauf der Ständeversammlung begann, endete mit der Guillotine und in einem Blutbad ohnegleichen, aber auch mit einer tiefgreifenden Umgestaltung der sozialen, wirtschaftlichen und politischen Verhältnisse des Landes. Das heißt: sie bewirkte eine Veränderung der gesamten Gesellschaftsstruktur.

Karl Marx hat in Revolutionen eine geschichtliche Leistung gesehen, die in der »ruckartigen Nachholung verhinderter Entwicklung« bestand. Solch eine »ruckartige Nachholung« ereignete sich auch mit den Maßnahmen, die auf die Ausrufung des Dritten Standes zum Träger der »Nation« folgten.

Doch wird man auch Ernst Fraenkel und Karl Dietrich Bracher folgen können, wenn sie in »Staat und Politik«* auf Wladimir Iljitsch Lenin verweisen, den man einen der »Meisterrevolutionäre« unseres Jahrhundert nennen kann. Lenin hat deutlich gemacht, daß Revolutionen nur in einer gesamtnationalen Krise entstehen können. Eine Gesellschaft muß in allen ihren Schichten von wachsender Unzufriedenheit mit den bestehenden Verhältnissen ergriffen worden sein, wenn der allgemeine Wille zu einer grundsätzlichen Veränderung der Gesellschaftsstruktur entstehen soll. Es entsteht dann so etwas wie eine »revolutionäre Situation«, die durch sehr verschiedene Ursachen bedingt ist. Die »revolutionäre Situation« ist nach Lenins Anschauung demgemäß immer erst dann gegeben, »wenn die unteren Schichten die alte Ordnung nicht mehr wollen und die Ober-Schichten nicht mehr in der alten Weise leben können«.

Genau diese Situation war vor Ausbruch der Französischen Revolution gegeben. Die »unteren Schichten« Frankreichs – und das war sowohl das Bürgertum als auch die Masse der Bevölkerung – konnten die

---

* Fischer-Lexikon »Staat und Gesellschaft«, hrsg. von Fraenkel und Bracher, Frankfurt 1957

feudale Ordnung des *Ancien régime* nicht mehr bejahen. Zudem sahen sich die französischen Oberschichten, also der Adel und die Geistlichkeit, gleichzeitig außerstande, »in der alten Weise« weiterzuleben, weil die geistigen und wirtschaftlichen Verhältnisse in einer grundlegenden Umwandlung begriffen waren. Aus Lenins These über die Entstehung von Revolutionen lassen sich wichtige Schlußfolgerungen ziehen, nämlich diese:

Eine Revolution kann man nicht »machen«, und wenn man noch so laut nach dem Neuen ruft. Eine Revolution ist etwas ganz anderes als nur eine vorübergehend aufflammende Empörung oder das Aufbegehren irgendeiner unzufriedenen Gruppe der Bevölkerung. Es war der Irrtum der an Wiederaufstieg und bürgerlichem Wohlstand sich reibenden Studenten der 1968er-Generation, daß sie glaubten, mit Hilfe ihres Neomarxismus eine revolutionäre Bewegung in Gang setzen zu können. Sie kannten ihren Marx nicht gut genug, sonst hätten sie gewußt, daß die »unteren Schichten« der Nachkriegszeit sich in die bestehenden wirtschaftlichen Verhältnisse fast widerspruchslos einfügen wollten und die »Oberschichten« in ihrer neuen alten Weise glänzend weiterleben konnten. Eine »revolutionäre Situation« war trotz moralischer Entrüstung über den Vietnamkrieg und seine Folgen, trotz Marcuse und Horkheimer und der sog. »Frankfurter Schule« nicht gegeben. Die »Studentenrevolte« mußte abebben.

Revolten und Aufstände machen keine Revolution. Für jede große Revolution und jede echte revolutionäre Bewegung ist es typisch, daß sie bewußt oder unbewußt auf eine Machtveränderung zugunsten der »unteren Schichten« und auf Kosten der »oberen«, herrschenden »Klasse« drängt. Der Sturz derer, die an der Spitze der Gesellschaftspyramide stehen, ist das Ziel jeder Revolution. Wer im Besitz alter Privilegien sich den Blick für »die im Dunkeln« (Bert Brecht) versperrt, wird früher oder später fallen.

Der Verlauf einer in Gang gekommenen Revolution fängt immer mit dem Abbau von Privilegien an und erhält neue Antriebe, sobald die alten Machthaber ihre angefochtenen Positionen mit Gewalt zu verteidigen beginnen, d. h. sobald eine »Konterrevolution« zum Gegenschlag ausholt, sei es aus eigener Kraft, sei es mit Unterstützung durch ausländische

Mächte, wie es bekanntlich noch 1789 in Frankreich oder nach 1917 in Rußland der Fall war. Die Gegenrevolution will stets den »*status quo ante*«, also den vorrevolutionären Zustand wiederherstellen, ohne dies jedoch je erreichen zu können, selbst wenn die reaktionären und restaurativen Kräfte – wie nach der Französischen Revolution – die Oberhand erhalten. Nach der Französischen Revolution war Frankreich und damit ganz Europa nicht mehr, was es vorher war, denn die Welt war durch die Forderungen nach »Freiheit, Gleichheit, Brüderlichkeit« in Denken, Fühlen und Wollen verändert worden.

Es muß aber festgestellt werden, daß jede Konterrevolution, sobald sie mit massiven militärischen Mitteln vorgeht, die vorangegangene Revolution radikalisiert. Die Französische Revolution begann mit Reformen, mit der Abschaffung von Privilegien des Adels und der Geistlichkeit, und keineswegs mit dem Sturz der Monarchie. Sie beließ anfangs dem König seinen Rang als Oberhaupt des Staates, brachte ihn und seine Frau Marie Antoinette schließlich aber auf die Guillotine, als die unbestreitbaren Errungenschaften der Revolution turbulent und hektisch in Gefahr kamen unterzugehen. Die Konterrevolution im Innern erhielt Hilfe aus dem Ausland. Die Revolutionskriege begannen und mit ihnen die Eskalation. Je mehr konterrevolutionäre Kräfte die neuen politischen und gesellschaftlichen Zielsetzungen bekämpfen, umso größer wird der revolutionäre Elan, umso verworrener werden aber auch die Verhältnisse unter den Trägern der erstrebten Neuerungen. Die gemäßigten Elemente der Revolution erlahmen und weichen zunehmend vor den Aktionen der rastlos vorwärts drängenden Neuerer zurück. Kommt eine militärische Intervention ausländischer Mächte zustande, so schlägt die bedrohte Revolution in wachsender Furcht vor dem inneren und dem äußeren Feind in »revolutionären Terror« um. Das war der Fall, als Österreich und Preußen sich im April 1792 zum gemeinsamen Vorgehen gegen Frankreich verpflichteten. Noch regierte der König, noch war Frankreich nicht zur Republik erklärt. Nachdem aber der Oberbefehlshaber der österreichischen und preußischen Koalitionstruppen, der Herzog von Braunschweig, am 25. Juli 1792 erklärt hatte, sein Ziel sei der Schutz von Thron und Altar und die Wiederherstellung der Macht des Königs, bewaffnete sich das französische Volk: »*Allons enfants de la patrie*«, leistete

Widerstand, setzte den König ab, und ein Jahr später begann die Herrschaft Robespierres und der Guillotine. Diese Entwicklung darzustellen, soll im folgenden versucht werden.

Frankreich vor der Revolution

Wetterleuchten aus Amerika

Frankreich war ein absolutistisch regiertes Land. Sein König hatte in den Amerikanischen Unabhängigkeitskrieg (1775–1782) zugunsten der Freiheitskämpfer eingegriffen. Gelder wurden an die aufständischen nordamerikanischen Kolonien Englands entsandt, Hilfstruppen für die »neue Welt« jenseits des Atlantischen Ozeans eingeschifft. Die Aufständischen hatten am 4. Juli 1776 unter Berufung auf die »Menschenrechte« erklärt:

> Wir halten folgende Wahrheiten für unmittelbar einleuchtend, daß alle Menschen gleich geschaffen sind, daß sie alle von ihrem Schöpfer mit gewissen unveräußerlichen Rechten begabt sind, daß zu diesen gehören das Recht auf Leben, Freiheit und Wohlstand, daß um diese Rechte zu sichern, Regierungen unter den Menschen eingesetzt sind, die ihre rechtmäßige Macht von der Zustimmung der Regierten herleiten, daß wenn je eine Regierungsform diesen Zwecken verderblich wird, das Volk das Recht besitzt, sie zu ändern oder abzuschaffen.

Man darf annehmen, daß Frankreichs Regierung, indem sie Truppen in die USA entsandte, an den Engländern Rache nehmen wollte für die zahlreichen Niederlagen, die sie in der Vergangenheit von Großbritannien hinnehmen mußte. Paris sonnte sich in den Sympathien, die Amerika den Franzosen nach 1776 entgegenbrachte, aber der Triumph, den das französische Königtum gegenüber den unterlegenen englischen Staatsmännern empfand, sollte ihm teuer zu stehen kommen. Die führenden Kräfte Frankreichs hatten einer Revolution zugestimmt und diese gefördert, während sie meinten, England geschädigt zu haben.

Hatte man die amerikanische Unabhängigkeitserklärung und die Ver-
kündung der »Menschenrechte« wörtlich und ernst genommen, so müß-
te die französische Hofgesellschaft begriffen haben, daß ihre Hingabe an
rauschende Feste und harmlose Schäferspiele ein »Tanz auf dem Vulkan«
war. Denn die sozialen Verhältnisse im vorrevolutionären Frankreich
waren für die Masse des Volkes unerträglich geworden. Es bedurfte nur
noch eines zündenden Funkens, um das zerbrechlich gewordene Gebäude
des Staates in Brand zu setzen. Die amerikanische Unabhängigkeitserklärung war nicht vom Himmel gefallen. Ihre Ideen stammten aus Europa
und vornehmlich aus Frankreich. Die französische Herrschaftsschicht hat
das jedoch nicht begriffen. Sie jubelte den amerikanischen Unabhängig-
keitskämpfern zu und lebte weiter, wie sie immer gelebt hatte.

Daß die Voraussetzungen für eine revolutionäre Umgestaltung der
französischen Verhältnisse längst sich anstauten und erkennbar wurden,
wollte man nicht wahrnehmen. Man lachte über die unzufriedenen Bürger und Bauern und übersah, daß sich eine »revolutionäre Situation«
längst schon vorbereitet hatte.

Die Bauern

Um 1780, als der Amerikanische Unabhängigkeitskrieg in vollem
Gange war, gab es in Frankreich etwa 28 Millionen Einwohner. Vier
Fünftel davon waren Bauern, die in völliger Abhängigkeit von ihren
Großgrundbesitzern lebten. Nur in wenigen Landesteilen Frankreichs,
etwa in Französisch-Flandern oder im Elsaß, das von König Ludwig XIV.
dem habsburgischen »Heiligen römischen Reich deutscher Nation« entrissen worden war, hatte sich noch ein freier Bauernstand erhalten können. Alle anderen Bauern waren unfrei geworden. Die Masse der Bauern
war völlig verarmt und lebte nicht viel besser als ihre Tiere. Das anbaufä-
hige Land Frankreichs gehörte den »*Seigneurs*«, die es von altersher
ererbt hatten. Doch die *Seigneurs* hatten ihren großen Landbesitz längst
schon sich selbst überlassen, verpachtet oder verkauft. Sie lebten »am
Hof« und betrachteten ihre Bauern lediglich als notwendige Einnahme-

quelle zur Finanzierung ihrer aufwendigen Lebensführung. Die Lage der
bäuerlichen Bevölkerung, die in primitiven, mit Stroh gedeckten Lehm-
häusern dahinvegetierte, war katastrophal.

Durch die seit Ludwig XIV. (1643–1715), dem »Sonnenkönig«, ge-
führten Kriege in Europa und auch in den »Kolonien« nahm das bäuerli-
che Elend durch ständig steigende Abgaben zu, weil Kriege eben Geld
kosten. Die Teilnahme Ludwigs XV. am Österreichischen Erbfolge-
krieg, am Siebenjährigen Krieg Friedrichs d. Gr. und zuletzt am Amerikanischen Unabhängigkeitskrieg führte zu einer Schuldenlast, die kaum
noch getilgt werden konnte. Aus den bäuerlichen Untertanen ließ sich
nichts mehr herausholen. Aber es waren nicht nur die Abgaben, die den
Bauern abgepreßt wurden, mindestens ebenso bedrückend war die Her-
anziehung der Bauernsöhne zum Kriegsdienst, wenn sie nicht höhere
Abgaben als »Kriegssteuer« entrichten konnten.

Dennoch erlebte Frankreich seit Mitte des 18. Jahrhunderts eine Zeit
des raschen wirtschaftlichen und infolgedessen auch sozialen Wandels.
Die Bevölkerung vergrößerte sich von etwa 21 Millionen im Jahr 1700
auf 28 Millionen um 1789. Die Landwirtschaft prosperierte durch steigende Preise. Doch erfuhr die Aufwärtsentwicklung um 1770 eine plötzliche Stagnation, die in den nächsten acht Jahren durch eine Reihe von
Mißernten auf einem Tiefpunkt anlangte. Dabei ist zu beachten, daß die
Pachtzinsen der Bauern trotz, vielleicht aber auch infolge der landwirtschaftlichen Prosperität im Lauf des 18. Jahrhunderts enorm gestiegen
waren. Jüngere Forscher schätzen, daß die Agrarpreise um 51 Prozent
gestiegen waren. Davon profitierten selbstverständlich nicht die Bauern,
sondern die Eigentümer des Landes. Das waren inzwischen aber nicht
nur die adligen Grundherren, Aristokraten und geistlichen Führer, sondern auch das Besitzbürgertum der Städte. Reich geworden durch den
Überseehandel mit den französischen Kolonien in Amerika, Afrika und
Asien, aber auch durch die heimische Industrie und deren Manufakturen
hatte sich das wohlhabende städtische Bürgertum sehr viel Grundbesitz
als Kapitalanlage erworben. Der französische Grund und Boden gehörte
bei Ausbruch der Revolution nur noch zu 10 Prozent der Kirche, dem
Adel fielen etwa 20 Prozent zu, 30 Prozent hatte sich inzwischen das
städtische Großbürgertum angeeignet.

Seit etwa 1750 verbreitete sich die Kluft zwischen der Masse der Kleinbauern und den oft ortsfremden Pächtern oder Verwaltern des geistlichen, adligen oder großbürgerlichen Grundbesitzes. Das alte Treue- und Schutzverhältnis zwischen Herrn und Bauern löste sich zunehmend auf. Schon seit der Mitte des Jahrhunderts war es zu Auflehnungen und Unruhen auf dem Lande gekommen, die dann in den Bauernaufständen von 1788 und 1789 kulminierten. Die Welle der bäuerlichen Empörung entwickelte sich keineswegs nur aus der Gegnerschaft zu Adel und Klerus. Es waren vor allem die landfremden Großbürger, die mit Hilfe von Gutsverwaltern den schikanösen Charakter der feudalen Grundherrschaft aufrecht erhielten, ja sogar verschärften. Die alten Herrenrechte – Forderung an Fronarbeit mitsamt den Jagd-, Fischerei-, Kelterei-, Mühlen- und Braumonopolen – wurden nun von den »Städtern« ausgeübt, die den Bauern ihr Land abgenommen hatten.

Was der Bauer geerntet hatte, ging zu 50 Prozent als Grund- oder Kopfsteuer an die königlichen Steuereinnehmer, 14 Prozent erhielt der Landbesitzer, und die Kirche bekam ohnehin schon seit dem Mittelalter »den Zehnten« aller Einkünfte.

Die Macht der Herren war bedrückend, die Not der Untertanen unbeschreiblich. Der Zustand der Bauern und aller armen Leute läßt sich an einem Beispiel aus dem Steuerwesen darstellen, der verhaßten »Salzsteuer«: Salz war für alle lebensnotwendig. Man brauchte es zum Einpökeln des Fleisches, zur Konservierung von Nahrungsmitteln. Salz aber unterlag dem Staatsmonopol. Nur staatliche Stellen durften Salz verkaufen – zu festgesetzten Preisen. Um die Staatseinnahmen zu steigern, wurde jede Familie gezwungen, jährlich mindestens sieben Pfund Salz pro Kopf jeden mehr als sieben Jahre alten Familienmitgliedes zu kaufen. Für kinderreiche Bauernfamilien war das viel Geld. Infolgedessen blühte der Schmuggel, der schwer geahndet wurde. Man kam auf die Galeere, wenn man des Salzschmuggels verdächtigt wurde. Vergeblich versuchten Bauern und kleine Handwerker durch Bittschriften an die königliche Finanzverwaltung, ihre Lage zu verbessern.

Sie klagten auch über den Mißbrauch, den die *Seigneurs* mit ihren grundherrlichen Rechten trieben. Diese verlangten für den Transport von Getreide oder anderen landwirtschaftlichen Erzeugnissen einen »Brükkenzoll«, obwohl die Bauern ihnen die Brücke selbst gebaut hatten. Besonders lästig aber war das »Jagdrecht«, das nur adligen Herrn zustand. Bauern durften das Wild nicht erlegen, durften es nicht einmal von ihren Feldern vertreiben, wenn es über die Ernte herfiel und deren Ertrag dezimierte. Demütig und stumm mußten die Bauern zusehen, wenn ihre Herren in großer Begleitung zur Jagd ausritten und die Felder zerstampften und zerstörten oder Tausende von Kaninchen ihre Aussaat vernichteten.

Die Not der Bauern vergrößerte sich in den Jahren vor der Revolution durch eine Reihe von Mißernten. Das trieb die Landbevölkerung in die Verzweiflung. Kleinere und größere Bauernaufstände waren die Folge. Manch ein Bauer verließ seinen armseligen Hof und schloß sich hungrig und verwegen einer herumziehenden Bande an, die Gutshöfe und Gastwirtschaften überfiel oder als Wegelagerer die Straßen unsicher machte. Dabei darf nicht vergessen werden, daß die Bauern in Rechtlosigkeit aufgewachsen waren. Sie konnten sich gegen zugefügtes Unrecht nicht zur Wehr setzen; denn wenn sie Beschwerde erhoben, so war der Gutsherr oder ein von ihm eingesetzter Vertrauter der Richter. Die Bauern, von denen die meisten nicht lesen und schreiben konnten, waren auf Gedeih und Verderb ihren Herren ausgesetzt. Von ihnen war eine Veränderung der Verhältnisse nicht zu erwarten. Es waren daher die Bürger der Städte, die einen Umsturz der Gesellschaftsordnung herbeiführen konnten.

Die Bourgeoisie

Die Bewohner der Städte befanden sich – gemessen an der Not der Bauern – in einer ungleich besseren Situation. Man muß allerdings bedenken, daß es in den Städten ein großes Gefälle innerhalb der Bevölkerung gab.

»Manufakturen« waren entstanden, d.h. eine arbeitsteilige Massenproduktion in gewerblichen Großbetrieben mit vorherrschender Handarbeit. Die Handwerksgesellen oder die Lohnarbeiter in den Manufaktu-

ren bekamen sehr niedrige Löhne. Wie sollten sie Frau und Kinder ernäh-
ren, wenn sie 20 *Sous* pro Tag verdienten und ein Pfund Brot drei bis fünf
Sous kostete, ein Pfund Fleisch sieben bis neun *Sous?* Für den Lohnarbeiter gab es keine Rechtsgrundlage. Der Handwerksgeselle gehörte wenigstens einer »Zunft« an, womit er jedoch zugleich dem »Zunftzwang«
unterlag. Selten nur konnte er Meister werden, denn die Zahl der Hand-
werksmeister in einer jeden Stadt war durch die aus dem Mittelalter
stammenden Zunftgesetze genau festgelegt. So fristeten Gesellen und
Manufakturarbeiter Zeit ihres Lebens ein Hungerdasein. In Lyon, der
Stadt der Seidenindustrie, gab es schon Mitte des 18. Jahrhunderts erste
»Streiks«. Solche Arbeitsniederlegungen hatten aber keinen Erfolg. Sie
wurden mit Gewalt beendet, und danach erhielten die Arbeiter geringere
Löhne als zuvor. In den untersten Schichten der städtischen Bevölkerung
lagen die Wurzeln für die Entstehung einer »Klasse«, die man später das
»Proletariat« nennen sollte. Sie ging aus dem Pariser *menu peuple* hervor, das waren die kleinbürgerlichen und unterbürgerlichen Schichten,
die dann 1789 den Kern der radikalen *»Sansculotten«* bilden sollten. Sie
empörten sich über den wirtschaftlichen Aufschwung, der die Reichen in
den Städten immer reicher und die Armen beständig ärmer machte. Der
Widerstand gegen die Reichen entlud sich zunächst in der althergebrachten Form der Brotunruhen. Schon 1785 wurden im sog. »Mehlkrieg«
die Bäckerläden von Paris geplündert. Die notleidende Bevölkerung
suchte den Ausweg aus dem Elend am falschen Platz. Sicher war der
Brotpreis in die Höhe geklettert, aber er war doch nicht von den Bäckern
festgesetzt worden, sondern eine Folge der Wirtschaftsrezession, in die
das bestehende ökonomische System geraten war.

Die Wirtschaftsform jener Zeit war der »Merkantilismus«, um einen
Begriff aus der Wirtschaftsgeschichte zu verwenden. Durch den von den
Regierungen des 17. und 18. Jahrhunderts durchgesetzten Merkantilismus war das städtische Bürgertum reich geworden. Ziel dieser Wirtschaftspolitik war es, durch eine Steigerung des Exportgeschäfts Geld
für die aufwendigen Staatsausgaben zu erhalten. Trotz hoher Steuern
konnte sich das Unternehmertum bereichern. Nach und nach wurde es
zu einer staatstragenden Schicht. So war durch die merkantilistische
Wirtschaftspolitik der Könige eine neue bürgerliche Kaste entstanden,

die mit dem Bürgertum mittelalterlicher Städte nur noch wenig zu tun hatte. Zu den Bürgern der neuen Art zählten bald alle, die nicht Adel oder Geistlichkeit angehörten. Der Typ des »citoyen« bildete sich heraus, der zwar nicht wie Aristokratie oder Geistlichkeit auf historische Vorrechte zurückblicken konnte, wohl aber selbstbewußt auf sein »Kapital« zu pochen verstand, d. h. auf den erworbenen Überschuß aus den Produktionskosten seiner Manufakturen und anderen Betriebe.

Kennzeichnend für die Bedeutung der »citoyens« im französischen Staat ist ihr Anwachsen in der Hauptstadt Paris. Hier bildete sich die Sturmtruppe der Revolution heraus. Sie bestand nicht nur aus Manufakturbesitzern und wohlhabenden Handwerksmeistern, sondern auch aus Bankiers, großen Handelsherren, Advokaten, Ärzten und Schriftstellern. Vergeblich hatten die beiden letzten Könige, Ludwig XV. (1715–1774) und Ludwig XVI. (1774–1792), versucht, das Anwachsen der Stadt Paris einzudämmen. Sie hatten Bauverbote erlassen, nahmen sie dann aber wieder zurück, denn schließlich mußten sie das Wachstum ihrer Hauptstadt doch begrüßen, wollten sie die nationale Größe ihres Landes unter Beweis stellen.

In Paris vereinte sich alles, was »esprit«, Geld oder Macht hatte. Hier war auch der zentralistische Staatsapparat lokalisiert, hier waren der königliche Hof und die Militärverwaltung maßgeblich konzentriert. Aber die althergebrachte Ordnung im französischen Staatswesen war den wirtschaftlichen Veränderungen nicht gefolgt. Das Bürgertum war wirtschaftlich erstarkt, politisch jedoch machtlos. In der Pariser Bourgeoisie entstand daher eine vorerst noch stille, bald aber immer deutlicher werdende Opposition gegen die bestehende feudale Gesellschaftsordnung und gegen den absolutistisch regierten Staat. Dieser Staat versuchte mit allen Mitteln, die traditionelle Ungleichheit seiner drei »Stände« – Geistlichkeit, Aristokratie, Bürger – aufrechtzuerhalten, zugleich förderte er die wohlhabende Bourgeoisie, weil nur sie ihm die dringend benötigten Steuern garantieren konnte. So hat das Königtum selbst die Revolution vorbereitet.

Aristokratie und Geistlichkeit

Zwei Kardinäle waren es gewesen, die Frankreich zum Inbegriff eines »absolutistisch« regierten Staates gemacht hatten: ARMAND JEAN DU PLESSIS, HERZOG VON RICHELIEU (1585–1642), und JULES MAZARIN, eigentlich Guglio Raimondo Mazzarino (1602–1661). Sie haben Frankreich zu einer der ersten Mächte Europas geführt, ja die europäische Vormachtstellung Frankreichs begründet.

RICHELIEUS staatsmännische Begabung machte es möglich, die Interessen des Königtums gegen den aufständischen Adel – z. B. in den Hugenottenkriegen – durchzusetzen. Er beschränkte die Macht der »Parlamente«, d. h. der großen Gerichtshöfe, die von altersher das Recht der Steuerbewilligung und des Einspruchs gegen königliche Erlasse besaßen. Den »Provinzgouverneuren« aus dem hohen Adel nahm er ihre machtvolle Bedeutung, indem er ihnen königliche »Intendanten« als höchste Verwaltungsbeamte zur Seite stellte. Das war ein entscheidender Schritt zur Schaffung eines zentralisierten Staates, eines einheitlichen Frankreich. Daß Richelieu der Förderer des Dichters Corneille war und sich durch die Gründung der *Académie française* hervorragende Verdienste für die französische Sprache erwarb, soll dabei nicht vergessen werden.

MAZARIN, seit 1643 Regent für den unmündigen Ludwig XIV. (1643–1715), vollendete, was Richelieu begonnen hatte. Er warf die aufständische Aristokratie nieder und machte sie zum unterwürfigen Hofadel. Sein ehemaliger Schützling Ludwig XIV. konnte dadurch mit uneingeschränkter, »absoluter« Macht herrschen. Die Minister seines »Kabinetts« durften nur noch als ausführende Organe des königlichen Willens agieren. Das berühmte Wort Ludwigs XIV., *»l'état c'est moi«*, wurde Wirklichkeit. JEAN-BAPTISTE COLBERT (1619–1683) wurde sein Handels- und Finanzminister. Er sorgte für die Durchsetzung des »Merkantilsystems« in der Volkswirtschaft, stellte sicher, daß die Erträge des Exports die des Imports wesentlich überstiegen, richtete für den Staat Monopole ein, förderte die Suche nach Kolonien als Rohstoff- und Absatzgebiete für französische Erzeugnisse. Auf jede Weise strebte er danach, Geld ins

34

Land zu bekommen, damit der König seine zahlreichen Kriege führen konnte.

Für den Aufbau seiner Armeen brauchte Ludwig XIV. aber – wenigstens teilweise – auch den hohen Adel als bewaffneten Stand. Die *Seigneurs*, die ihre mitbestimmende Rolle in Staatsangelegenheiten durch Richelieu und Mazarin eingebüßt hatten, besaßen zwar noch Gerichts- und Polizeibefugnisse in ihren großen Grundherrschaften, aber sie hatten sich, wenn irgend möglich, aus »der Provinz« zurückgezogen und lebten untätig am Hof des Königs, jedoch in unerhörtem Luxus. Manche Aristokraten dienten dem König als Offiziere. Sein Heer aber bestand aus Söldnertruppen, die je neu angeworben werden mußten. Marquis FRANÇOIS MICHEL LOUVOIS (1641–1691) wurde sein Kriegsminister, der ihm ein stehendes Heer von 275.000 Mann aufbaute, und Marschall SÉBASTIEN DE VAUBAN (1633–1707) der Festungsbaumeister, der ihm zur Sicherung der Ostgrenze einen dreifachen Festungsgürtel aufbaute. Der »Sonnenkönig« konnte sich also auf die französische Aristokratie verlassen. Sie diente ihm, imitierte ihn und gab sich mehr oder weniger selbst auf.

Nicht sehr viel anders verhielt es sich mit der hohen Geistlichkeit. Ludwig XIV. wollte, daß die französische Kirche seinem Staat ebenso unterworfen sei wie die Aristokratie. Auf einem »Nationalkonzil« ließ er erklären, daß die Macht des Papstes durch die übergeordneten Rechte der »gallikanischen Kirche« eingeschränkt sei, und gerade diejenigen Bischöfe, die von Papst Innozenz XI. (1676–1689) nicht bestätigt worden waren, ließ er vom Domkapitel zu »Generalvikaren« wählen, denen er die Einkünfte eines Bischofs zukommen ließ. So machte er die Bischöfe zu einer Art königlicher Beamter, und damit seinem Willen untertan und gefügig.

Die geistlichen Fürsten und der Hochadel hatten bis in die Zeiten Ludwigs XIV. im »Parlament« die beiden oberen Ränge inne, bildeten also den »Ersten« und den »Zweiten Stand«, wogegen das städtische Bürgertum als »Dritter Stand« fungierte, bei Meinungsverschiedenheiten jedoch von den beiden anderen immer überstimmt werden konnte. Jeder Stand beriet gesondert an einem bestimmten Ort und faßte auch gesondert einen »einstimmigen« Beschluß. So hatte auch jeder Stand nur

»eine« Stimme, wenn die Ständeversammlung am Ende insgesamt zusammentrat. Dabei ging es vor allem um die Bewilligung von Steuern für die Kriegsführung des Herrschers. Da nicht nach Kopfzahl, sondern nach der Gesamtheit eines Standes abgestimmt wurde, konnten die Bürger, der »Dritte Stand«, leicht überstimmt werden.

Aber seit den Tagen Ludwigs XIV. waren die »*États généraux*«, die Generalstände, nicht mehr einberufen worden. Die Könige regierten seit 1614 »absolut«. So hatten geistliche wie weltliche *Seigneurs* ihre politischen Rechte und Pflichten verloren, waren also zu beschäftigungslosen Kasten geworden. Von der im Lehnswesen des Mittelalters wurzelnden Ständeordnung war nur noch die Vorzugsstellung der adligen und geistlichen Herren übriggeblieben, die sie gegenüber ihren Bauern geltend machten. In der mittelalterlichen Lehnsherrschaft hatten Kirchenfürsten und Adel Privilegien erhalten, gleichsam als königliche Gegenleistung für die Aufgaben, die sie im Kriegs-, Verwaltungs- und Gerichtswesen wahrgenommen hatten. Durch den Absolutismus war diese feudale Gesellschaftsordnung ihres historisch gewachsenen Sinnes beraubt worden. Aus gewachsenen Rechten waren unbegründete Vorrechte, Privilegien geworden.

Die alte soziale Ordnung wurde beibehalten, obwohl die beiden führenden Stände politisch entrechtet worden waren. Theoretisch waren alle Untertanen des Königs gleichermaßen seine »*sujets*«, faktisch aber hielt der absolute Herrscher an der sozialen und rechtlichen Ungleichheit der einzelnen Stände untereinander fest. In der zweiten Hälfte des 18. Jahrhunderts wurde diese gesellschaftliche und rechtliche Ungleichheit für den »Dritten Stand« immer unerträglicher, war es doch der »*Tiers état*«, dem aufgrund seines Einkommens die Hauptlast der Besteuerung zufiel.

Opposition der Privilegierten

Was bisher an von der Zeit Überholtem und an Mißständen innerhalb der Gesellschaft des *Ancien régime* genannt wurde, ist nur eine flüchtige Skizze der Oberfläche des allgemeinen Geschehens im vorrevolutionären Frankreich. Zumeist erkennt man darin zwar die Ursache der Umwälzung von 1789, aber die eigentlichen Gründe für die abrupte Auflehnung gegen das erbliche Königtum »von Gottes Gnaden« und seinen Sturz liegen viel tiefer.

Historiker haben immer wieder das schier unerschöpfliche Problem der Entstehung einer vorrevolutionären Situation zu erfassen versucht. In der älteren Geschichtsbetrachtung hat man sich dabei meistens auf eine rein außenpolitische Analyse des Niedergangs Frankreichs als europäische Großmacht eingelassen. Die überseeischen Unternehmungen, der Zusammenstoß mit England in Nordamerika und die Verwicklung in die Kriege Friedrichs d. Gr. gegen Österreich wurden für den Abstieg Frankreichs von seiner einstigen Höhe verantwortlich gemacht. Das Königtum, so meinten viele Historiker aus der Schule Leopold Rankes, sei nicht mehr in der Lage gewesen, mit den innenpolitischen Entwicklungen Schritt zu halten und die Veränderungen der Zeit aufzufangen. Solcher unter dem Primat der Außenpolitik stehender Deutung der Revolution gab Hans Herzfeld noch 1950 Ausdruck, wenn er in der »Geschichte der Neuzeit«* schreibt:

»Auf den das Selbstgefühl der französischen Nation verwundenden Rückgang der europäischen Machtstellung nach außen als eine ihrer tieferen Ursachen hat schon Ranke immer wieder hingewiesen. Die innere Entwicklung im 18. Jahrhundert ist parallel dazu bezeichnet durch das Erlahmen der konstruktiven Kraft des französischen Absolutismus. Er versagt vor der Aufgabe, im Wettbewerb mit den großen Trägern des aufgeklärten Absolutismus außerhalb Frankreichs das Werk Richelieus, Mazarins und Colberts gegenüber der privilegierten Oberschicht von Klerus und Adel zu vollenden. «

* Westermanns Studienhefte, hrsg. von Gerhard Ritter, Braunschweig 1950

Solch wohlmeinende, letztlich aber abwegige Beurteilung der Kraft des Königtums und der bevorrechtigten Schichten im absolutistischen Staat trifft kaum auf die Wirklichkeit der inneren Verhältnisse Frankreichs zu und sagt auch nichts über deren Korruption, Amoralität und unaufhaltsamen Niedergang aus. In einem immer breiter anschwellenden Strom verstandesmäßiger Kritik gegen die bestehenden Verhältnisse regte sich der Widerstand gegen die Alleinherrschaft des Hofes von Versailles. LUDWIG XIV. hatte den Adel entmachtet und in seine Nähe gezogen. Man lebte unterwürfig im Glanz des Sonnenkönigs, eiferte seinem Lebensstil nach und vergaß, was einmal Aufgabe der Aristokratie gewesen war. Die Feudalherren lebten von den wirtschaftlichen Leistungen ihrer Bauern; Pflichten gegenüber ihren Untertanen kannten sie nicht mehr. » Der Hof« wurde zum verhaßten Sinnbild ungerechter Herrschaft.

Mitsprache an den Entscheidungen des Königs verlangte der Hofadel nicht mehr. Aber während die Versailler *Seigneurs* vergessen hatten, daß noch bis 1614 die drei Generalstände, *États généraux,* ein Mitspracherecht bei der Steuerbewilligung geltend gemacht hatten, blieb in den Provinzen die alte Ständeordnung durchaus noch lebendig. Neben den vergessenen *États généraux* bestanden die alten Provinzialstände, die »*Pays d'état*«, fort, die sich trotz der Aufsicht durch staatliche Intendanten behaupten konnten. In den *Pays d'état* lebte das Bewußtsein weiter, daß Adel, Klerus und Bürgertum die drei Säulen des Staates sind. Sie bildeten insgesamt eine privilegierte Oberschicht gegenüber dem Volk. Bei diesen Privilegierten erwachte eine ständig zunehmende Opposition gegen den absoluten Staat, der seit Richelieu und Mazarin auf die Gleichheit aller Untertanen vor dem Herrscher gedrängt hatte, um die Macht des Adels zu vernichten. Aus den Reihen der Privilegierten der Provinzen ging schon lange vor der Revolution der Widerstand gegen den Staatsabsolutismus hervor. Die Provinzialstände, von denen Steuerwesen und Wirtschaftsorganisation des Landes abhingen, wandten sich gegen den Ämterkauf und die unkontrollierbare Macht der Monarchie. Von solcher Opposition zeugen die Verhaftungen, die sich nach dem Tod Ludwigs XIV. (1715) mehrten. Mit Hilfe der berüchtigten »*Lettres de cachet*« hoffte die Königsgewalt, der Opposition Herr zu werden, während sich gleichzeitig die illustre Hofgesellschaft von Versailles an den inkrimi-

nierten Texten geistreicher Schriftsteller ergötzte. Im Jahr 1771 erreichte
der Kampf gegen die oppositionellen Privilegierten einen Höhepunkt,
als die Regierung Ludwigs XV. (1715–1774) die führenden Köpfe des
Pariser (Stadt-)Parlaments mit dem Bann belegte, weil es bestimmte königliche Verordnungen abgelehnt hatte. Die Regierung führte zwar die
von den Parisern geforderte Abschaffung der Käuflichkeit des Richter-
amtes schließlich durch, aber die *Lettres de cachet* blieben als Gewaltakt
des absolutistischen Staates in Erinnerung. Ludwig XVI. hob bei seinem
Regierungsantritt 1774 den Bann über die Parlamentsräte wieder auf,
doch die Verwundung des Selbstgefühls der Bürger und der mit ihnen
sympathisierenden Aristokraten heilte nicht aus.

Als Ludwig XVI. im Alter von 19 Jahren den Thron bestieg, schien er
ehrlich von dem Wunsch beseelt, seine Untertanen glücklicher zu machen als sie es unter seinem Vorgänger waren. Doch unter dem Einfluß
perfider Ratgeber wuchs die Verschwendungssucht der königlichen
Hofhaltung nur noch an. Seine Gemahlin Marie Antoinette (geb.
1755), die Tochter Maria Theresias, war ihm schon 1770 angetraut worden, als Ludwig noch Dauphin war. Mit ihrem Charme entzückte sie den
ebenso glänzenden wie korrupten Hof von Versailles, ihre übertriebe-
nen, persönlich fingierten Ausgaben erbitterten jedoch immer mehr
Bürger, auch solche, die zu den Privilegierten zu zählen waren.

Der im Grunde genommen monarchistisch gesinnten, aber kritisch
gewordenen Opposition versuchte der König zu begegnen, indem er
Reformversuche zuließ, die das ungeheure Finanzdefizit decken sollten.
Gleich nach seinem Regierungsantritt suchte Ludwig XVI. nach einem
Retter aus der Not. Er fand ihn in Turgot, dem »Physiokraten«.

Anne Robert Jacques Turgot (1727–1781) wurde 1774 zum Direktor der Finanzen ernannt. Ludwig hoffte, daß er eine Reform des Staates
durch den Staat ermöglichen, den Absolutismus durch den Absolutismus retten könne. Als Physiokrat versuchte Turgot, »*la prosperité*« anzu-
fachen, stieß aber nur auf den Widerstand der Privilegierten. Er entwarf
einen Reformplan, der die Gewerbefreiheit verfügte, die Ablösung der
bäuerlichen Frondienste vorsah und den Getreidehandel freigab. Letzte-
res hatte eine Explosion der Getreidepreise und damit auch des Brotprei-
ses zur Folge. Die Pariser Arbeiter erhoben sich gegen diese physiokrati-

sche Maßnahme, denn sie mußten hungern. Turgot ließ ihren Aufstand gewaltsam niederschlagen, im »*guerres des farines*«. Auch seine Maßnahmen zur Einführung der Gewerbefreiheit stießen auf den Widerstand der *Pays d'état*, der Provinzialstände mit ihren Parlamenten. Als er schließlich eine Einschränkung der Kosten für den königlichen Hof forderte, kam es zu seiner Entlassung.

Sein Nachfolger als Finanzminister wurde der Bankier JACQUES NEK-KER (1732–1804), der Vater der späteren Goethe-Verehrerin Madame de Staël. Auch er mußte vor den Provinzialständen kapitulieren, nicht nur weil er als gebürtiger Schweizer den Genfer Protestantismus repräsentierte und somit eo ipso die katholischen Provinzialstände verärgerte, sondern auch weil er sich durch seine Sparsamkeit bei den königlichen Beamten unbeliebt gemacht hatte. Er wurde 1787 entlassen, was ihn aber gerade in breiten Kreisen Frankreichs außerordentlich beliebt machte. Als Freund berühmter Schriftsteller und Kritiker genoß er hohes Ansehen in der Öffentlichkeit. Seine Entlassung konnte ihm nur zur Ehre gereichen. Man schob sie den höfischen Intrigen zu. Der öffentlichen Meinung erschien er als Opfer des Absolutismus. Wie sollte es nun mit Frankreich weitergehen? Ein neuer Finanzdirektor wurde berufen.

CHARLES ALEXANDRE DE CALONNE (1734–1802) sollte und wollte möglich machen, was seinem Vorgänger mißlungen war. Necker hatte während der kurzen Zeit seiner Tätigkeit im königlichen Dienst nur durch riesige Anleihen die ständig wachsenden Ausgaben des Hofes decken können. Calonne, ein liebenswürdig-geschmeidiger Höfling, entwarf einige Pläne, die alle auf Steuererhebungen hinausliefen. Man befürchtete daher die Ablehnung der Pläne durch die Provinzialstände. Calonne wollte dem entgehen, indem er die Einberufung einer Versammlung von »Notabeln«, vom König ausgesuchter Repräsentanten vorschlug. Eine »Grundsteuer« sollte eingeführt werden. Aber eine solche Steuer war nicht möglich ohne eine generelle Steuerreform, die allerdings an der bestehenden Gesellschaftsordnung gerüttelt hätte. Die Notabeln lehnten Calonnes Pläne ab. Der Versuch, Steueredikte zu erlassen und mit Gewalt durchzusetzen – durch Verhaftung von Notabeln –, führte zu landesweiter Aufregung. Der König wich zurück, entließ Calonne und berief im August 1788 abermals Jacques Necker zum General-

direktor der Finanzen und zum Staatsminister. Der konnte aber nur noch
den Bankrott des Staates konstatieren und dem König raten, nicht gegen,
sondern mit den Steuerzahlern die Finanznot zu bewältigen. Eine alte
Sitte sollte wieder eingeführt werden – die Steuerbewilligung durch die
Stände.

Anfang vom Ende – Ständeversammlung in Versailles 1789

So setzte sich Necker für die Einberufung der seit 165 Jahren eingeschla-
fenen *États généraux* ein. Mit deren Hilfe hoffte er, das Defizit der Staatseinnahmen verringern zu können. Seine politische Absicht war zweifellos, den Dritten Stand so zu stärken, daß das wohlhabende Bürgertum zu
einem Bündnis mit der Krone bereit war: für Ludwig XVI. und gegen
den Adel. Die Einberufung der Generalstände konnte aber nur unter
einer Voraussetzung dieser Absicht dienlich sein: Die alte Satzung zu
ändern.

Die *États généraux* hatten sich bis 1614 aus je 300 Vertretern des Klerus,
des Adels und des Bürgertums zusammengesetzt. Jetzt brachte Necker
den König dazu, dem Bürgertum 600 Abgeordnete zuzubilligen, also
ebenso viele wie die beiden oberen Stände zusammen. Dieses »*doublement du tiers*« konnte aber nur dann einen Sinn haben, wenn der alte
Abstimmungsmodus geändert wurde. In früheren Zeiten hatten ja die
Stände immer getrennt getagt und unabhängig voneinander ihre Beschlüsse gefaßt. Dann waren sie abschließend zusammengekommen und
jeder Stand hatte eine einzige Stimme abgegeben. Ausgezählte Mehr-
heitsverhältnisse gab es in dieser noch aus dem Mittelalter stammenden
Ordnung nicht. Man stimmte nach Ständen korporativ ab. Nach Nek-
kers und des Königs Vorstellung vom »*doublement du tiers*« wären die
Bürgerlichen zwar verdoppelt worden, hätten bei korporativer Abstimmung nach Ständen von Adel und Geistlichkeit aber immer noch überstimmt werden können. Nur bei einer Abstimmung nach der Zahl der
Köpfe konnte der Dritte Stand auf die Unterstützung fortschrittlicher

41

Adliger und damit auf Mehrheiten rechnen. Doch eine solche Änderung hätte den althergebrachten französischen Ständestaat grundsätzlich in Frage gestellt. Trotz des »*doublement du tiers*« wurde 1789 die alte Ständeordnung unverändert beibehalten.

Dennoch wurden in den ersten Monaten des Jahres Wahlen durchgeführt. Wählen durfte freilich nur, wer ein Amt innehatte oder dem Staat jährlich höhere Steuern zahlte. Dadurch war mehr als die Hälfte der Bevölkerung vom Wahlrecht ausgeschlossen. Die zugelassenen Wähler steckten den Gewählten an die 60.000 »*cahiers*« – Beschwerdebriefe zu, aus denen man noch heute die katastrophale Lage im vorrevolutionären Frankreich ersehen kann. Die langausgedehnten Wahlen verliefen sehr heftig und ließen schon ahnen, was den *États généraux* bevorstand.

Am 5. Mai 1789, einem strahlenden Frühlingstag, traten die Generalstände in Versailles zusammen.

Zum letzten Mal in der Geschichte stellten sich die Vertreter des alten Frankreich zur Schau. Der Einzug der Stände in den riesigen Versammlungssaal spricht für sich. Die Aristokraten erschienen in festlichen Gewändern, die Geistlichen in herrlichen Seidenmänteln. Diese beiden oberen Stände durchschritten die weit geöffneten Flügeltüren des »*Salle des Menus-Plaisirs*«, Glanz und Macht demonstrierend. Die Bürgerlichen wurden nur durch eine Seitentür eingelassen. Ihr schlichtes Gewand stach gegen Prunk und Pracht der Privilegierten ernüchternd ab. Nach dem Hofprotokoll hätten die Bürger den König eigentlich nur kniend und unbedeckten Hauptes anhören dürfen. Nun aber zeigten sie, daß die Zeit solcher Unterwürfigkeit der Vergangenheit angehörte. Wie Klerus und Adel hörten sie die Rede des Königs stehend und mit Hüten auf den Köpfen an. Diese Insubordination löste Empörung bei den beiden höheren Ständen aus.

Man muß sich das Bild vorstellen, das sich im »*Salle des Menus-Plaisirs*« des Versailler Schlosses einem Beobachter darbieten konnte: Fern auf dem hohen Thron saß der König; rechts neben ihm hatten dreihundert Geistliche in wallenden roten und purpurnen Gewändern Platz genommen, ihnen gegenüber dreihundert Aristokraten in eleganten seidenbestickten, farbigen Fracks und in engen Beinkleidern mit herrlichen Degen und federgeschmückten Hüten. Dem Thron gegenüber standen

42

dicht zusammengedrängt sechshundert Bürgerliche in ihrer schlichten, eintönig braun-grauen Tracht, wie eine Masse ohne individuellen Charakter und persönlichen Ausdruck. Denn kein Bürgerlicher durfte sich kleiden, wie er wollte, selbst wenn er sich prächtigere Federhüte und reicher bestickte Fracks als der Adel hätte leisten können. »*Decouvrez vous!*« riefen einige Adlige den *citoyens* zu, als sie durch die Seitentür hereinkamen.

Im »*Salle des Menus-Plaisirs*« zeigte sich am 5. Mai, daß das alte Frankreich den Ernst der Lage nicht im entferntesten erkannt hatte. In seiner Ansprache tadelte der König alle Forderungen nach Reformen, wies auf das Gottesgnadentum des Herrschers hin und wandte sich gegen den Geist des Ungehorsams. Später gab dann Necker einen Bericht über die Finanzmisere des Staates, ohne sich jedoch über die tatsächliche Höhe des Staatsdefizits zu äußern. Vom Abstimmungsmodus wurde nicht gesprochen. Die Stände sollten Geld beschaffen, aber getrennt beraten. Jeder der drei Stände bekam einen eigenen Beratungssaal zugewiesen.

Fast sechs Wochen vergingen auf diese unbefriedigende Weise. Wahlprüfungen wurden vorgenommen; zum eigentlichen Gegenstand der Reichsversammlung kam man nicht, so oft auch der Dritte Stand die beiden anderen Stände zu gemeinsamen Beratungen aufforderte. Schließlich formulierte Abbé EMMANUEL-JOSEPH GRAF VON SIEYÈS (1748–1836), der sich als katholischer Geistlicher zum Dritten Stand geschlagen hatte, am 17. Juni eine Erklärung, nach der das Recht auf Steuerbewilligung allein dem Bürgertum zustehen sollte und dieses sich zur »Nation« erklärte.

Er war schon vor dem Zusammentritt der Generalstände in weiten Kreisen durch seine Schrift »Was ist der Dritte Stand?« bekannt geworden. Die Antwort auf seine provokative Frage konnte man sich auf der Zunge zergehen lassen: »Was ist der Dritte Stand?« »Alles!« – »Was bedeutet er im Staate?« »Nichts!« – »Was will er?« »Daß er etwas bedeutet!«

»Daß er etwas bedeutet!« Diese Streitschrift des Abbé Sieyès über den Führungsanspruch des Dritten Standes ist ein Schlüsseldokument für das Verständnis der Revolution. In der englischen »*Petition of Rights*« des Jahres 1629 kann man einen historischen Vorläufer dieses

Dokuments sehen. Aber die folgenreiche »*Petition of Rights*« wirkt bescheiden, wenn man sie mit den aufrüttelnden Worten des Abbé vergleicht.

Das Grollen einer Revolution war unüberhörbar geworden. Die Reaktion der Regierung konnte ihren Ausbruch nur noch beschleunigen. Denn als sich die Vertreter des Dritten Standes drei Tage darauf in ihrem Versammlungsgebäude wieder treffen wollten, war es von Militärs umstellt und die Türen verschlossen. Da begaben sich die Abgeordneten in ein nahegelegenes Gebäude, in das sog. »Ballhaus«, in dem sonst Prinzen und Herren des Hofes Ballspiele veranstalteten. Hier legten sie den berühmten »Ballhausschwur« ab, sich nicht zu trennen, bevor Frankreich eine neue Staatsordnung (Verfassung) gegeben worden wäre. Der Ballhausschwur vom 20. Juni erschreckte König und Regierung, schlossen sich doch zwei Tage später bereits 149 Adlige und Geistliche dem Dritten Stand an.

Die Geistlichkeit hatte zuvor versucht, den Dritten Stand auf ihre Seite zu ziehen, um unter ihrer Führung eine gemeinsame Beratung der drei Stände zustande zu bringen. Zu diesem Zweck war der Erzbischof von Aix zu dem gesondert tagenden Dritten Stand gegangen und hatte eine flammende Rede über die unglückliche Lage der Bauern in den Provinzen gehalten. Er »holte ein Stück schwarzen Brotes hervor, das selbst Tiere verschmäht hätten, auf das die Armen aber angewiesen waren«, berichtet ein Beobachter, der Schweizer Etienne Dumont,* und er fährt fort: »Er forderte den Dritten Stand auf, einige Deputierte zu bestimmen, die mit denen der Geistlichkeit und des Adels über die Mittel verhandeln sollten, um das Los der Bedürftigen zu mildern.« Aber die »*Tiers*« sahen darin nur eine Falle. Wollten die Bischöfe wirklich den Hungernden helfen, oder wollten sie nur ihre führende Rolle zur Geltung bringen? Da mischte sich plötzlich ein junger Delegierter ein, trat vor den Erzbischof und sagte:

Gehen Sie und sagen Sie Ihren Amtsbrüdern, wenn sie so ungeduldig seien, die Lage des Volkes zu erleichtern, so sollen sie sich in diesem

* in: »*Souveniers sur Mirabeau...*«, Paris 1832

44

Saal zu den Freunden des Volkes gesellen. Sagen Sie ihnen, sie sollen keine kleinlichen Mittel anwenden, ... verzichten Sie als Diener der Religion und würdiger Jünger Ihres Meisters auf den Überfluß, der Sie umgibt, auf die Pracht, die die Armen verletzt. Kehren Sie zur Bescheidenheit Ihrer Herkunft zurück, schicken Sie die hochmütigen Lakaien weg, die Sie begleiten; verkaufen Sie die stolzen Karossen und verwandeln Sie diesen verächtlichen Luxus in Nahrung für die Armen!

Der Redner war allen unbekannt, und jeder wollte nun wissen, wer er sei, erzählt Etienne Dumont. Schließlich machte sein Name die Runde: MAXIMILIEN DE ROBESPIERRE.

Sein erster Auftritt gegen den Erzbischof von Aix blieb unvergessen und sollte ihm die Sympathien des Volkes einbringen. Indessen wurde die Lage Ludwigs XVI. immer prekärer.

Der König wich zurück und gab der Forderung des *Tiers état* nach, eine gemeinsame Sitzung aller drei Stände anzuberaumen. Sie fand am 23. Juni statt. Doch der verschreckte König trat die Flucht nach vorn an. Er hielt eine arrogante Rede und befahl der Versammlung auseinanderzutreten, um im Anschluß wieder getrennt zu beraten. Die beiden oberen Stände verließen den großen, zwölfhundert Delegierte fassenden Saal. Der Dritte Stand blieb trotzig, aber etwas ratlos zurück. Als dann der Großzeremonienmeister des Königs, der junge Marquis de Dreux-Brézé, in den Saal zurückkehrte und die Abgeordneten hochmütig fragte, ob sie den königlichen Befehl zum Auseinandertreten nicht gehört hätten, bewahrte der »Donnerkeil« des Grafen Mirabeau den Dritten Stand vor einem schmählichen Auseinanderlaufen.

Heinrich von Kleists Darstellung dieses historischen Augenblicks (s. S. 19 ff.) ist unübertrefflich. Es gibt aber auch den Text eines Augenzeugen, der sich weit weniger dramatisch liest und hier wiedergegeben werden soll, um die einzigartige Erzählkunst Kleists zu demonstrieren. Kleist hatte sich in den Daten geirrt, die wahrscheinlich im fernen Berlin nicht korrekt wiedergegeben worden waren. Aber den Kern der Sache traf er genau und gut, wenn man seine Schilderung mit der überlieferten Form des Geschehens vergleicht.

45

Als nämlich der Zeremonienmeister Marquis de Dreux-Brézé die Mitglieder des Dritten Standes an die Order des Königs erinnern wollte, rief Mirabeau ihm zu:

Ja, mein Herr, wir haben die Absicht vernommen, die man dem König eingeblasen hat, und Sie, der Sie niemals sein Organ bei der Versammlung der Generalstände sein können, Sie, der Sie hier weder Sitz noch Stimme noch das Recht zu sprechen haben, Sie sind nicht befähigt, uns an seine Rede zu erinnern. Ich erkläre Ihnen aber, um jede Zweideutigkeit auszuräumen und jeden Aufschub zu umgehen, daß Sie, wenn Sie den Auftrag haben, uns von hier zu vertreiben, Befehl zur Gewaltanwendung einholen müssen; denn wir werden uns hier von unsern Plätzen nur durch die Gewalt der Bajonette vertreiben lassen.

Rückwärts schreitend verließ der Großzeremonienmeister den Saal. Mirabeaus glänzender Einfall, von den »Bajonetten« zu reden, brachte die Revolution ins Rollen. Paris, im Taumel der Begeisterung, jubelte auf den Straßen und Plätzen.

Die Konstituante 1789–1791

Die verfassunggebende Versammlung

Nachdem der *Tiers état* sich zur Nation erklärt und den Ballhausschwur geleistet hatte, nahm die »*Assemblée nationale constituante*« ihre Arbeit auf. Aus der Ständeversammlung wurde jetzt die »Nationalversammlung«.

Sie begann mit heftigen Debatten über die Herstellung der Rechtsgleichheit und Freiheit aller Menschen in einer neuen Gesellschaftsordnung. Die Institution des Königtums blieb dabei unangetastet, die Monarchie sollte beibehalten werden. Aber Schlag auf Schlag wurden die Konsequenzen aus dem »Ballhausschwur« gezogen. Als zwei Tage nach dem Zusammentritt der »*Constituante*« Necker als Finanzminister vom König entlassen wurde, geriet das Pariser Bürgertum in Wut und Empörung, war es doch Necker gewesen, der auf die Einberufung der *États généraux* gedrängt und das Bürgertum umworben hatte. In den Straßen von Paris kam es zu erregten Diskussionen und zu Zusammenstößen mit dem Militär. Gerüchte über Truppenzusammenziehungen liefen um, so daß am 15. Juli die Bürger eiligst eine »Nationalgarde« gründeten, als deren Kommandeur Marquis La Fayette eingesetzt wurde. Die blau-weiß-rote Kokarde an den Hüten der Nationalgardisten bezog sich auf die blau-roten Stadtfarben von Paris, das Weiß auf das Lilienbanner der französischen Könige, man war also für eine neue Ordnung, nicht gegen, sondern mit dem König.

Paris befand sich im Aufruhr. Von Tischen, Bänken und Fässern herab wurden Reden gehalten. Handwerker, Arbeiter und Kleinbürger aus den Vorstädten bemächtigten sich der Waffenarsenale, Soldaten liefen zu den Aufständischen über. Am 14. Juli machte sich die allgemeine Erregung plötzlich Luft. Gewaltige Züge von Demonstranten wälzten sich zur Bastille, dem kanonenbespickten Staatsgefängnis. Man wollte die Gefangenen befreien. Königliche Truppen warfen sich den Demonstranten entgegen. Nach vierstündigem Kampf wurde die berüchtigte Zwingburg des Absolutismus erstürmt. Doch politische Gefangene waren nicht zu befreien. Nur ein paar Sträflinge zivilrechtlicher Art kamen nach der Schießerei ins Freie. Dennoch wurde der Sturm auf die Bastille und ihre Eroberung in ganz Frankreich und halb Europa bejubelt.

Im Tagebuch des Königs aber kann man lesen: »Juli 1789, − 13. nichts, 14. nichts.«*

Nach dem 14. Juli brach der revolutionäre Sturm über die französischen Provinzen herein. Manche Klöster und Schlösser wurden von Bauern angezündet, manches Rathaus gestürmt, manch ein Zollwächter gelyncht oder verjagt. Noch heute ist der 14. Juli französischer Nationalfeiertag. Über alle konterrevolutionären und monarchistischen Phasen seiner späteren Geschichte hinweg hat sich das französische Volk die Erinnerung an den revolutionären »Bastillesturm« als an einen Akt der politischen Befreiung bewahrt.

Indessen setzte die Nationalversammlung ihre Arbeit fort. Die Unruhen in den Provinzen ließen nicht nach. Man mußte mit Gesetzen eingreifen, wenn das Land nicht dem Ruin entgegentreiben sollte. Die ersten Maßnahmen galten den agrarischen Verhältnissen. Alle weiteren revolutionären Veränderungen folgten noch 1789 Schlag auf Schlag.

Am 4. und 5. August beschloß man in einer denkwürdigen Nachtsitzung die Aufhebung einer Reihe von Sonderrechten der Städte, diejenige der Käuflichkeit von Ämtern wie auch die Auflösung von Feudalrechten und Adelsprivilegien. Die Bauern sollten die Abgaben an den adligen Grundherrn ablösen können, d. h. der Bauer konnte sich von ihm loskaufen. Das Recht des Adels, auf fremdem Boden zu jagen, wurde abgeschafft. Die Majorate sollten nicht mehr anerkannt werden, und somit waren die Aufteilung ererbter Güter und ihr Verkauf zugelassen. Für alle Kinder sollte das gleiche Erbrecht gelten, wodurch der Grundsatz der Rechtsgleichheit ein Stück vorangetrieben wurde.

---

* »*Journal de Louis XVI.*«, 344 Seiten, von der Hand des Königs geschrieben, als Manuskript in den Archives National, Paris

Am *26. August 1789* wurde die vielleicht bedeutendste Entscheidung des ersten Revolutionsjahres gefällt. Auf Antrag von Marquis Joseph de La Fayette (1757–1834), den man schon am 15. Juli mit der Führung der Nationalgarde betraut hatte, wurde die » Erklärung der Menschen- und Bürgerrechte« verabschiedet. La Fayette hatte sich als französischer Staatsangehöriger auf Seiten der aufständischen englischen Kolonisten am nordamerikanischen Unabhängigkeitskrieg (1775–1782) beteiligt. Er hatte Thomas Jefferson (1743–1826), den Verfasser der amerikanischen Unabhängigkeitserklärung vom 4. Juli 1776, kennengelernt und ihr Entstehen auf dem Kongreß von Philadelphia verfolgt. La Fayette trat nun in der französischen Nationalversammlung für die Aufnahme der Ideen von Philadelphia ein: Freiheit und Gleichheit aller Menschen, Souveränität des Volkes, Gedankenfreiheit und Recht der freien Meinungsäußerung. Bis in den Wortlaut hinein stimmt La Fayettes Text mit der amerikanischen Unabhängigkeitserklärung überein, soweit sie die Menschen- und Bürgerrechte betrifft.

Was am 26. August 1789 von der Nationalversammlung angenommen und am 5. Oktober vom König bestätigt wurde, ist später als Einleitung in die Verfassung von 1791 aufgenommen worden. Die » Erklärung der Menschenrechte« kehrt in mehr oder minder gleicher Form in allen Verfassungen Frankreichs wieder: in den Verfassungen von 1793 und 1795, 1814, 1848 und allen späteren Staatsgrundgesetzen. Ihrer Wichtigkeit wegen soll sie im vollen Wortlaut wiedergegeben werden:

Die Vertreter des französischen Volkes, die sich in der Nationalversammlung zusammengetan haben, haben in Anbetracht der Tatsache, daß Unkenntnis, Vergessenheit und Nichtachtung der Menschenrechte die alleinigen Ursachen des öffentlichen Unglücks und der Verderbnis der Regierungen sind, beschlossen, in feierlicher Erklärung die natürlichen, unveräußerlichen und heiligen Rechte der Menschen aufzustellen, damit diese Erklärung, allen Volksgliedern stets gegenwärtig, sie unaufhörlich an ihre Rechte und Pflichten erinnere, damit die Beschwerden der Bürger, von nun an auf einfache, unantastbare Grundsätze gestützt, der Aufrechterhaltung der Verfassung und dem Wohle aller dienen.

Die Nationalversammlung erklärt in Gegenwart und mit Hilfe des höchsten Wesens folgende Rechte des Menschen und des Bürgers.

I. Die Menschen sind frei geboren und bleiben frei und gleich vor dem Gesetz. Soziale Unterschiede können nur durch das öffentliche Wohl gerechtfertigt werden.

II. Ziel aller politischen Vereinigung ist die Erhaltung der natürlichen und ewigen Menschenrechte. Diese Rechte sind: Freiheit, Eigentum, Sicherheit und Widerstand gegen Unterdrückung.

III. Alle Souveränität liegt bei der Nation. Keine Körperschaft, kein einzelner kann diese Autorität ausüben, wenn sie nicht von der Nation übertragen worden ist.

IV. Die Freiheit besteht darin, alles sein zu können, was anderen nicht schadet: So hat der Gebrauch der Menschenrechte keine andere Grenze als die, daß alle anderen Glieder der Gesellschaft dieselben Rechte genießen. Diese Grenzen sind durch das Gesetz zu bestimmen.

V. Das Gesetz kann nur der Gesellschaft schädliche Handlungen untersagen. Alles, was das Gesetz nicht verbietet, kann nicht verhindert werden, und niemand kann gezwungen werden, etwas zu tun, was das Gesetz nicht befiehlt.

VI. Das Gesetz ist der Ausdruck des allgemeinen Willens [*volonté générale*]. Alle Bürger können persönlich oder durch Vertreter an seiner Formulierung beitragen. Es muß für alle dasselbe sein, gleichviel ob es schützt oder straft. Alle Bürger sind vor ihm gleich und können gleicherweise zu allen Würden, Stellen und öffentlichen Ämtern gelangen, je nach ihrer Fähigkeit und nach keinem anderen Gesichtspunkt als ihrer Tugend und ihrem Können.

VII. Kein Mensch kann beschuldigt, festgenommen oder gefangengehalten werden als in den Fällen und nach den Formen, die das Gesetz vorschreibt. Alle, die willkürliche Befehle veranlassen, befördern, ausführen oder ausführen lassen, sind strafbar; aber der Bürger, der im Namen des Gesetzes gerufen oder festgenommen wird, muß sofort gehorchen; jeder Widerstand macht ihn schuldig...

X. Niemand kann wegen seiner Meinung, auch seiner religiösen, belästigt werden, wenn ihre Äußerungen nicht die gesetzliche Ordnung stören.

XI. Der freie Austausch von Gedanken und Meinungen ist eines der kostbarsten Menschenrechte. Jeder Bürger kann also frei reden, schreiben, drucken, ausgenommen den Mißbrauch dieser Freiheit, den das Gesetz festlegt.

XII. Zur Sicherung der Menschen- und Bürgerrechte ist eine öffentliche Gewalt nötig: Diese Gewalt ist eingesetzt im Interesse aller und nicht für die Sonderinteressen derjenigen, denen sie anvertraut ist.

XIII. Zum Unterhalt dieser öffentlichen Gewalt und zur Bestreitung der Verwaltungsausgaben ist eine allgemeine Steuer unerläßlich. Diese muß gleichmäßig, je nach dem Besitz, unter alle Bürger verteilt werden.

XIV. Alle Bürger haben das Recht, persönlich oder durch ihre Vertreter, über die Notwendigkeit der öffentlichen Beiträge zu urteilen, die Verwendung zu kontrollieren und die Höhe, Beitreibung und Dauer des Budgets zu bestimmen.

XV. Die Gesellschaft hat das Recht, jeden Verwaltungsbeamten zur Rechenschaft zu ziehen.

XVI. Jede Gesellschaft, in der die Menschenrechte nicht genügend gesichert und die Teilung der Gewalten nicht durchgeführt ist, hat keine Verfassung.

XVII. Da das Eigentumsrecht heilig und unverletzlich ist, so kann keiner dessen beraubt werden, außer wenn es nach der Meinung aller das allgemeine Wohl fordert, und auch dann nur unter der Bedingung der vorläufigen Unantastbarkeit.

Die Nationalversammlung verkündete mit dieser Erklärung die Freiheit und Rechtsgleichheit aller Menschen, schränkte zugleich die Macht des Staates gegenüber der Gesellschaft ein, aber bestätigte den Besitzstand des Bürgertums, womit die untersten Bevölkerungsschichten vom Gleichheitsideal ausgeschlossen waren. Freiheit und Gleichheit galten für die privilegierte Schicht der Bourgeoisie, nicht aber für jedermann. Dennoch war mit dem 26. August 1789 die Vorherrschaft von Adel und Klerus aufgehoben und eine neue Gesellschaftsordnung eingesetzt worden. Der Eindruck der französischen Menschenrechtserklärung auf die absolutistisch regierten Staaten und Völker rund um das revolutionäre Frankreich war von allergrößter Bedeutung. Enthusiastisch griff das geistig fortschrittliche Europa, allen voran Studenten und Professoren samt dem Bildungsbürgertum, die neuen Ideen auf und verbreitete sie mit einer zündenden Parole, die bald durch ganz Europa lief: »FREIHEIT, GLEICHHEIT, BRÜDERLICHKEIT«.

La Fayette hatte nach Frankreich gebracht, was ihn in Amerika begeistert hatte. »*Liberté, égalité, fraternité*« waren aber Losungsworte, die nicht allein dem Geist der französischen Aufklärungsphilosophie Montesquieus, Voltaires und der Enzyklopädisten oder Rousseaus entsprungen waren, wie man so leicht glauben konnte. In der französischen Menschenrechtserklärung leben die Formulierungen Thomas Jeffersons von 1776 weiter, also auch der Geist der englischen Aufklärung. Die Franzosen hatten sich aber bereits viel weiter von den religiösen Grundlagen entfernt, die den nordamerikanischen Siedlern englischer Herkunft noch selbstverständlich waren. Um die Unterschiede und Übereinstimmungen der amerikanischen und französischen Menschenrechtserklärungen erkennen zu können, soll hier der entsprechende Passus aus der Unabhängigkeitserklärung der USA vom 4. Juli 1776 folgen:

Wir halten es für Wahrheiten, die keines Beweises bedürfen, daß alle Menschen vor ihrem Schöpfer gleich sind, daß Er ihnen gewisse unveräußerliche Rechte verliehen hat und daß zu diesen Rechten Leben, Freiheit und das Streben nach Glück gehören. Daß zur Sicherstellung dieser Rechte von den Menschen Regierungen eingesetzt werden, die ihre Machtbefugnisse von der Zustimmung der Regierten herleiten. Daß, wenn zu irgendeiner Zeit eine Regierungsform diese Rechte zu zerstören droht, das Volk das Recht hat, sie zu ändern oder abzuschaffen und eine neue Regierung einzusetzen, die auf solchen Prinzipien aufgebaut wird und deren Machtbefugnisse so festgelegt werden, wie es im Interesse der Sicherheit und Zufriedenheit des Volkes am besten erscheint.

Vom »Schöpfer« wird in der französischen Nationalversammlung nicht mehr gesprochen. Rechtsfreiheit, Gedanken- und Meinungsfreiheit werden als selbstverständliche Rechte des Individuums postuliert, die

Möglichkeit der Absetzung einer Regierungsform – also etwa der Monarchie – aber nicht ausdrücklich betont, wie überhaupt das Königtum zunächst noch unangetastet blieb. Der neue Staat baute sich auf der Schicht der freien und gleichberechtigten *»citoyens«* auf. Stände gab es nicht mehr, nur noch die einheitliche Nation.

Der König lehnte es ab, die französische Menschenrechtserklärung vom 26. August 1789 sofort zu bestätigen; zweifellos ein schwerer Fehler. Umgeben von den adligen Vertretern des *Ancien régime* und indirekt unterstützt von den monarchischen Regierungen Europas versuchte er, seine geschwächte Position durch Zusammenziehung von Truppen zu verbessern. Das konnte aber die immer revolutionärer gewordene Bevölkerung von Paris nur zu neuen Unruhen aufreizen.

Am *5. Oktober 1789* setzte sich ein großer Zug von Kleinbürgern, Arbeitern und Handwerksgesellen, mit Frauen und Kindern an der Spitze, von Paris nach Versailles in Bewegung. Durch diesen »Zug der Weiber nach Versailles« wurde die königliche Familie gezwungen, Versailles zu verlassen und in den Tuilerien, dem Pariser Königsschloß, Wohnung zu nehmen. Auch die *Assemblée nationale constituante,* die bis dato noch immer in Versailles tagte, übersiedelte nun nach Paris.

Am *2. November*, wenige Wochen später, erhob die Nationalversammlung erstmals den Anspruch des Staates auf Souveränität, auch gegenüber der Kirche und ihren Gütern. Und so wie ein Marquis La Fayette im August die Gleichheit und Freiheit aller Bürger durchgesetzt hatte, war es im November ein Bischof Talleyrand, der die Nationalversammlung dazu brachte, den Kirchenbesitz zum Eigentum der Nation zu erklären. Die Kirchengüter wurden gemäß dem Beschluß vom 2. November öffentlich versteigert. Nur wer genügend Bargeld besaß, konnte sich am Kauf beteiligen. Und das waren die Großbürger, Kaufleute und Handelsherren. Für die Masse der Bevölkerung waren die Beschlüsse vom 2. November ohne Bedeutung. Der sofortige Verkauf der Kirchengüter hätte zu einem Verfall des Bodenpreises geführt.

So beschloß man am *19. Dezember* 1789 Anweisungen, sog. *»assignaten«,* auszugeben, die zum Erwerb des Kirchenguts berechtigten. Der schlaue Graf Mirabeau kam auf die Idee, die Emissionen als Papiergeld in kleinen Stücken auszugeben, weil auf diese Weise auch der permanenten

Geldnot der Bevölkerung abgeholfen werden sollte. Im großen und ganzen aber war die Einziehung der Kirchengüter als Schlag gegen die Kirche und die hohe Geistlichkeit gemeint, denen man die Grundlagen ihrer
Existenz entziehen wollte.

Wie in einem Staffettenlauf ging dann der Kampf gegen die Kirche
weiter. Die bisherigen Beschlüsse der Nationalversammlung sollten die
Grundlagen der alten Gesellschaft beseitigen und zugleich die Besitzver-
hältnisse zugunsten des Bürgertums verändern. Der Adel hatte seine Güter verloren. Die hohe Geistlichkeit sollte diesem Beispiel folgen. Das
hatte aber auch Konsequenzen für alle Priester der katholischen Kirche,
die an die Weisungen ihrer Bischöfe gebunden waren. So war die Einziehung des Kirchenbesitzes der Beginn des schwelenden Konflikts zwischen der Revolution und der römisch-katholischen Kirche.

Mit dem Sommer 1790, ein Jahr nach dem Sturm auf die Bastille, erreichte dieser Konflikt seinen ersten Höhepunkt. Die *»Constitution civile
du clergé«* verlangte von jedem Priester die Eidesleistung auf den revolutionären Staat, und da die Zahl der Bistümer auf 83 vermindert worden
war, verwandelte sich die Spannung zwischen den Revolutionären und
dem französischen Klerus zum offenen Streit mit dem Papsttum. Viele
Priester verweigerten die Eidesleistung und begaben sich ins Ausland.
Dort blieben sie mit den zahlreich emigrierten Aristokraten das Zentrum
des antirevolutionären Widerstands.

Alle umwälzenden Beschlüsse der Nationalversammlung hatten
große Bedeutung für die Gestaltung einer neuen Gesellschaft nicht nur in
Frankreich, sondern auch im späteren Europa. Die Vertreter des Bürgertums betrachteten sich nicht länger als ein »Stand«; sie hatten sich zur
»Nation« erklärt, und die alte Ständeversammlung wurde durch eine
Reihe von Beschlüssen in eine Repräsentativversammlung verwandelt,
die auf der *»volonté nationale«,* dem Willen der Nation, beruhen sollte.
Das war ein Bruch mit der geltenden Staatsauffassung, derzufolge es
allein dem König als dem *»princeps legibus absolutus«* zukam, für das Wohl
der Untertanen zu sorgen und in seiner Person die staatliche Einheit des
Landes zu repräsentieren.

Erstmals im Sommer 1789 gewann die noch bis heute nachwirkende
Doktrin der repräsentativen Volksvertretung ihre Gestalt. Das geschah

auf dem Weg einer Verlagerung der Souveränitätsrechte von der Krone auf die Nationalversammlung.

Solche Umgestaltung machte die Schaffung eines neuen Verfassungswerks notwendig. An der Institution des Königtums wurde nicht gerüttelt. Man erstrebte die Staatsform einer konstitutionellen Monarchie nach dem Vorbild Englands und Hollands. Noch 1790/91 gab es eine klare Mehrheit für die Beibehaltung der Monarchie. Mirabeau, La Fayette und der Abbé Sieyès waren ihre Fürsprecher.

Daß dann alles anders kommen sollte und eine »ruckartige Nachholung verhinderter Entwicklung« (Marx) unausweichlich wurde, dafür ist der *20. Juni 1791* ein markantes Datum. Während nämlich die »*Constituante*«, die verfassunggebende Nationalversammlung, noch über die Rettung der Monarchie beriet, ließ sich der König dazu verleiten, mit seinen Kindern und seiner Frau Marie Antoinette, der Tochter Maria Theresias und Schwester des Kaisers, ins Ausland zu fliehen. Der Fluchtversuch wurde am 20. Juni 1791 bei dem kleinen Städtchen St. Menehould entdeckt. Dort stand ein Posten, der einst Soldat im Leibregiment der Königin gewesen war. Er erkannte ihr Gesicht und alarmierte die Bevölkerung. Die Königskutschen fuhren eiligst weiter, kamen bis Varennes, wurden dort sogar mit Ehren aufgenommen, aber doch nach Paris zurückgeschickt. Als die Königsfamilie wieder in den Tuilerien ankam, begrüßte sie ihr Hofstaat, als wäre der König von einem Jagdausflug zurückgekehrt.

Trotz des Fluchtversuchs zum Feind hielt die Nationalversammlung an der Errichtung einer konstitutionellen Monarchie fest. Das ist nicht zuletzt auf Mirabeau zurückzuführen, der die Nationalversammlung noch immer für ein starkes Königtum begeistern wollte. Er wollte, daß die Volksversammlung dem König ein Vetorecht gegen ihre Beschlüsse einräumen sollte. Dadurch machte er sich aber selbst unbeliebt und geriet ins Abseits der Revolution. Dennoch wurde er, als er am 12. April 1791 starb, vom Volk als Nationalheld gefeiert und im Panthéon beigesetzt. Den Erlaß der neuen Verfassung, die am *3. September 1791* angenommen und in Kraft gesetzt wurde, hat er nicht mehr erlebt.

Die Verfassung von 1791

Die konstituierende Nationalversammlung hatte ihr Verfassungswerk am 3. September 1791 fertiggestellt, am 14. September leistete der König den Eid auf die neue Verfassung, die trotz allem an der Monarchie festhielt. Die neue Gesellschaft baute auf der Gewaltenteilung auf: Legislative, Exekutive und richterliche Gewalt.

Die *legislative (gesetzgebende) Gewalt* lag beim Parlament, das durch Wahlen zustande kam. Das Wahlrecht war aber an einen Zensus und an ein indirektes Wahlverfahren gebunden. Zwar gab es 1791 nur noch die einheitliche Nation mit einem einzigen Stand der *citoyens,* aber an die Stelle der Rangunterschiede aufgrund historischer Privilegien trat jetzt die Gliederung nach Besitz. Wahlberechtigt waren nur die wohlhabenden Bürger. Die Masse des Volkes blieb ausgeschlossen: Das Zensuswahlrecht schränkte die Wahlen auf die Besitzenden ein.

Die *Exekutive* lag beim König, der jedoch nicht in die gesetzgeberische Gewalt eingreifen sollte. Verantwortlich für die Regierung waren die Minister, gegen die das Parlament jedoch Anklage erheben können sollte. Der König besaß laut Verfassung von 1791 keine gesetzgeberische Initiative, sie oblag allein dem Parlament. Der König durfte aber gegen die Beschlüsse der Nationalversammlung ein suspensives Veto einlegen, was Ludwig XVI. dann auch prompt tat, als die eidverweigernden Priester kein staatliches Gehalt mehr bekommen sollten. Damit wurden die Beschlüsse der legislativen Versammlung hinsichtlich der Priester zunächst lahmgelegt. Die exekutive Gewalt des Königs war aber ohnehin geschwächt, weil anstelle der alten Provinzen 83 Départements errichtet worden waren und die *municipalités* – Gemeinden weitgehende Selbstverwaltungsrechte erhalten sollten. Über die Einhaltung der königlichen Rechte wachte die Nationalgarde, die ihm zwar unterstellt sein sollte, doch aus aktiven *citoyens* bestand, die auf ihre Freiheit bedacht waren.

Die *richterliche Gewalt* wurde gegenüber dem *Ancien régime* total verändert. Das Geschworenengericht sollte an die Stelle der alten königlichen Gerichtsbarkeit treten. Das Laienrichtertum, die Öffentlichkeit und Mündlichkeit der Verfahren wurde konstituiert. Diese Grundsätze der

Verfassung von 1791 sind allgemein in die moderne Rechtspflege eingegangen.

Wenn nun auch die Einzelheiten dieser auf der Gewaltenteilung aufgebauten Verfassung nicht in die Wirklichkeit umgesetzt werden konnten, so sind ihre Grundsätze doch Vorbild für alle späteren Verfassungen in Europa geworden. Ihre Prinzipien waren tief in der geistesgeschichtlichen Entwicklung Westeuropas verwurzelt, genau gesagt: in der Philosophie der sog. »Aufklärung«, die das *Ancien régime* der Dreiständegesellschaft Frankreichs zu Fall bringen sollte.

Vorbereitung der Revolution

Aufklärungsphilosophie

Die Entstehung der Französischen Revolution läßt sich aus wirtschaftlichen und politischen Verhältnissen allein nicht erklären. Sie sind nur die äußeren Schalen, die den Kern einer inneren Entwicklung umschließen. Kennen muß man aber diese Schale, wenn man zum Kern vordringen will. Deshalb wurden die äußeren Verhältnisse, die zur großen Umwälzung in Frankreich führten, unserer Betrachtung vorangestellt.

Doch die Französische Revolution ist nicht ohne die Aufklärungsphilosophie des 18. Jahrhunderts zu verstehen, nicht ohne Montesquieu, Rousseau und Voltaire. Diese Aufklärungsphilosophie wurzelt tief in der Geistesgeschichte von Renaissance und Reformation, reicht also an den Beginn jenes großen Bewußtseinswandels zurück, der seit dem 15. Jahrhundert die abendländische Menschheit ergriffen hatte. Als »Neuzeit« bezeichnen die Historiker die damals beginnende Epoche, das Zeitalter der Bewußtseinsseele nennt es Rudolf Steiner.

Über die Französische Revolution inmitten dieses Zeitalters sprach Rudolf Steiner in einem Vortrag am 19. Oktober 1918, also kurz vor Ende des Ersten Weltkriegs, das bald darauf mit der Kapitulation Deutschlands eintrat. Er sah diese Niederlage voraus und machte seine Dornacher Zuhörer auf weltgeschichtliche Entwicklungslinien aufmerksam. Nachdem er über die britische Geschichte und vor allem über die »Rätselgestalt« des englischen Königs Jakob I. (1603–1625) gesprochen hatte, hob er die Verschiedenartigkeit der britischen und der französischen Entwicklung hervor. Er sagte:

»Es ist immer mehr und mehr hervortretend ein radikaler Unterschied zwischen dem englischen Wesen und dem französischen Wesen. Gerade im französischen Wesen entwickelt sich aus den Wirren des Dreißigjährigen Krieges heraus auf nationalem Grunde dasjenige, was man nennen kann die Erstarrung des Staatsgedankens. Man kann, wenn man die Erstarrung des Staatsgedankens studieren will, dies nur an dem Beispiele – aber das Beispiel ist ziemlich singulär – der Entstehung, des Hinaufkommens zu hohem Glanze und des Herabsteigens wiederum des französischen Nationalstaates tun, an Ludwig XIV. und so weiter. Wir sehen, wie dann im Schoße dieses Nationalstaates die Keime sich entwickeln zu jener weitergehenden Emanzipation der Persönlichkeit, die mit der Französischen Revolution gegeben ist. «

Vom Aufstieg Frankreichs zu »hohem Glanze« haben wir eingangs schon geschrieben, auch von dem »Herabsteigen« des französischen Königtums nach den Kriegsabenteuern des »Sonnenkönigs« (s. S. 29). Von den folgenden Entwicklungen sieht Steiner ab, wichtig war ihm dagegen die Französische Revolution, weil mit ihr die »weitergehende Emanzipation der Persönlichkeit gegeben ist«.

Begonnen hatte diese Emanzipation mit der wachsenden Bedeutung der Einzelpersönlichkeit, der Selbsterfahrung des Individuums und dem heftigen Drang nach Freiheit. Dieser Freiheitsdrang äußerte sich seit dem 15. Jahrhundert in der Ablösung von den kirchlichen Autoritäten, in den Entdeckungsfahrten nach neuen Erdteilen und in wissenschaftlichen Erkenntnisprozessen. Die Forderung nach Unabhängigkeit des menschlichen Denkens führte zur Prüfung alles Wahrnehmbaren durch die autonome Vernunft des einzelnen. Der Rationalismus wurde mit dem 17. Jahrhundert zur vorherrschenden Form geistiger Betätigung, und die Überzeugung, daß die Welt vernunftgemäß erfaßt werden müsse, setzte sich durch. Hier sind auch die Wurzeln der Französischen Revolution zu suchen.

Nach rationalistischer Auffassung ist die Welt und alles auf ihr logisch, gesetzmäßig und folglich auch beherrschbar beschaffen. Dementsprechend muß die Welt mit Erkenntnismitteln erklärbar sein, die überall gültig sind, wenn sie nur auf empirische Weise gewonnen wurden.

FRANCIS BACON (1561–1626), einer der großen Vertreter des Rationalismus und Empirismus in England, sagte es deutlich: »Der Mensch, dieser Diener und Ausleger der Natur, wirkt und weiß so viel, als er von der Natur, durch Versuche und Beobachtung, bemerkt hat, weiter weiß und vermag er nichts. « Diese einzig gültige Erkenntnisquelle war für ihn die Erfahrung, und demgemäß leitete er eine mechanistische Weltbetrachtung ein, die für die nächsten Jahrhunderte immer maßgebender werden sollte. Baco von Verulam (Bacon), der als Minister im elisabethanischen England der Krone gedient hatte, gehörte nicht nur zu den Vätern einer geistfremden, modernen Weltbetrachtung, sondern auch zu den großen Gesellschafts- und Staatstheoretikern seiner Zeit. In seinem utopischen Roman » Nova Atlantis « entwarf er das unheimlich-großartige Bild einer kommenden Herrschaft des Menschen über die gesamte Natur.

THOMAS HOBBES (1588–1679), der eine Zeitlang Bacons Sekretär gewesen war, übertrug dessen Anschauung von der Erfahrung als einziger Erkenntnisquelle auf das menschliche Handeln in Geschichte und Gesellschaft. In seinem Werk » Vom Bürger « (»*De cive*«) kam er zu dem Ergebnis, daß der Mensch vom Egoismus getrieben sei und im Ur- oder Naturzustand der » Krieg aller gegen alle « (»*bellum omnium contra omnes*«) geherrscht habe. Notwendigerweise mußte dieser anarchische Zustand einst beendet werden. Die Einrichtung des gesetzlich geschützten Eigentums wurde infolgedessen angestrebt, und es entstand der Staat, der Ruhe und Sicherheit herzustellen und zu erhalten hat. Er beruht auf dem vernunftgemäßen, zunächst aber ungeschriebenen Übereinkommen der Menschen, auf die Anwendung egoistischer Gewalt zu verzichten. Dieser » Staatsvertrag « der einzelnen mit einer ausübenden Macht an der Spitze wurde das Ideal Hobbes'. Der Staat kann vom Willen des Parlaments oder eines einzelnen Menschen repräsentiert werden. Entscheidend aber ist, daß die Macht unumschränkt wahrgenommen wird. In einem anderen Werk, dem Hobbes den Namen » Leviathan «, also des alttestamentlichen Ungeheurs (Hiob 40, 20) gab, zeigte er grausam die Herrschaft des Staates über den Willen des Menschen. Der Mensch hat nur noch die Wahl zwischen einem absolutistisch-diktatorischen Staat oder der Revolution, die für Hobbes aber Rückfall in » den Krieg aller gegen alle « bedeutete.

JOHN LOCKE (1632–1704), Sohn eines Rechtsgelehrten und Erzieher im Haus von Lord Shaftesbury, ist weit entfernt vom Staatsgedanken des grimmigen Hobbes, wie er überhaupt der Philosophie des Rationalismus eine Wende gibt. Über ihn urteilt Rudolf Steiner in einem Vortrag über Voltaire (26.2.1916): »Locke, der – man möchte sagen – ein symptomatischer Ausdruck für das ist, was man auf dem Gebiete des englischen Geisteslebens im Beginn des Zeitalters des Voltaire zum Begreifen der Seele gesucht hat, – er erscheint uns in folgender Weise: Locke fühlt sich sozusagen ganz bezwungen von der Kraft des Naturbildes, fühlt sich so bezwungen, daß er sagen muß: Wir können im Grunde genommen in unserer Seele nichts finden, als was diese Seele erst aus der äußeren Natur durch die Sinne aufgenommen hat.« Insofern schließt Locke unmittelbar an Hobbes an. »Wir sehen, wie die Kraft des Naturbildes zunächst so groß und gewaltig wirkt, daß er den Glauben verliert, in der Menschenseele selbst überhaupt irgend etwas zu finden. Man muß vor allen Dingen die moralisch-geistige Seite dieser Stellung Lockes ins Auge fassen.«

Die Welt war areligiös geworden, auch wenn Hobbes und Locke keine Atheisten waren. Aber das »Naturbild« wirkte so stark, daß es Konsequenzen für Leben und Bildung des Menschen hatte. Locke bemühte sich daher um die Erziehung (»*Some Thoughts on education*«), schrieb dann aber später noch zwei Abhandlungen über die Regierungsweise im Staat (»*Two treatises on government*«), in denen er aus der Vertragslehre des Hobbes eine entgegengesetzte Folgerung zog. Der Gesellschaftsvertrag muß nicht zur absolutistischen Herrschaft führen, er kann wie jeder Vertrag auch aufgekündigt werden. Locke entwickelte also Gedanken, die schließlich auch eine Revolution möglich machten. Der Staat, der Locke vorschwebte, war, was wir eine »konstitutionelle Monarchie« nennen, denn er lehrte die »Gewaltenteilung«: Der Fürst ist an das Gesetz gebunden, er steht nicht über den Gesetzen, sondern unter ihnen. Es gibt für ihn also eine gesetzgebende und eine ausführende Macht im Staat, und der einzelne ist mit seiner Freiheit und seinem Besitz vor dem Eingriff der regierenden Macht durch das Recht geschützt. Lockes Begriff der Gewaltenteilung sollte in der Französischen Revolution die entscheidene Rolle spielen.

Die französischen Denker betrachteten die vorrevolutionären Verhältnisse ihres Landes zunächst mit den Augen John Lockes. Gewaltenteilung und Kündbarkeit des Gesellschaftsvertrages erschienen ihnen als ideale Lösung der Schwierigkeiten des *Ancien régime*.

CHARLES DE MONTESQUIEU (1689–1755), eine humanistisch gebildete Gelehrtennatur und zugleich ein scharfblickender Kritiker der Verhältnisse des *Ancien régime*, kam zur Auffassung, daß der besondere Charakter eines jeden Volkes sich in seinen Gesetzen widerspiegele. Er feierte den englischen Staat und seine Verfassung als reifste Frucht der Entfaltung von Freiheit und menschlicher Vernunft. Die Trennung der Gewalten in Legislative und Exekutive, in gesetzgebende und ausführende Gewalt, wie Locke sie beschrieb, wollte Montesquieu um die Verselbständigung der richterlichen Gewalt ergänzt wissen. Er sah die Gefahr, daß ein Gesetz willkürlich angewandt werden kann, wenn die Richter in Abhängigkeit des Herrschers, also der exekutiven Gewalt, stehen und daher von ihm dirigiert werden können. Deshalb forderte er die Unabhängigkeit des Richterstandes. Nur so wäre die Freiheit des einzelnen am besten gesichert; denn die drei Gewalten im Staat würden sich gegenseitig am Machtmißbrauch hindern und auf diese Weise ein Gleichgewicht herstellen.

Montesquieus Vorstellungen sind nirgendwo ganz erfüllt worden, aber sie wurden richtungsweisend für alle späteren Verfassungen Europas.

VOLTAIRE, der eigentlich François Marie Arouet (1694–1778) hieß, teilte Montesquieus Begeisterung für England, wie man aus seinen Briefen » *Sur les anglais* « ersehen kann. Voltaire war kein Staatsphilosoph wie Locke oder Montesquieu, selbst seine Qualifikation als Philosoph ist umstritten. » Als Philosophen pflegte man Voltaire über die Achsel anzusehen, ihm Eigentümlichkeit, Gründlichkeit und besonders den Ernst abzusprechen «, sagte David Friedrich Strauß (1808–1874) in einem der sechs Vorträge, die er zu Ende der 60er Jahre des vorigen Jahrhunderts für die Prinzessin Alice, die spätere Großherzogin von Hessen, gehalten hat. » Er gilt nun einmal für frivol «, fuhr Strauß fort, aber » in das Scherzen und Spotten verfällt er in der Regel nur dann, wenn er mit dem menschlichen Dünkel zu tun hat... Originell ist Voltaire als Philosoph allerdings nicht, sondern in der Hauptsache Verarbeiter englischer Forschungen; dabei erweist er sich aber durchaus als freier Meister des Stoffes, den er mit unvergleichlicher Gewandtheit von allen Seiten zu zeigen weiß.« Es kann nicht erstaunen, wenn D. F. Strauß Sympathien für Voltaire gezeigt hat. Doch auch Rudolf Steiner sah in Voltaire mehr als nur den zynischen, oft auch frivolen Kritiker seiner Zeit. Voltaires Charakterbild sei schwankend, meinte er in einem Vortrag vom 26. Februar 1916 in Berlin. Es werde »bald wie das eines Erlösers von Unfreiheit, eines Apostels der Toleranz hingestellt«, auf der »anderen Seite wieder mit allem möglichen Unglimpf belegt«. Das wird auch so bleiben. »Trotzdem aber sage ich«, fügte Steiner hinzu, »wenn die Geisteswissenschaft ihre Aufgabe in Gegenwart und Zukunft wird erfüllen können, dann wird das Bild des großen Einreißers, des großen Auflösers, desjenigen, der so viel hinweggeräumt hat, vielleicht vor der Geisteswissenschaft in seiner vollen Objektivität erstehen können. Denn das darf gesagt werden: Voltaire ist ein Mensch – er hat es selbst gegenüber Friedrich dem Großen ausgesprochen – mit allen Fehlern eines Menschen und, man möchte sogar sagen, ein Mensch mit allen ›Wundern‹ eines Menschen.« Als Dichter, Historiker und Publizist aber war er von größter Wirkung auf seine literarischen Zeitgenossen, die auf allen Lebensgebieten der Vernunft zum Siege verhelfen wollten. Erfüllt vom Glauben, daß die Menschen durch Aufklärung zur Wahrheit gelangen können, hielt er es für möglich, daß die menschliche Freiheit sich selbst in einer aufgeklärten Despotie entwickeln kann. Seine persönliche Beziehung zum Preußenkönig Friedrich II. lag hierin begründet. Der vielleicht bedeutendste Gedanke Voltaires kommt in einem Satz zum Ausdruck, den er einmal zur Verteidigung eines von der Staatsgewalt angegriffenen Schriftstellers an diesen schrieb: »Ich mißbillige Ihre Ansicht durchaus, aber ich werde bis in den Tod Ihr Recht vertreten, sie auszusprechen.«

Toleranz, Humanität und Freiheit ergaben sich für Voltaire aus der Vernünftigkeit des Denkens in seinem »aufgeklärten« Zeitalter. Den Vorzügen dieser Haltung standen Mängel gegenüber, die alle als Fortschritt gepriesenen Gedanken leicht verdunkeln können. Dennoch sollte man nicht vergessen, daß sich der Vierundachtzigjährige kurz vor seinem Tod sein Schreibzeug bringen ließ und die Worte niederschrieb: »Ich sterbe in Anbetung Gottes, in Liebe zu meinen Freunden, ohne

Haß gegen meine Feinde und mit Verwünschungen des Aberglaubens. 28. Februar 1778 – Voltaire.«

Bis zuletzt war und blieb er der große »Aufklärer«, weshalb auch Friedrich Schiller in seinem Aufsatz »Über naive und sentimentale Dichtung« sagen konnte: »Wir begegnen immer nur seinem Verstande, nicht seinem Gefühl.« Dieser Mangel an Gefühl war es dann auch, der Voltaire trotz zeitweiliger Annäherung kein Verständnis für Rousseau, seinen jüngeren Zeitgenossen, finden ließ.

JEAN-JACQUES ROUSSEAU (1712–1778) »ist eines der hervorragendsten Beispiele der Macht des Geistes über seine Zeit«, sagte der französische Nobelpreisträger Romain Rolland (1866–1944) von seinem großen Landsmann. »Er hat die Gesellschaft seines Jahrhunderts und des Jahrhunderts, das ihm folgte, durchdrungen, verändert und revolutioniert. Der Haß der alten zerstörten Welt hat sich darin nicht getäuscht. Sie hat ihm, wie Voltaire, die Verantwortung für alle Umwälzungen des XIX. Jahrhunderts aufgeladen: ›C'est la faute à Voltaire! C'est la faute à Rousseau!‹ singt höhnisch der Gavroche in Victor Hugos Les Misérables.« Und Rolland fährt fort: »Doch von Voltaire und Rousseau hat der zweite in vielem den wichtigsten Anteil. Voltaire war das leuchtendste Gestirn in einem dichten Sternenreigen: ›der Enzyklopädisten‹. Rousseau hat allein gelebt, er hat allein gekämpft. Ja, er zog sich in diesen Kämpfen den Haß der Enzyklopädisten zu, den er moralisch widerlegte, den er gesellschaftlich überwand. Voltaire und seine großen Helfershelfer Diderot, d'Alembert, Holbach, Helvétius haben, erpicht auf die Zerstörung der alten Gesellschaft, deren Vorurteile und Mißbräuche, in erster Linie die negative Seite des neuen Geistes verkörpert; sie waren Meister der freien, kritischen und spottsüchtigen Vernunft. Rousseau, er allein, repräsentiert die konstruktive Seite, das Bekenntnis zum neuen Glauben; er ist der Verkünder der Republik. Auf ihn beruft sich die französische Revolution. Auf dem höchsten Gipfel des Konvents fand seine Apotheose statt. Es war Robbespierre, der die Überführung seiner Asche in den Panthéon verfügte. Und gewiß hätte sich Rousseau gerade diesen posthumen Ruhm am wenigsten erträumen lassen. Er hatte alle Ursache zu glauben, daß er, ebenso wie Voltaire, die Revolution verneint hätte, die ihn für sich in Anspruch nahm. Aber grosse Werke sind immer größer als ihre Schöpfer. Der Geist, den sie entfesselt haben, ruft Stürme hervor, die sie nicht voraussahen. Nicht weniger sind soziale Umwälzungen ihr Werk. Trotz seines Protestes gegen die Rolle, die sein Schicksal ihm bestimmte, wird Rousseau, der Einsame, für die Geschichte der große Vorläufer der Stürme, der Begründer einer neuen Zeit bleiben. «*

Rousseau war der Antipode zu Voltaires »vernünftiger« Gesellschafts- und Lebensauffassung. Seit er, der gebürtige Schweizer, die Preisaufgabe der Akademie von Dijon: »Ob die Erneuerung der Wissenschaften und Künste zum Verderb oder zur Hebung der Sittlichkeit gewirkt habe« (1749) mit einer zivilisationsverneinenden Antwort versehen hatte, bekämpfte er die Verstandeskultur der Aufklärung. Leidenschaftlich klagte er Egoismus und Eitelkeit der herrschenden Schichten an und setzte das Herz an die Stelle des Verstandes. Für ihn traten Gefühl und natürliches Empfinden in den Vordergrund. *»Revenons à la nature«* wurde das Motto, das wir nicht ganz korrekt mit dem populären Schlagwort »Zurück zur Natur« übernommen haben. Die Forderung, zu den Naturverhältnissen zurückzukehren, war Aufforderung und Angriff zugleich. Aufgefordert wurden die Menschen, darüber nachzudenken, daß die Natur einen freien Menschen geschaffen hatte, der erst durch die zivilisatorische Entwicklung unfrei und auch böse gemacht worden war. Angegriffen hat Rousseau die sog. Errungenschaften der Zivilisation, die den bloßen Glauben an die Vernunft feierte und deren Vertreter in Seidenhosen und farbigem Frack ihre reifrockbekleideten Damen durch naturfremde Parkanlagen spazierenführten. Die Wiederherstellung eines gesunden Urzustandes war für Rousseau nicht nur eine Frage politischen Handelns, sondern auch ein Erziehungsproblem. In seinem Erziehungsroman *»Émile«* stellte er dar, daß dem Kind und Jugendlichen keine Künste und Fertigkeiten aufgezwungen werden dürfen. Vielmehr müsse man die angeborenen »natürlichen« Fähigkeiten und Eigenschaften des Zöglings pädagogisch zur Entwicklung bringen. Sein *»Émile«*, urteilte Rousseau selbst, ist nichts

* zitiert nach *»Les pages immortelles de J. J. Rousseau«*, dt. Übersetzung H. Kluger, München 1948

anderes als eine Abhandlung über die ursprüngliche Güte des Menschen, und zwar mit dem Zweck, zu zeigen, wie Laster und Irrtum, die seinem Grundwesen fremd sind, »von außen her in ihn eindringen und ihn unmerklich umgestalten«. Schroff stellt er den *l'homme civil* dem *l'homme naturel* gegenüber: »Alles ist gut, wenn es aus den Händen des Schöpfers hervorgeht; alles entartet unter den Händen des Menschen«, lautet der Anfangssatz dieses berühmten Buches. »Ach, laßt uns nur den Menschen nicht verderben, dann wird er beständig gut sein ohne Leiden und beständig glücklich ohne Gewissensbisse«, war seine feste Überzeugung.

Der »*Émile*« erschien 1762, in demselben Jahr, in dem auch Rousseaus großes politisches Hauptwerk, der »*Contrat social*« – der »Gesellschaftsvertrag«, der Öffentlichkeit übergeben wurde. Beide Werke durchzieht der optimistische Grundgedanke, daß die Menschen von Natur aus gut sind. Nur der Egoismus des Privateigentums habe sie böse und schlecht gemacht. Durch das Privateigentum sei die Ungleichheit innerhalb der menschlichen Gesellschaft entstanden. Wenn man die Ungleichheit abschaffe, müsse von selbst eine neue Gesellschaft entstehen. Sie würde auf dem »allgemeinen Willen« – »*volonté générale*« des Volkes beruhen, d. h. auf gemeinsam gefaßten Beschlüssen aller. Zweck des Staatsverbandes sei das Gemeinwohl, das durch die *volonté générale* verwirklicht werden kann. Dieser allgemeine Wille ist das Band, das alle Bürger zusammenschließt. Damit brach Rousseau mit allen überlieferten Herrschaftsformen. Träger der Staatsgewalt ist nicht mehr das Gottesgnadentum eines Fürsten, sondern die Allgemeinheit des Volkes. Für Rousseau stand es außer Frage, daß freie Bürger niemals die Ideale von Brüderlichkeit und Güte verletzen könnten, weil sie im Vollbesitz der Freiheit das Gesamtwohl erstreben würden. Wie sehr sich Rousseau mit seinem Glauben an die Perfektion der *volonté générale* geirrt hat, sollte sich fünfzehn Jahre nach seinem Tode herausstellen. Zunächst aber hatte er die Stichworte für die Französische Revolution geliefert.

Weil er wußte, wie sehr sein »*Contrat social*« die Behörden des *Ancien régime* aufbringen mußte, floh er aus Paris in die Schweiz, blieb aber ein Flüchtiger, bis er beim Marquis de Girardin in Ermenonville bei Paris Zuflucht fand. Dort widmete er seine letzten Lebensmonate den gelieb-

66

ten botanischen Studien. Im Mai 1778 erhielt er Besuch von einem neunzehnjährigen Studenten der Jurisprudenz, der den zehnstündigen Fußmarsch von Paris nach Ermenonville unternommen hatte, um Rousseau kennenzulernen, dem seine grenzenlose Verehrung galt. Als er einen Monat später seinen Besuch wiederholen wollte, war Rousseau gestorben. Der Student hieß MAXIMILIEN ROBESPIERRE (1758–1794).

Mehr als jeder andere französische Denker des 18. Jahrhunderts hat Rousseau die große Umwälzung vorbereitet, die sich elf Jahre nach seinem Tod anberaumen sollte. Aber man darf auch nicht die hervorragenden Enzyklopädisten vergessen, die an dem politischen Gebäude des *Ancien régime* gerüttelt haben. Doch keiner von ihnen kann sich mit Rousseaus bleibender Wirkung auf die Geschichte messen. Von Rousseau sagte Goethe: »Wer mit diesem außerordentlichen Mann nur irgend in Verhältnis gestanden hatte, genoß Teil an der Glorie, die von ihm ausging, und in seinem Namen war eine stille Gemeinde weit und breit ausgesäet.« Ganz so still, wie es Goethe erschien, war die »Gemeinde« der Rousseau-Verehrer freilich nicht. Die Enzyklopädisten hatten sich ihre eigenen Kreise geschaffen, und Rousseau fühlte sich in seinen jungen Jahren sehr zu ihnen hingezogen.

DENIS DIDEROT (1713–1784) und JEAN D'ALEMBERT (1717–1783) gaben seit 1750 die »*Encyclopédie ou Dictionaire raisonné des sciences des artes et des métiers*« heraus, jenes umfassende Lexikon des Wissens, in dem die mechanische Welterklärung des 17. und 18. Jahrhunderts in letzter Konsequenz dargeboten wurde. Rousseau rückte von solcher Welterklärung zwar ab, sah aber doch in der »*Encyclopédie*« einen Fortschritt für die Wissensvermittlung und allgemeine Bildung. Er ließ sich gern zur Mitarbeit verpflichten. Etwa 160 Fachleute zählten zu den Autoren dieses Monumentalwerkes. Es sollte, wie es darin heißt, »die wahren Prinzipien der Dinge entwickeln, ihre Beziehungen hervorheben, zur Gewißheit und zum Fortschritt der menschlichen Kenntnisse beitragen, die Zahl der echten Gelehrten, der hervorragenden Künstler und der aufgeklärten Laien vermehren und folglich in der Gesellschaft mehr Vorteile verbreiten«. Die »Enzyklopädie« diente aber auch politischen Perspektiven. Die herkömmlichen Denkweisen sollten verändert und die Menschen veranlaßt werden, wirksame Konsequenzen aus dem angebotenen

67

Wissen zu ziehen. Schon 1750 lagen 4300 Subskriptionen auf das Werk vor. 1751 und 1752 erschienen die ersten Bände, sie wurden auf Befehl des Königs verboten, die Fortsetzung des Werkes aber wurde nicht untersagt – ein Sieg des fortschrittlichen Bürgertums und jener Adligen, die mit ihm sympathisierten. Von 1751 bis 1765 erschienen 17 Textbände mit 6000 Einzelartikeln, 11 Tafelbände mit Abbildungen folgten bis 1781.

Freimaurerei, Aufklärung und Revolution

Diderot, d'Alembert und Voltaire, der auch an der »Enzyklopädie« mitgearbeitet hatte, waren wie auch Montesquieu und fast alle Schriftsteller des Aufklärungszeitalters Mitglieder von Freimaurerlogen. Nur Rousseau ist wahrscheinlich nie Freimaurer gewesen, was sich vielleicht aus einer gegen die bloße Verstandeskultur gerichteten Natur-, Gefühls- und Seelenhaltung erklären läßt. Er war letztlich eben kein »Aufklärer«.

Freimaurerische Vereinigungen sind ursprünglich von England aus auf den Kontinent gekommen. Ohne auf die Einzelheiten ihrer Verbreitung und ihre okkulten Hintergründe einzugehen, läßt sich feststellen, daß in den Freimaurerlogen schon lange vor 1789 »Freiheit, Gleichheit und Brüderlichkeit« eine verpflichtende Devise war. Man versuchte, diese Ideale im Verhältnis der Brüder untereinander zu realisieren, sobald und solange man miteinander zu tun hatte. Denn es gehört zum »Grundprinzip« der Freimaurerlogen, daß sie nicht nur Menschen aller Bekenntnisse vereinen, sondern, wie Rudolf Steiner am 22. Februar 1920 sagte, auch nichts »geben auf die äußeren Klassen- und sonstigen Unterschiede. Die Menschen, die innerhalb der richtigen Logen sind, sind alle untereinander Brüder, gleichgültig ob der eine ein Lord und der andere ein Arbeiter ist, – nur, daß wieder gesündigt wird. Es werden in den meisten Logen keine Arbeiter aufgenommen, sondern nur Lords und diejenigen, die ihnen gefügig sind. Aber das hat mit dem Prinzip als solchem nichts zu tun. Diejenigen, die drinnen sind, die sind eben durchaus vereinigt unter der Devise: Alle sind Brüder. Es gibt ja nur die Grade; die

68

haben aber nichts zu tun mit der äußeren Schichtung, mit der sozialen Schichtung der Menschen. Dadurch sind die Menschen zusammengerottet unter Gesichtspunkten, die mit der äußeren sozialen Ordnung nichts zu tun haben. Denn in der äußeren sozialen Ordnung haben wir durchaus die Menschen geschichtet, erstens nach ihren Bekenntnissen, die da noch eine Rolle spielen – Bekenntnisse spielen in den wirklichen Logen keine Rolle –; zweitens sind die Menschen in der äußeren sozialen Ordnung – man wird nicht behaupten können: › Brüder ‹, – sie sind nicht Brüder – in den Logen sind diejenigen wenigstens, die drinnen sind, Brüder. «

Die Konstitution der Londoner Freimaurer (»*Constitutions of the Free-Masons*«) geht auf das Jahr 1723 zurück, wo ein »Großmeister und die Meister« sowie Aufseher von 20 Logen genannt werden. Von England kam die Freimaurerei nach Frankreich und verbreitete sich hier ebenso rasch wie in Großbritannien.

Der Graf von Saint Germain

Zu den »aufgeklärten« Freimaurern, die im *Ancien régime* an einen Umsturz der Verhältnisse dachten, kann man ihn nicht zählen, den Grafen von Saint Germain. Doch er war einer von denen, die deutlicher noch als Rousseau den Untergang der Monarchie voraussahen. Er wollte den König zu einer Änderung der politischen Verhältnisse bewegen, die der französischen Geschichte vielleicht einen anderen Verlauf gegeben und die »ruckartige Nachholung verhinderter Entwicklung« überflüssig gemacht hätten. Der Graf gehörte zu jenen geheimnisvollen Warnern vor furchtbaren Ereignissen, die in jedem Jahrhundert auftreten und den herrschenden Schichten eine Möglichkeit eröffnen, durch Evolution eine Revolution zu erübrigen. Und wie bei allen solchen Gestalten tappt man auch bei ihm im Dunkeln, wenn man nach historisch beweisbaren Einzelheiten ihres Lebensweges sucht.

Wir wußten lange Zeit nichts über seine Herkunft, kannten nur die Erzählungen, die von okkulten Vereinigungen über ihn in Umlauf gesetzt wurden. Aber immer stößt man auf ihn, sobald nach den Hintergründen der Französischen Revolution gesucht wird. Vielen, die sich mit dem Grafen von Saint Germain beschäftigten, gilt er noch heute als Scharlatan und Abenteurer von der Art des berühmten Cagliostro (1743–1795), der, wie so manch anderer jener Zeit, die Fürstenhöfe des 18. Jahrhunderts mit »Zaubertränken und Goldmacherei« faszinierte. So jedenfalls hat man Cagliostro stets eingeschätzt, nachdem er 1795, also mitten in der Französischen Revolution, in den Kerkern des Vatikans gestorben war. Und noch heute kann man ähnlich Abträgliches über ihn in jedem modernen Lexikon lesen. Erst François Ribadeau Dumas hat 1966 in seinem Lebensbericht »Cagliostro« versucht, ihm aufgrund eines eingehenden Studiums etwas mehr Gerechtigkeit widerfahren zu lassen. Den »Stein der Weisen«, über dessen Bedeutung auch heute noch vielfach herumgerätselt wird, wollte Cagliostro suchen, und er hat in Frankreich, Belgien und Rußland freimaurerische Schulen hinterlassen, die sich recht ungeschickt gegen die Verzerrung des Cagliostro-Bildes gewehrt haben.

Nicht anders erging es dem Grafen von Saint Germain. Ein Buch wie »Der Graf von Saint Germain, das Leben eines Alchimisten …« von Gustav Berthold Volz hat selbst in unserem Jahrhundert noch seine Individualität in eine höchst zwielichtige Sphäre gerückt, ebenso wie A. E. Waite, der 1924 Saint Germain und Cagliostro in »*The Brotherhood of the Rosy Cross*« gleichermaßen negativ behandelte. Übertrieben mysteriös, aber zugleich sehr positiv beurteilten ihn dagegen Schriftsteller aus dem Umkreis der Theosophischen Gesellschaft.

Demgegenüber hat man zu Beginn des 19. Jahrhunderts noch viel von der geschichtlichen Bedeutung des Grafen gewußt und immer wieder von dem »Wundermann« gesprochen, der unwahrscheinlich alt geworden sein soll und sich über Jahrzehnte hinweg ein gleichbleibendes Aussehen bewahren konnte. Historisch faßbar wird der Graf eigentlich nur in dem Sterberegister der St. Nikolai-Kirche von Eckernförde in Schleswig-Holstein, demzufolge er am 2. März 1784 dort »still beigesetzt« worden sein soll. Als sein Todestag gilt der 27. Februar.

Zu den Merkwürdigkeiten der Überlieferungen von Saint Germain gehört z. B., daß man ihn in Kassel am Hof des Landgrafen von Hessen sterben ließ. Darin muß aber kein Widerspruch zu dem Eckernförder Totenregister liegen, denn Prinz Karl (1744–1836) war der Sohn des regierenden Landgrafen von Hessen, Friedrichs II., und hatte die Position eines dänischen Generals und Statthalters der Herzogtümer Schleswig und Holstein inne. Von Prinz Karl wissen wir, daß er ein einflußreicher Freimaurer war, und in seinen diktierten »*Mémoires de mon temps*« findet sich denn auch ein Bericht über den Grafen von Saint Germain. Man muß allerdings bei allem, was man über den Grafen liest, immer bedenken, daß sich unter seinem Namen oftmals eine ganze Reihe anderer Personen verbarg, die mit dem wahren Saint Germain nicht unbedingt viel zu tun hatten.

Ende des 18. Jahrhunderts war dieser Name jedenfalls ein okkultes Schlüsselwort für die Angehörigen von Geheimbünden. Wie bekannt der Graf von Saint Germain in maurerischen Kreisen Deutschlands gewesen ist, mag eine kleine Geschichte verdeutlichen, die aus dem Umkreis Georg Forsters (s. S. 194) stammt.

Forster war im Herbst 1779 als Professor für Naturwissenschaften am Kasseler Collegium Carolinum tätig und von Goethe aufgesucht worden. Er nahm ihn zu seiner Tafelrunde mit, nannte seinen Namen aber nicht. Beim Mittagessen war auch der fränkische Edelmann Christian Truchseß Freiherr von Wetzhausen (1755–1826) anwesend, der als junger Offizier in Diensten des hessischen Landgrafen stand. Wie Forster gehörte auch er dem Geheimbund der Kasseler Rosenkreuzer an – auf seiner Bettenburg zwischen Coburg und Schweinfurt sollte später Friedrich Rückert leben. In der Tafelrunde, so berichtet der Freiherr, wurde er von Forster plötzlich mit »Götz« angesprochen. »Heißt der Herr Götz?« fragte Goethe. »Nein«, antwortete Forster, »aber er sieht so aus«. – »Wieso?« – »Kennen Sie denn nicht Goethes Götz von Berlichingen?« – »Meinen Sie denn den?« rief Goethe, »da haben Sie recht, so sah er wirklich aus«. – »Sind Sie der Graf von Saint Germain?« rief mein Freund lachend, »daß sie ihn persönlich gekannt haben?« – »Wie sollt ich ihn nicht gekannt haben«, sagte Goethe, »hab ich ihn doch gemacht!«*

* zitiert nach Wilhelm Langewiesche: »Georg Forster – Das Abenteuer seines Lebens«, Leipzig 1924

Dieser kleine Bericht, in dem der Graf von Saint Germain ganz beiläufig erwähnt wird, kann uns deutlich zeigen, welchen Bekanntheitsgrad diese Persönlichkeit im 18. Jahrhundert besaß. Man erzählte sich von ihm, daß er schon zwischen 1750 und 1760 in Paris aufgetreten sei, dort durch seine aristokratische Erscheinung großes Aufhebens in der Hofgesellschaft verursacht und Zutritt zu König Ludwig XV. (1715–1774) und der Marquise de Pompadour gefunden habe. Später soll er unter verschiedenen Decknamen die Herrscherhöfe von England, Rußland und der Türkei bereist haben und auch bei den Fürsten von Ansbach-Bayreuth, Weimar und Hessen aufgetaucht sein.

Wie dem auch sei, die größte Bedeutung erhielt er im vorrevolutionären Paris, als er ganz unerwartet bei der Comtesse d'Adhémar, einer Hofdame der Königin Marie Antoinette, erschien und ihr einen Brief an den König übergab. Das genaue Datum dieses Schreibens ist nicht bekannt, auch nicht, wann das Gespräch mit der Königin stattgefunden hat. Die Comtesse hat die Revolution überlebt; sie soll 1822 gestorben sein. Der Schriftsteller Etienne-Léon Comte de Lamothe-Langon (1786–1864), der nicht nur Romane schrieb, sondern auch die Memoiren verschiedener Persönlichkeiten veröffentlichte, gab 1836 auch die Erinnerungen der Gräfin d'Adhémar in Druck. Sie sind unter dem Titel *» Souvenirs sur Marie Antoinette Archiduchesse d'Autriche, Reine de France, et sur la cour de Versailles par Madame da comtesse d'Adhémar, Dame du Palais «* erschienen. Das vierbändige Buch ist zu einer Rarität geworden; umso dankenswerter bleibt es, daß Karl Heyer in: » Aus dem Jahrhundert der französischen Revolution « wesentliche Teile dieses Werkes – soweit sie den Grafen von Saint Germain betreffen – in deutscher Übersetzung bekannt machen konnte.

Man wird aber gut daran tun, wenn man Lamothe-Langons Edition der *» Souvenirs «* nur mit gebührender Vorsicht als historische Quelle verwendet. Vieles, was man darin lesen kann, ist gewiß erst aus der Sicht der Jahrzehnte nach dem Sturz Napoleons und der Wiederherstellung der französischen Monarchie geschrieben. Dennoch ist die Darstellung der Warnungen des Grafen von Saint Germain von großem Wert, auch wenn nicht sicher ist, ob der Herausgeber Lamothe-Langon mit den *» Souvenirs «* der Hofdame wirklich korrekt verfahren ist. Rudolf Steiner griff das Wichtigste aus diesem Buch auf, als er in einem Vortrag am 16. Dezember 1904 sagte: »Bekannt ist eine Geschichte, die in Büchern der Gräfin d'Adhémar enthalten ist. Da wird gesagt, daß vor dem Ausbruch der Französischen Revolution die Gräfin d'Adhémar, eine Hofdame der Marie Antoinette, den Besuch erhielt eines Grafen von Saint Germain. Er wollte sich melden lassen bei der Königin und um Audienz bei dem König bitten. Der Minister Ludwigs XVI. aber [vermutlich Comte de Maurepas, der seit 1774 Minister war; d. Verf.] war Feind des Grafen Saint Germain; er konnte daher nicht an den König herankommen. Der Königin hat er aber mit großer Schärfe und Genauigkeit geschildert, was für große Gefahren bevorstehen. Aber seine Warnungen sind ja leider nicht beachtet worden. Er hat dazumal das große Wort gesprochen, das auf Wahrheit beruht: ›Wer Wind sät, der wird Sturm ernten‹, und er setzte hinzu, daß er dieses Wort schon vor Jahrtausenden gesagt hat ...«

Das Wort des Grafen, auf das Steiner sich hier bezieht, findet sich im Alten Testament (Hosea 8, 7), und bekanntlich ist der »Wind«, den das französische Königtum lange Zeit »gesät« hatte, dann ja bald nach dem Auftreten des Grafen Saint Germain in den »Sturm« der Revolution übergegangen.

Wie es mit diesem großen Warner weiterging, ist sehr schwer festzustellen. Er soll – laut Rudolf Steiner – noch 1790 bei einigen Rosenkreuzern in Wien gewesen sein; von seinem weiteren Verbleib aber wissen wir nichts. Trifft das Datum jedoch zu, dann kann er nicht 1784 in Eckernförde beigesetzt worden sein. So bleibt diese Gestalt von Rätseln umwittert.

Versuchten auch schon viele, Herkunft und Lebensgang des Grafen von Saint Germain zu enträtseln, so gelang es aber nur wenigen, einigermaßen glaubhafte Erhellungen in das allmählich sehr verdunkelte Bild dieser Gestalt zu bringen. Nun hat in unseren Tagen Hans-H. von Rath »auf der Suche nach dem Beitrag Ungarns zur europäischen Geschichte« in Sárospatak (Nordostungarn) eine neue Spur verfolgt, die uns mit größter Wahrscheinlichkeit zu dem geheimnisvollen und rätselumwitterten Grafen von Saint Germain führen kann. Den Pädagogen ist Sárospatak aus der leidvollen Lebensgeschichte des Johann Amos Comenius

(1592–1670) bekannt. Dieser hat dort auf Einladung der Siebenbür-
ger Fürsten Rákoczi eine »pansophische Schule« gegründet. Aus ihr
ging der berühmte »Orbis pictus« hervor, den Goethe noch so sehr
geliebt und geschätzt hat. Mit diesem protestantischen ungarischen
Fürstengeschlecht der Rákoczi bringt nun von Rath auch den Grafen
von Saint Germain in Verbindung. Seine Nachforschungen ergaben,
daß am 28. Mai 1696 dem Fürsten von Transsylvanien-Siebenbürgen,
Franz II., ein Sohn geboren wurde, der auf den Namen Leopold getauft
wurde.

Innere Wirren und die ständige Türkengefahr ließen es dem Vater an-
gelegen erscheinen, den vierjährigen Leopold außer Landes zu bringen.
Er wuchs am Hof des letzten Medici, Cosimos III. (1639–1723), in Flo-
renz auf. »Zunächst Bambino genannt, erhält er bei seiner Firmung den
Namen Saint Germain, in Abwandlung seines eigenen Namenswun-
sches, sich San Germano rufen zu lassen, worin er seine geschichtliche
Bedeutung sah«, schreibt von Rath. Sein Erzieher »wünschte jedoch,
diese Beziehung nicht zu offenkundig werden zu lassen, und schlug als
Kompromiß den Namen nach dem alten Schloß St. Germain-en-Laye
bei Paris vor, in dem das Wort ›Heiliger Deutscher‹ enthalten war. Aber
noch unter 32 anderen Namen taucht er an den Höfen, in den Salons, in
den Logen des 18. Jahrhunderts auf... Als Berater, als Diplomat in ge-
heimer Mission, als Erzieher, als Künstler, als Chemiker war er Ge-
sprächspartner Friedrichs d. Gr., der Kaiserin Maria Theresia, König
Georgs III. von Großbritannien, des Königs von Portugal, des Sultans
der Türkei, von Montesquieu und Voltaire, unter unzähligen anderen.
Er reiste außer durch Europa nach Mexiko, zweimal nach Indien, nach
Tunesien, Ägypten... In Deutschland trat er unter anderem in Berlin,
Leipzig, Dresden, Bayreuth, Ansbach, in Hessen, in Schlesien und in
seinen letzten Lebensjahren in Schleswig-Holstein auf. Seine Genialität,
seine Ungebundenheit, erkauft durch Heimatlosigkeit, befähigten den
Grafen von Saint Germain, seine zukunftsweisenden Ideen im Dienste
der Völkerverständigung, aus seiner Sorge um den Frieden, zu neuen
Wegen der Rechtsprechung, der Wirtschaft, der Beziehungen von Staat
zu Staat den Menschen vorzutragen, die die Geschicke Europas im
18. Jahrhundert lenkten. Es waren zusammengefaßt die Ideen von Frei-

heit, Gleichheit, Brüderlichkeit. Die Französische Revolution am Ende des Jahrhunderts hat sie nicht verwirklichen können. «*

Für unsere Frage nach den Kräften, die in der Französischen Revolution von Bedeutung geworden sind, ist es jedoch von größtem Interesse, daß das Königtum kurz vor seinem Erlöschen durch den Grafen von Saint Germain eindringlich gewarnt wurde. Immerhin sollten nach dem Sturm auf die Bastille am 14. Juli 1789 noch mehrere Jahre vergehen, bis die Monarchie gestürzt und Frankreich am 22. September 1792 zur Republik erklärt wurde. Ludwig XVI. wurde am 21. Januar 1793 zum Tod verurteilt und hingerichtet. Wie seine Vorgänger, so hatte auch er » Wind gesät« und mußte im » Sturm« untergehen.

---

* zitiert nach » Die Christengemeinschaft«, 59. Jg., Heft 8 (1987)

»Nein, Sire,
das ist eine Revolution« (1789–1791)

Tanz auf dem Vulkan 1789

Die Befürchtungen des Grafen von Saint Germain scheinen sich in den Anfängen der Revolution nicht zu bestätigen. Von der »*Constituante*«, der verfassunggebenden Nationalversammlung von 1789 bis 1791, darf man sagen, daß sie von großen Idealen und überschäumender Empfindungskraft getragen war. »Wir waren geblendet vom Prisma der neuen, hoffnungsschimmernden Gedanken und Lehren«, schrieb Marquis Ségur (1753–1830), der einst Mitglied der Nationalversammlung war. »Wir wiegten uns in bestrickenden Träumen von einer Philosophie, die das Glück des Menschengeschlechts sichern wollte. Man ließ allen reformatorischen Schriften, Neuerungsprojekten, liberalen Gedanken und kühnen Systemen den freiesten Lauf. Allgemein glaubte man, der Vollkommenheit entgegenzugehen. Man war stolz, Franzose zu sein, stolzer noch, dem 18. Jahrhundert anzugehören.«*

Man debattierte nächtelang, und der Streit wurde geführt »mit einem ungeheuren Aufwand der geistreichsten Rhetorik in einer Form von wunderbarer Vollendung. Er steht noch unter dem Zeichen der für immer verlöschenden Anmut eines vergangenen Zeitalters. Er wird noch nicht geführt mit dem zierlichen Louis XVI.-Degen«, schreibt Robert Redslob in seiner »Staatstheorie der französischen Nationalversammlung«.

Ganz so »zierlich« war die Waffe freilich nicht, mit der man in der »*Constituante*« von 1789 bis 1791 focht. Man darf ja nicht vergessen, daß die Nationalversammlung in Versailles tagte, während Paris sich in hel-

---

* zitiert nach Wilhelm Ihde: »Wegscheide 1789«, Berlin - Leipzig ²1941

lem Aufruhr befand und das »niedere Volk« infolge der schlechten Getreideernten Hunger litt. Zugleich befand sich das Kleinbürgertum in der Hauptstadt, die vielen Handwerker und Gewerbetreibenden, in einem Rausch der Begeisterung für das Neue. So konnte der Volkszorn beim Sturm auf die Bastille am 14. Juli 1789 auch nicht ohne Wirkung auf die Delegierten bleiben, die sich in den ersten Wochen der Revolution noch am Ort der königlichen Residenz trafen. Als in der Nacht vom 14. zum 15. Juli die Nachricht von den blutigen Ereignissen in Paris nach Versailles drang, wurde der König durch den Herzog von Liancourt geweckt. Ludwig XVI. war erstaunt. »Das ist eine Revolte«, sagte er. »Nein, Sire, das ist eine Revolution!« antwortete der Herzog. Am 17. Juli endlich begab sich der König nach Paris, wo ihm der Bürgermeister beim Einzug in die Stadt die dreifarbige Kokarde überreichte, die Ludwig sich sogleich an den Hut steckte. Beim Eintritt in den Rathaussaal umdrängte ihn die Menge: »*Vive le roi!*«

Die Revolution, getragen vom Besitzbürgertum, begann durchaus royalistisch, wie ja auch Graf Mirabeau bis zu seinem Lebensende ein treuer Anhänger der Monarchie blieb. Doch die Revolution nahm ihren Lauf. Wir wissen, daß der Adel und die Geistlichkeit drei Wochen nach dem Bastillesturm auf ihre Privilegien verzichteten (4. August) und die »Menschen- und Bürgerrechte« erklärten (26. August). Die aristokratische Gesellschaft feierte noch immer »berauschende Feste«, sah sich Komödien an und »spielte Blindekuh«, wie die Marquise de Gontaut in ihren Memoiren berichtet.

Indessen hungert das Volk von Paris. Während die ersten Adligen die aufrührerische Stadt verlassen und sich auf ihre Landgüter zurückziehen, stürmen die Frauen die Bäckerläden und rufen nach Brot. Als Anfang Oktober königliche Truppen der Pariser Bevölkerung Angst einflößen, sammeln sich aus allen Stadtbezirken empörte Hungerleider, formieren sich zu dem großen »Zug der Weiber« nach Versailles. Etwa 7000 Aufständische, vor allem Frauen, ziehen trotz des Widerstands der Soldaten in mehreren Kolonnen zum Schloß des Königs. Die »Weiber«, aber auch viele Männer, dringen, mit Piken und Gewehren bewaffnet, in den Sitzungssaal der Nationalversammlung ein und überfluten die Gemächer des Schlosses. Den großen Tumult kann La Fayette dämpfen, indem er die Königin veranlaßt, auf dem Balkon zu erscheinen. Die aufgeregte Menge aber will den König sehen. Rufe werden laut: »Der König nach Paris!« Schließlich tritt dieser hervor, umgeben von seinen Leibgardisten. Er verspricht, mit seiner Familie nach Paris umzusiedeln. Die Leibgardisten werfen ihre Wehrgehänge und Hüte unter das Volk: »Es lebe der König!« aber auch: »Es lebe die Nation! Nieder mit den Pfaffen!« In Paris angekommen muß die königliche Familie in den Tuilerien, dem alten Stadtschloß der französischen Herrscher, Wohnung nehmen. Von den Tuilerien, die 1871 während des Aufstands der Pariser »Kommune« in Brand gesteckt und später abgetragen wurden, steht heute nur noch ein Rest: zwei Eckflügel des alten Palastes. Im Jahr 1789 standen die Tuilerien noch, und nach der Ankunft aus Versailles umjubelten die Pariser König und Königin im angestammten Schloß.

Marie Antoinette mußte sich immer wieder an den Fenstern der Tuilerien zeigen, und »das tat ihr sehr gut«. So berichtet uns »Madame Elisabeth«, die jüngere Schwester Ludwigs XVI., in ihrer *»Correspondance de Madame Elisabeth...«*. Von ihr erfahren wir auch, daß der Hof in Paris nicht anders lebte als in Versailles: »Alle Tage gibt es Gesellschaften. Am Sonntag, Dienstag und Donnerstag wird gespielt; Diners in großer Gesellschaft sonntags und donnerstags, und am Sonntag vielleicht ein großes Essen.« Noch immer dachte selbst im unruhigen Paris kaum jemand daran, das Königtum »von Gottes Gnaden« abzuschaffen. Aber die Nationalversammlung griff die Kirche an, ihren Besitz und ihre Macht über die Seelen des Volkes. Nicht umsonst hatten die Enzyklopädisten der »Vernunft« eine Bahn gebrochen und die Kirche verspottet.

Im Jahr 1790 wurde die *»Constitution civile du clergé«* beschlossen und von den Priestern die Anerkennung der revolutionären Veränderungen durch Eid verlangt. Die Mehrzahl verweigerte ihn. Ein Bruch mit der Kirche zeichnete sich ab. Viele Geistliche und noch mehr Aristokraten emigrierten und brachten Schreckensmeldungen ins Ausland. An den Fürstenhöfen Europas sammelte sich die Konterrevolution; denn alle Fürsten und Monarchen fühlten sich von der Pariser Revolution bedroht, konnte doch der revolutionäre Funke durch die allgemeine Begeisterung über die Vorgänge in Frankreich jederzeit auf ihr eigenes Territorium überspringen.

78

Eskalation der revolutionären Ereignisse

Am 2. April 1791 starb MIRABEAU. Vergeblich hatte er in der Nationalversammlung für ein starkes Königtum gekämpft, das durch ein absolu-
tes Veto übertriebene Beschlüsse der Volksvertretung korrigieren sollte.
Die Versammlung rückte immer mehr von ihm ab, vielleicht weil er den
meisten geistig überlegen war. Er bot dem König insgeheim seine Dienste an. Er warnte ihn aber auch vor einem Bündnis mit den aristokratischen Emigranten, die im Ausland gegen die Nationalversammlung ar-
beiteten. Trotz seiner monarchischen Anschauungen hatte er sich dem
König nicht verkauft. Als die Nachricht von seinem Tod in Paris umlief,
strömte das Volk zusammen. Acht Tage öffentlicher Trauer wurden angeordnet. Sein Leichnam wurde unter Begleitung aller Autoritäten
Frankreichs in der Kirche St.-Geneviève beigesetzt und später im Panthéon bestattet.

Mit seinem Tod schwand die Möglichkeit eines Bundes von Revolution und Monarchie, eine Möglichkeit, die ohnehin in die Ferne gerückt war, seitdem die Güter der Kirche beschlagnahmt worden waren.
Papst Pius VI. (1775–1799) hatte am 10. März die neue Kirchenverfas-
sung verdammt, derzufolge Bischöfe und Priester nicht nur besitzlos,
sondern nach dem Willen der Nationalversammlung auch vom Volk
gewählt werden sollten, selbst von Nichtkatholiken. Für den König
war die Reaktion von Papst und Klerus ein Signal. Damals beschloß
er, mit seiner Familie die Tuilerien und Paris heimlich zu verlassen.
Überzeugt von der Loyalität des Offizierskorps wollte er die Grenz-
truppen erreichen und dann an ihrer Spitze siegreich nach Paris zurückkehren.

Am 21. Juni läuteten morgens um acht Uhr die Sturmglocken über
Paris: Der König ist geflohen. In Windeseile verbreitete sich diese Nachricht über ganz Frankreich. Mit Hilfe einer kleinen Gruppe royalistischer
Verschwörer war es der Königsfamilie gelungen, unerkannt zu entkommen. Das war die berühmte »Flucht nach Varennes« (s. S. 55). Madame
de Tourzel, die Erzieherin des Dauphins, hat uns als Mitreisende im
Fluchtfahrzeug mit ihren *»Memoires de la Duchesse de Tourzel«* einen aus-

führlichen Bericht dieses Ereignisses hinterlassen.* Man kann daraus ersehen, wie erfolglos die Warnungen des Grafen von Saint Germain geblieben waren. Der König bildete sich ein, mit Hilfe ausländischer Truppen siegreich an der Spitze seiner Armee nach Paris zurückkommen zu können. Doch die Königsfamilie wurde auf der Flucht erkannt und zur Rückkehr nach Paris gezwungen.

Der königstreue La Fayette war konsterniert, als er von der Flucht erfuhr. Die Nationalversammlung trat sofort unter Leitung von Alexandre Beauharnais (1760–1794), dem späteren Revolutions-General, zusammen. Beauharnais galt als »Linker« – er war mit der schönen Kreolin Josephine verheiratet, die 1796 die Gemahlin Napoleons werden sollte. Auf Antrag La Fayettes erließ man einen »Vorführungsbefehl« gegen den flüchtigen König.

Am 25. Juli 1791 kam die Königsfamilie wieder in Paris an. Vor den Tuilerien stieg der König aus dem Wagen und schritt in seine Gemächer, wo er nach alter Sitte von seinem Hofstaat empfangen wurde. Ein Deputierter der Nationalversammlung namens Pétion, der Ludwig XVI. seit Varennes begleitet hatte, erzählt: »Wenn man ihn so sah, hätte man niemals vermuten können, was sich alles zugetragen hatte. Er begann sogleich zu repräsentieren; alle, die ihn umgaben, schienen überhaupt nicht mehr daran zu denken, daß etwas geschehen war, was den König mehrere Tage ferngehalten hatte. Ich war ganz verwirrt von dem, was ich sah«, schrieb Pétion, der übrigens später, während der Schreckensherrschaft der Jakobiner, verhaftet wurde und elend umgekommen ist.

Man kann über die korrekte Behandlung, die die Revolutionäre dem König und Marie Antoinette zukommen ließen, nur erstaunt sein, weil man sich die Anfänge der Revolution viel schrecklicher vorstellt als sie waren. Auch nach der Flucht des Königs dachten die meisten Deputierten der »Constituante« nicht an den Sturz des Königs.

Vergeblich waren am 17. Juli – noch bevor der König aus Varennes zurückgebracht worden war – Tausende von Parisern auf dem Marsfeld zusammengeströmt, wo der Ruf nach der Republik laut wurde. Der

---

* dt. Übersetzung in: »Die Französische Revolution in Augenzeugenberichten«, Düsseldorf 1962

Schriftsteller Jacques Pierre Brissot (1754–1793) und Jean Paul Marat (s. S. 152 ff.) hatten in flammenden Reden die Entthronung des Königs gefordert und ein entsprechendes Manifest verfaßt. Zahlreiche Pariser unterzeichneten es. Doch La Fayette, der 1789 die »Erklärung der Menschenrechte« eingebracht hatte, griff mit seiner Nationalgarde ein und veranstaltete ein regelrechtes Gemetzel unter den Demonstranten auf dem Marsfeld.

Marat war entsetzt. War La Fayette in das Lager der Revolutionsgegner übergewechselt? Die Revolution schien sich zu spalten. In seiner Zeitschrift »Der Volksfreund« schrieb er am 26. Juli 1791 voller Empörung über die royalistischen Maßnahmen gegen die Marsfeld-Demonstranten:

Fünfhundert oder sechshundert abgeschlagener Köpfe würden euch Ruhe, Freiheit und Glück sichern? Eine falsch verstandene Menschlichkeit hat eure Arme gelähmt und euch gehindert, Schläge auszuteilen! Sie wird Millionen eurer Brüder das Leben kosten. Sobald eure Feinde einen Augenblick lang triumphieren, wird das Blut in Strömen fließen. Unbarmherzig werden sie euch umbringen, euren Frauen den Bauch aufschlitzen. Ihre blutgierigen Hände werden das Herz aus den Leibern eurer Kinder reißen, um unter euch die Liebe zur Freiheit für alle Zeit auszulöschen.

Deutlich wird nun schon eine Verschärfung der Revolution erkennbar. Die Volksmassen wurden mobilisiert. Aus Entsetzen über die Marsfeld-Ereignisse wird Feindschaft gegen die revolutionären Mitläufer der alten Ordnung gesät, die Royalisten unter den Männern der ersten Stunde, zu denen La Fayette und Mirabeau gehörten. Wie sollte unter diesen Umständen eine neue Staatsverfassung zustandekommen? Die »konstituierende Nationalversammlung« stand unter keinem glücklichen Stern. Die meisten Delegierten waren königstreu und blieben es auch nach der Flucht des Königs. Gleichzeitig wuchs die Unruhe unter der Pariser Bevölkerung, die das Gemetzel auf dem Marsfeld nicht vergaß.

Die »*Constituante*«, die überwiegend aus Besitzbürgern bestand, wehrte die Forderungen des »niederen Volkes« ab. Man war ohnehin schon von dem Ideal der » Gleichheit aller Menschen « abgerückt. Ein undemokratisches Zensuswahlrecht wurde in die Verfassung eingearbeitet, wonach nur etwa vier Millionen eigentumbesitzende Bürger wahlberechtigt sein konnten. Heftig wurde um dieses Zensuswahlrecht gestritten. Benoit Camille Desmoulins (1760–1794), der durch seine Schrift »*La France libre*« (1789) bekannt geworden war, sagte damals mit bitterer Ironie, daß Rousseau und Corneille, lebten sie jetzt, wegen ihres bescheidenen Einkommens nicht wählbar gewesen wären. Es zeigte sich, daß die wohlhabenden Besitzbürger, die in der »*Constituante*« saßen, die Gleichberechtigung nur als schöne Fiktion beibehielten. Mit Bedacht wollten sie deshalb auch an der Institution des Königtums festhalten und räumten dem Träger der Krone mehr Macht ein, als sie ihm nach seiner Flucht hätten zugestehen sollen.

Eine kurzlebige Verfassung mit Langzeitwirkung

Schon die Ereignisse auf dem Marsfeld hatten gezeigt, daß die Mehrheit der Revolutionäre eine Verfassung wollte, die » Freiheit und Gleichheit « nur eingeschränkt und » Brüderlichkeit « nicht in politisch-soziale Realität umsetzen sollte. Das heißt: die Ideale Rousseaus waren zwar nicht vergessen, aber erheblich beschnitten. Die zwischen 1789 und 1791 ausgearbeitete Verfassung entsprach in jeder Weise den Wünschen der *citoyens,* des besitzenden Bürgertums. Es wollte die Monarchie erhalten, den Absolutismus des Königs einschränken, den König als Garanten des Einheitsstaates zwar kontrollieren, aber durchaus nicht absetzen.

In den Freimaurerlogen waren Aristokraten und Bürger in Brüderlichkeit vereint. Alle » Brüder « waren » gleich und frei «, dem » Meister vom Stuhle « aber gestanden die » Brüder « eine Wissensmacht zu, der sich Herzöge und Fürsten unterstellten, selbst wenn der » Meister « ein Bürgerlicher war. Solche Prinzipien jedoch auf das politische und soziale Leben zu übertragen, erwies sich als äußerst schwierig.

So war die royalistische Gesinnung vieler Deputierter der »*Constituante*« durchaus mit ihrer maurerischen Erfahrung vereinbar. Republikanisch dachte nur eine, allerdings starke Minderheit, die sich außerhalb der Nationalversammlung in »Klubs« sammelte. Ihre Forderungen wurden im weiteren Verlauf der Revolution jedoch immer radikaler.

Die Verfassung von 1791, auf die der König am 14. September den Eid leistete, brach durch die Einführung des Zensuswahlrechts mit dem Ideal der »Gleichheit aller Menschen«. Arm und Reich waren vor der Wahl- urne durchaus nicht gleich. Dennoch wurde die Gleichheit vor dem Ge- setz als unantastbarer Grundsatz formuliert. Die Gesetzgebung, also die Legislative, lag allein bei den Abgeordneten der »Kammer«, dem ge- wählten Parlament. Auch die Verwaltungsbehörden in den 83 Departe- ments, die neu gegründet worden waren – und ihre Namen nach Flüssen oder Gebirgen erhielten –, mußten gewählt werden. Die Departements, als Absage an die alten Territorialherren durch die Revolution geschaf- fen, bestehen noch heute.

Wie die Verfassung von 1791 die Gliederung Frankreichs in aristokra- tische Herrschaftsgebiete beseitigte, so wurde auch die patrimoniale und königliche Gerichtsbarkeit aufgehoben. In ganz Frankreich wurden Ge- schworenengerichte, auch mit Laienrichtern neben gelehrten Juristen, eingeführt. Das von den Revolutionären erstmals verankerte Prinzip der Öffentlichkeit eines mündlichen Gerichtsverfahrens ist für alle Rechts- staaten bis in die Gegenwart hinein vorbildlich geblieben. Als höchste Instanz für Zivilprozesse wurde ein »Appellationshof«, für Strafprozesse der »Kassationshof« eingerichtet, beide mit Sitz in Paris.

Diese Verwaltungs- und Rechtsreform sollte sich trotz aller anfängli- chen Krisen als Grundlage des französischen Einheitsstaates erweisen, ohne sie hätte die Verfassung von 1791 nicht zum Vorbild aller späteren demokratischen Verfassungen Europas werden können.

Dem König gestand diese Konstitution die »Exekutive« zu, d. h. die ausführende Gewalt. Er hatte das Recht, Offiziere, Diplomaten und Mi- nister zu ernennen. Doch war die Exekutive durch die Selbstverwaltung in den Departements beschränkt, durch die ohnehin jede absolutistische Herrschaft schon rückgängig gemacht worden war. Was auch immer der König durchsetzen wollte, jede seiner Maßnahmen bedurfte der Gegen- zeichnung durch seine Minister, die dem Parlament verantwortlich wa- ren – Ministerämter durften übrigens von den Mitgliedern der National-

83

versammlung nicht übernommen werden. Dem König wurde das »suspensive« (aufschiebende) Vetorecht gegen die Beschlüsse der Gesetzgebung des Parlaments eingeräumt. Das Parlament, die »Kammer«, sollte jedoch mit einer nochmaligen Abstimmung über das königliche Veto hinweggehen können.

Da der König theoretisch Oberkommandierender der Armee blieb, konnte er nach innen wie nach außen jederzeit auf den Ablauf der Verhältnisse im revolutionären Frankreich einwirken. Das suspensive Veto sollte sich bald schon als recht hemmend bei der Fortführung der revolutionären Neuordnung des Staates erweisen. Und Ludwig XVI. schickte sich auch nicht ohne weiteres darein, nur der höchst großzügig dotierte erste Diener des Staates zu sein. Die althergebrachte Auffassung vom Gottesgnadentum des Königs lebte noch viel zu stark in den Gefühlen der aristokratischen Gesellschaften Europas, als daß sie sich mit dem Gedanken der Gleichheit aller Menschen hätten vertraut machen können.

Außerdem fand die Monarchie weitgehende Unterstützung bei der Mehrheit aller Geistlichen, die von der Kirchengesetzgebung der Nationalversammlung schwer getroffen waren. Die Einführung der Zivilehe, die Verstaatlichung der Schulen, die Schließung von Klöstern und die Aufhebung der Gelübde von Mönchen und Nonnen hatten den französischen Klerus seines alten Ansehens beraubt. MIRABEAU erkannte das und wandte sich noch in den letzten Monaten seines Lebens gegen diese Beschlüsse der Nationalversammlung, weil er sah, daß ein solcher Eingriff in das kirchliche Leben einen Gegner herausfordern mußte, dessen Macht größer war als die des morsch gewordenen Absolutismus: den Vatikan. Die meisten Geistlichen wollten denn auch den neuen Staat nicht anerkennen, obwohl es ein Bischof gewesen war, der die »Zivilverfassung des Klerus« durchgesetzt hatte: TALLEYRAND (1754–1838), der sehr viel später – auf dem Wiener Kongreß – eine so große Rolle bei der Restauration der französischen Monarchie spielen sollte. In der Revolution wurde er vom Papst abgesetzt und aus der Kirche ausgeschlossen, weil er den Eid der Priester auf die Zivilverfassung der Kirche gefordert und eidverweigernde Priester amtsenthoben hatte.

Die Zahl dieser »Eidverweigerer« soll 46.000 betragen haben, als die Verfassung von 1791 in Kraft gesetzt wurde. Hier lag eine der stärksten Quellen der Gegenrevolution in Frankreich. Andererseits darf aber auch nicht außer Acht gelassen werden, daß seit der Revolution gerade in Frankreich, das sich lange Zeit als die »älteste Tochter der Kirche« betrachtet hatte, der in der Aufklärung wurzelnde »Laizismus« zu einer starken politischen Kraft werden sollte.

Die »Legislative« und die Solidarität der Throne

Mit den eidverweigernden Priestern sollte die neue Nationalversammlung auch bald schon in Konflikt kommen. Am 30. September 1791 war die »*Assemblée nationale constituante*« zum letzten Mal zusammengetreten. Einen Tag später, am 1. Oktober, nahm eine neugewählte Nationalversammlung ihre Arbeit auf, um als »Legislative« zu fungieren und das Werk der »*Constituante*« weiterzuführen. Gesetze mußten verabschiedet werden, wollte man das Verfassungswerk absichern und unumkehrbar machen. Das erschien umso wichtiger, als die zahlreich ins benachbarte Ausland geflohenen Aristokraten und Geistlichen überall Stimmung gegen das neue Frankreich machten und an den Höfen von Wien und Berlin besonders aktiv geworden waren.

Schon am 27. August, also mehrere Wochen vor dem Inkrafttreten der Verfassung von 1791, hatten sich Kaiser LEOPOLD II. (1790–1792), der Bruder Marie Antoinettes, und König FRIEDRICH WILHELM II. VON PREUSSEN (1786–1797) auf Schloß Pillnitz bei Dresden getroffen, um mit französischen Emigranten über ein Verteidigungsbündnis zu beraten. Sie forderten alle Monarchen auf, »Mittel zu ergreifen, um den König von Frankreich instand zu setzen, eine angemessene Verfassung zu geben«. Für die französischen Revolutionäre mußte das sich abzeichnende Bündnis der Kronenträger und Royalisten ein Beweggrund sein, nun ihrerseits die Gemeinschaft freier Völker zu fordern. Als die »Legislative« am 1. Oktober zusammentrat, wußten die Abgeordneten schon, was Frankreich bevorstehen könnte. Jetzt setzte eine Entwicklung ein, die immer schneller zum Höhepunkt der Revolution führen sollte.

85

Die »Legislative« war sehr viel radikaler als ihre Vorgängerin. Durch das Verbot der Wiederwahl von Mitgliedern der »Constituante« zeigte die neue Nationalversammlung ein gänzlich anderes Gesicht. Sozial betrachtet gab es eine starke Gruppe von Abgeordneten kleinbürgerlicher Herkunft – Advokaten, Lehrer, Schriftsteller usw. –, die mit den Großbürgern – Bankiers, Reedern, Großkaufleuten – in einem Boot sitzen sollten. Dazwischen standen die sog. »Indépendants«, die Unabhängigen, um die beide Flügel der »Legislative« sich bemühten. Viele Abgeordnete waren republikanisch gesinnt, die Royalisten gerieten in die Minderheit. Doch im allgemeinen glaubten alle an den Sieg der Idee von »Freiheit und Gleichheit« in ganz Europa. Man ging deshalb zunächst gegen die Aristokraten vor. Am 9. November wurde das »Gesetz gegen die Emigranten« verabschiedet: Die aus Frankreich geflüchteten Adligen sollten mit dem Verlust ihrer Güter bestraft werden, wenn sie nicht bis zum 1. Januar 1792 zurückkämen. Auch wurde ihnen die Todesstrafe für den Fall angedroht, daß sie sich zu einem späteren Zeitpunkt in Frankreich sehen ließen. Drei Wochen später wurde das Gesetz gegen die eidverweigernden Priester erlassen, am 29. November. Selbstbewußt ließ man sich auf einen Kampf mit dem Vatikan und der französischen Kirche ein, zumal viele Priester sich der Revolution angeschlossen hatten.

Gegen dieses Gesetz aber legte der König sein Veto ein und konnte durch dieses verfassungsmäßig verbriefte Recht die Durchführung erst einmal verzögern. LUDWIG XVI. setzte seine große Hoffnung auf die Pillnitzer Beschlüsse und rechnete damit, daß Österreich und Preußen militärisch intervenieren würden. Obendrein glaubte er, daß sein Protest gegen das Gesetz vom 29. November alle französischen Katholiken auf seine Seite bringen würde. Indessen traten immer weniger Deputierte in der Nationalversammlung für den König ein, und immer lauter wurde der Ruf nach seiner Absetzung. So verschlechterte sich die Lage des Königtums zusehends.

Anfang des Jahres 1792 schlossen Österreich und Preußen ein Militärbündnis zur Rettung der französischen Monarchie. Um dem drohenden Einfall der »alten Mächte« zuvorzukommen, erzwang die französische Nationalversammlung am 20. April vom König eine Kriegserklärung gegen Österreich. Der Haß des Volkes, das den Einmarsch der Verbündeten und die Rückkehr der Emigranten fürchtete, richtete sich fortan immer heftiger gegen MARIE ANTOINETTE, die Tochter Maria Theresias und Schwester Kaiser Leopolds II. Ihr warf man Geheimnisverrat vor, als Österreich und auch Preußen Truppen für den Interventionskrieg aufzustellen begannen. In Wirklichkeit war die Königin in einer geheimen Korrespondenz mit ihren Verwandten nicht für die militärische Intervention des Auslands eingetreten, sondern hatte um Rückendeckung und Unterstützung der Monarchie durch einen europäischen Kongreß gebeten. Das allerdings konnten die Revolutionäre nicht wissen. Ihnen erschien Marie Antoinettes Ehe mit Ludwig XVI. als Ausdruck jenes politischen Bündnisses, das Frankreich Unglück bringen werde.

Alles, was sich von nun an in der legislativen Nationalversammlung vollzog, muß im Zusammenhang mit dem Bündnis gesehen werden, das Österreich und Preußen 1791 geschlossen hatten. Die auf dem rechten Flügel der Nationalversammlung sitzenden Anhänger der konstitutionellen Monarchie gerieten in die Minderheit. Ihre alte Verbundenheit mit den Aristokraten, die sich 1789 dem *Tiers état* angeschlossen hatten, machte sie jetzt in den Augen der Mehrheit suspekt. Immer entschiedener traten radikale Advokaten und Schriftsteller für die Schaffung einer *Republique Française* ein, ob sie in der Nationalversammlung saßen oder nicht. Die meisten von ihnen waren ganz von den Idealen des alten Römertums erfüllt. Sie liebten den großen Cäsar nicht; vielmehr idealisierten sie Cato, der sich als letzter Republikaner in sein Schwert gestürzt hatte, und verehrten Brutus, der den selbstherrlichen Cäsar ermordete. Sie schulten sich in altrömischer Rhetorik, und Rhetorik war auch das Element ihrer Debatten. Aber Einfachheit und Strenge prägten den Lebensstil dieser ersten Republikaner, Sittlichkeit im Staat und im Privatleben war ihr Ideal.

Ganz bewußt begann man, die Rokokokultur abzulegen, warf Spitzenjabot und Perücke ins Feuer, plante Bauten im klassischen Stil, verachtete die Mode des 18. Jahrhunderts, legte die Seidenkniehosen ab und zog die »sansculotten« der Hafenarbeiter von Marseille an. Eine neue Damenmode wurde kreiert, mit weiten, wallenden Röcken nach vermeintlich altrömischem Vorbild. Der Maler Jacques Louis David (1748–1825), Meister des französischen Klassizismus, gab dieser Abkehr vom elegant-zierlichen

Rokoko und der Hinwendung zum » dorischen « Stil in seinen Gemälden
Ausdruck. Seine Kunst entsprach den Willensimpulsen, die sich zu Beginn der » Legislative « in den vielen Reden der großen Revolutionäre
machtvoll niederschlugen.

Die neue Nationalversammlung war keine Einheit. Sie zerfiel in verschiedene, einander bekämpfende Gruppen, die sich nur in der Abwehr
ausländischer Angriffe auf das revolutionäre Frankreich einig werden
konnten. Deshalb soll zuerst ein Blick auf die Emigranten geworfen werden, mit deren Aktivitäten sich die » Legislative « von Anfang an kon-
frontiert sah. » Die Emigration nährte überall die Gegnerschaft der alten
Mächte und predigte den Kreuzzug gegen die Revolution «, urteilte Hans
Herzfeld in » Die moderne Welt . . . «

Mit der Emigration berührt man den grundsätzlichen politischen Ge-
gensatz, der für die Zeit der Französischen Revolution charakteristisch
ist. Während sich bei den alten Mächten, zu denen auch die Emigranten
gehörten, der Gedanke einer Solidarität der Throne gegenüber dem revolutionären Frankreich herausbildete, pochten die » weltbürgerlich «
orientierten Wortführer der » Legislative « darauf, die Ideen von 1789 in
alle benachbarten Länder, ja in die ganze Welt tragen zu müssen. Sie
hofften, daß die Sache des *Tiers état* zur Sache aller unter dem Absolutismus leidenden Länder werden würde. Und sie hatten allen Grund zu
dieser Hoffnung, wenn sie von dem Enthusiasmus erfuhren, mit dem in
Deutschland, den Niederlanden, England und Südeuropa alle geistig
führenden Köpfe die Revolution begrüßt hatten. Aber die » Legislative «,
die nur ihre Sache kannte, übersah die Situation der anderen, der emigrierten Adligen und Ludwigs XVI., die ihr Schicksal zur Sache des ganzen europäischen Adels zu machen verstanden.

Die Emigranten

Seit 1790 waren viele Gegner der Revolution, vor allem Adlige, die ihre
Privilegien verloren hatten, aus Frankreich ausgewandert. Sie hielten
sich mit ihrem zahlreichen Gesinde in den deutschen Rheinlanden auf,

wo sie von den erzbischöflichen Kurfürsten von Mainz und Trier mit besonderem Wohlwollen aufgenommen worden waren.

Diese Kirchenfürsten bekamen bereits zu spüren, welche Wirkung die ersten Beschlüsse der Nationalversammlung von 1789 auf die eigenen Untertanen ausgeübt hatten. Die Aufhebung der Privilegien, die Erklärung der Menschenrechte und die Einziehung des Kirchengutes begeisterten die deutsche Intelligenz. So hatten die Kurfürsten von Mainz und Trier besonderen Grund zur Besorgnis über den Fortgang der Revolution in Frankreich. Sie waren bereit, alle Revolutionsgegner zu unterstützen. Trier, Koblenz, Mainz und Worms wurden zu Sammelplätzen des emigrierten französischen Adels. Der Prinz von Condé, LOUIS JOSEPH DE BOURBON (1736–1818), der sich schon im Siebenjährigen Krieg als erfolgreicher Heerführer gegen Preußen hervorgetan hatte, sammelte seit 1790 in Worms den emigrierten französischen Militäradel um sich. In Mainz und Trier, vorwiegend aber in Koblenz war es der Hofadel, der nach und nach seine Schlösser verlassen hatte und sich bei seiner rheinischen Verwandtschaft und auf den Besitzungen des Kurfürsten einquartiert hatte. In den Rheinlanden drängten die Emigranten auf das Eingreifen der alten Mächte in die Revolution.

Nach den Pillnitzer Beschlüssen vom 27. August 1791 und nach dem Abschluß des Militärbündnisses zwischen Österreich und Preußen am 7. Februar 1792 warteten die Emigranten mit großer Ungeduld und ebensolcher Siegeszuversicht auf das Anrücken der verbündeten Interventionstruppen. Sie standen unter dem Befehl des HERZOGS KARL WILHELM VON BRAUNSCHWEIG (1735–1806), der noch unter Friedrich dem Großen das Kriegshandwerk erlernt hatte. Von ihm erhofften sich die Emigranten den Sieg des Absolutismus über die Revolution und damit die Wiederherstellung der uneingeschränkten Macht Ludwigs XVI. Sie träumten davon, daß der König wieder so volkstümlich werden könnte, wie er es bei seiner Thronbesteigung war, als das Volk von ihm die Besserung der korrupten Zustände erwartete. Die Emigranten wußten auch, daß das revolutionäre Frankreich, das den König zur Kriegserklärung gegen Österreich veranlaßt hatte, viele Feinde im Inneren besaß und deshalb wohl nur schwer dem Druck des Militärbündnisses Österreich-Preußen standhalten konnte.

Zu den verbündeten Heeren unter dem Oberbefehl des Herzogs von Braunschweig gehörten die preußische Armee mit 42.000 Mann, zwei österreichische Korps, hessische Truppen und das Korps der französischen Emigranten, zusammen alles in allem 81.000 Mann. Die Aufstellung dieses aus Söldnern bestehenden Heeres nahm einige Zeit in Anspruch. Geplant war, daß die österreichischen Korps von Flandern und vom Oberrhein aus operieren sollten; die preußische Armee wurde in der Mitte zusammengezogen. Und sie war es dann auch, die am 19. August 1792 die französische Grenze überschritt und gegen Longwy vorrückte.

Die in die Rheinlande ausgewichenen französischen Emigranten konnten während der Kriegsvorbereitung guten Mutes sein. Von den nach Koblenz emigrierten Aristokraten besitzen wir einige sehr aufschlußreiche Mitteilungen, die von Georges Pernoud und Sabine Flaissier in dem Buch »Die Französische Revolution in Augenzeugenberichten« zusammengestellt wurden. Über den Beginn der Emigration lesen wir in den Erinnerungen des Marquis de Bouthillier:

> Zu emigrieren war damals eine rechte Mode geworden. Täglich kamen in Koblenz Fiaker an, Kutschen und Wagen des Hofes, die unter der Bezeichnung Nachtgeschirr bekannt waren. Die galanten Pariser Frauen machten das Spiel mit. Sie beschimpften öffentlich Edelleute und Militärs, die nicht geneigt schienen, ins Ausland zu gehen, und schlugen ihnen vor, sich an den Spinnrocken zu setzen.*

In Koblenz angekommen, ging es unter den Emigranten ebenso standesgemäß wie grandios heiter zu. Sie fühlten sich, als wären sie nicht aus Frankreich Geflohene, sondern befänden sich auf einer Auslandsreise, wie sie auch früher oft veranstaltet worden war. Ihren Luxus brauchten sie nicht zu entbehren, und ihre Dienerschaft sorgte wie eh und je für ein angenehmes Leben. Der Erzbischof von Trier ermöglichte ihnen einen großzügigen Aufenthalt. So erzählt die Marquise de Falaiseau:

---

* zitiert nach Ernest Daudet: »*Histoire de l'Émigration*«, Paris 1904

Wir waren wahrhaftig hingerissen, als wir in Koblenz ankamen und eine Menge Franzosen zu Fuß und zu Pferde wie im Bois de Boulogne oder in den Champs-Elysées unterwegs sahen. Am 20. wurde ich von dem Oberst-Kämmerer und der Baronin von Naindorf, einer Hofdame, dem Kurfürsten und der Prinzessin Kunigunde vorgestellt. Man versammelt sich um sieben Uhr in einer sehr schönen Galerie. Der Kurfürst kommt mit seiner Schwester, seinem Bruder, Monsieur und dem Grafen von Artois. Ungefähr eine Viertelstunde lang machen sie die Runde und unterhalten sich mit allen Damen; dann setzen sie sich zum Spiel. Es werden gewöhnlich drei Partien gespielt; der Graf von Artois spielt mit der Prinzessin Kunigunde eine Partie L'Hombre; der Kurfürst, Prinz Xaver von Sachsen und Monsieur machen die beiden anderen Spiele, da sie so den Kontakt zu den Ministern und Gesandten und deren Frauen am besten herstellen können. Kurz darauf bringt man Gläser mit Limonade und Mandelmilch, die an die Spielpartner verteilt werden und an die Damen, die im Kreis um die Prinzen sitzen. Es ist üblich, von Tisch zu Tisch den Platz zu wechseln; wenn man ungefähr eine halbe bis eine Stunde geblieben ist, macht man dem Fürsten oder der Prinzessin eine Verbeugung, verbeugt sich auch vor den anderen und zieht sich dann in den übrigen Teil der Galerie zurück, wo nicht gespielt wird, oder man macht der Hofdame einen Besuch, die an einem Tisch am anderen Ende des Saales sitzt ... Am Sonntag, den 27., wurde aus Wien der Erzherzog Karl erwartet, der Bruder des Kaisers, sodaß man lange zusammen blieb. Der Kurfürst schlug vor, uns sein Schloß zeigen zu lassen; wir nahmen an, und Baron von Dumesnil, sein erster Minister, führte uns. Das Schloß ist wirklich wunderbar eingerichtet. Um fünf Uhr kam Erzherzog Karl. Die Prinzen liefen ihm erfreut entgegen; als sie in den Saal zurückkamen, hielten sie ihn an der Hand. Er grüßte erstaunt und verlegen, weil er in Reisekleidung erschien und so viele Menschen versammelt sah.[*]

---

[*] Vicomte de Broc: »*Dix ans de vie d'une femme pendant l'Émigration*«, Paris 1893; in G. Pernoud und S. Flaissier: »Die Französische Revolution ...«

Die Emigration hatte freilich auch eine ganz andere, sehr viel härtere Seite. Der junge Comte Félix Romain schrieb in einem Brief an seinen Vater von reichen Pfarrherren, vermögenden Kaufleuten und wohlhabenden Bürgern, die einst längere Wege in bequemen und gut bespannten Wagen zurücklegten, nun aber in der Interventionsarmee in Kolonne marschierten, »bei Regen, bei Schnee, im Schlamm«. Doch sie waren alle siegesgewiß, die da mit den deutschen und österreichischen Truppen mitliefen, um wieder zurück nach Frankreich zu kommen. Der Sommer 1792 schien ihre Hoffnungen auf die Restauration des *Ancien régime* zu bestätigen.

Erste Kriegsereignisse 1792 und Sturz des Königs

Der erste Krieg, den das revolutionäre Frankreich führte, wurde von Jacques Pierre Brissot (s. S. 81) als »Kreuzzug der individuellen Freiheit« bezeichnet. Von solcher Freiheit wußten die royalistisch gesinnten Offiziere nichts, die auf Befehl des Königs gegen Interventionstruppen kämpfen sollten, die gekommen waren, um eben diesen König wieder in seine alten Rechte einzusetzen. Das Offizierskorps und die regulären französischen Truppen waren weder kampfentschlossen noch siegesbewußt. Sie hatten im Sommer 1792 die katastrophale Ernährungslage in Paris und ganz Frankreich miterlebt und zugesehen, wie sich die »Legislative« Redeschlachten um den kommenden Weg geliefert hatte. Die Revolution begann, aus dem Ruder zu laufen. Am 20. Juni gingen die Massen zum offenen Angriff auf die Monarchie vor. Hungernde Arbeiter und Kleinbürger drangen in die Tuilerien ein und zwangen den König, die rote Mütze der Galeerensträflinge aufzusetzen. Mit ihr mußte er sich auf dem Balkon der johlenden Menge zeigen. Vier Wochen später, am 22. Juli, nahm die »Legislative« den Antrag zu einem Aufruf an, in dem proklamiert wurde, was das Volk längst wußte: »*La Patrie est en danger!*« – »Das Vaterland ist in Gefahr!« Freiwillige aus allen Teilen Frankreichs waren schon in die Hauptstadt geeilt. Die Pariser bewaffneten sich. Alle rechneten mit der baldigen Invasion der verbündeten Heere.

In dieser Situation entstand ein Lied, das sich in Windeseile über ganz Frankreich verbreiten sollte: die »*Marseillaise*«, Frankreichs National-hymne. Gedichtet und vertont hatte sie ein Offizier, der im elsässischen Hüningen stationiert war. Er hieß Rouget de Lisle (1760–1836) und war Kapitän bei einem Ingenieurskorps (Pioniere). Überall sang man nun das Lied: »*Allons enfants de la patrie, le jour de gloire est arrivé, contre nous de la tyrannie ...*«

Schon wenige Wochen später, am 20. August 1792, berichtete die Pa-riser Zeitung »*Chronique de Paris*«, daß diese Hymne von Marseille mit-gebracht worden sei. Das Lied wäre so sehr »in Mode« gekommen, weil die Freiwilligen es auf ihrem langen Marsch nach Paris überall be-kannt gemacht hätten. Sie sängen es »sehr wirkungsvoll, und die Stelle, wo sie ihre Hüte und Säbel schwingen und im Chor rufen: ›Aux armes citoyens‹, läßt einen wirkungsvoll erschauern. Sie haben das Lied in al-len Dörfern gesungen, durch die sie gezogen sind; und auf diese Weise haben die neuen Barden vaterländische und kriegerische Gefühle ent-facht.« Die Marseillaise gehört zu den Liedern, die »die Welt erschütter-ten«. In ihrer Wirkung auf breite Volksmassen ist sie nur von der »Inter-nationale« der europäischen Arbeiterbewegung des 19. Jahrhunderts übertroffen worden.

Ende Juli 1792 hatten sich die preußischen Truppen Frankreich genä-hert. Sie standen Gewehr bei Fuß an den Grenzen, als der HERZOG VON BRAUNSCHWEIG am 26. Juli in Koblenz sein berühmt-berüchtigtes »Ma-nifest« herausgeben ließ. Nichts konnte der Lage des französischen Kö-nigs abträglicher sein als dieses törichte Dokument. Die Wiederherstel-lung der uneingeschränkten Macht des Herrschers wurde darin zum Kriegsziel der Verbündeten erklärt. Mehr noch: Falls sich Paris nicht frei-willig ergeben würde, sollte die Stadt »einer militärischen Exekution und der gänzlichen Zerstörung preisgegeben« werden. Durch diese kompakten Drohungen wurde der Untergang des französischen König-tums nur beschleunigt. Worte wie »Exekution« und »Zerstörung« mußten die Pariser zu gewaltsamer Erhebung aufreizen.

Pariser Arbeiter aus den hungernden Vorstädten rotteten sich zusam-men, zogen lärmend durch die Straßen, stürzten das Denkmal des »Son-nenkönigs«, Ludwigs XIV., und forderten, was die Debattenredner in

93

der »Legislative« tagtäglich zu ihrem Motto gemacht hatten: Der König
muß gestürzt werden! Frankreich – eine Republik! Schon am 1. August
hatte die Nationalversammlung die vorläufige Amtsenthebung des Königs verfügt. Zehn Tage später kam es dann erneut zum Sturm auf die
Tuilerien. Der König, seine Minister, seine Höflinge und seine Familie
erschraken, als sie die Volksmenge sahen und Kanonenschüsse hörten.
Was an diesem 10. August in den Tuilerien geschah, berichtet uns
Pierre Louis Roederer in seiner »*Chronique de cinquante jour du 20 juin au
10 août 1792*«. Er war als Generalprokurator des Departements Seine
schon tags zuvor ins Schloß gerufen worden. Er erzählt:

> Wir sprachen in Gegenwart der Königin den Stand der Dinge noch
> einmal durch, als vom Garten her Geschrei und Pfiffe ertönten. Die
> Minister steckten den Kopf aus dem Fenster; Monsieur Debouchage
> rief sehr erregt: »Großer Gott! Man pfeift den König aus! Was zum
> Teufel will er da unten? Wir wollen ihn schnell holen!« Er und Mon-
> sieur de Sainte Croix, ein Minister, liefen sofort zum Garten hinunter.
> Die Königin vergoß jetzt Tränen, ohne ein einziges Wort zu sprechen;
> sie wischte sich mehrmals die Augen. Sie ging in das Schlafzimmer des
> Königs, um dessen Rückkehr zu erwarten; ich folgte ihr. Kurz danach
> brachten die Minister den König zurück. Er war ganz außer Atem und
> sehr erhitzt von der Bewegung, die er sich zugemutet hatte. Er setzte
> sich sofort. Er schien aber wenig aus der Fassung gebracht von dem,
> was soeben geschehen war ... Einen Augenblick danach trat ein Bür-
> ger, ich glaube es war der Friedensrichter, mit zwei Polizeioffizieren,
> die im Schloß geblieben waren, Borie und Leroux, in das Zimmer, in
> dem sich die Minister und die Departementsmitglieder aufhielten. Sie
> sagten uns, die Kommune sei desorganisiert, die Sektionen hätten der
> Kommune neue Vertreter geschickt, der Bürgermeister werde in sei-
> nem Haus festgehalten, Monsieur Mandot sei verhaftet oder getötet,
> ganz Paris sei auf den Beinen und in Waffen, die Vorstädte versammelt
> und bereit, mit ihren Kanonen vorzurücken, das Bataillon der Corde-
> liers und die Marseiller seien gewiß schon unterwegs. Ich drängte die
> Minister von neuem, den König und seine Familie zur Nationalver-
> sammlung zu führen. Monsieur Debouchage, noch immer sehr erregt

über die Gefahr, in der er den König gesehen oder zu sehen geglaubt hatte, sagte zu mir: »Nein, er darf nicht zur Versammlung gehen. Wenn er hingeht, gibt es keine Sicherheit mehr für ihn; er muß hierbleiben.«*

Der Minister Debouchage sollte recht behalten. Für Ludwig XVI. gab es keine Sicherheit, wenn er sich der »Legislative« auslieferte. Er saß hilflos auf einem Hocker, während seine Minister und Höflinge nach Rettung suchten. Nach längerem Hin und Her blieb dem unentschlossenen König doch nichts anderes übrig, als in die Nationalversammlung zu fliehen. Denn eine gewaltige Volksmenge umringte die Tuilerien, bewaffnete Revolutionäre drangen in die Gärten, Kanonen wurden aufgefahren, mit der königlichen »Schweizergarde« und der der das Schloß schützenden Polizei kam es zum Handgemenge. Die 900 Mann starke Schweizergarde wurde niedergemetzelt, während der König mit seiner Begleitung durch die Gärten zur »Legislative« eilte. Am Abend des 10. August sollte Frankreich keinen König mehr haben.

Die »Legislative« erklärte Ludwig XVI. abermals für abgesetzt, und der seines Amtes enthobene König wurde mitsamt seiner Familie den städtischen Behörden ausgeliefert. Die »*Commune*«, der Stadtrat, war von radikalen Revolutionären beherrscht. Sie beschlossen im Nu, die königliche Familie im »*Temple*« gefangenzusetzen. Merkwürdiger Flügelschlag der Geschichte! *La Temple* war das einstige Ordenshaus der Templer und diente schon lange als Staatsgefängnis. Ein halbes Jahrtausend zuvor war an diesem Ort eines der finstersten Kapitel der mittelalterlichen Geschichte Frankreichs geschrieben worden.

Hier waren die Templer der Macht- und Geldgier des französischen Königs Philipp IV. (1285–1314) und seinen grausamen Folterungen erlegen. Jetzt erlag an der gleichen Stelle das Königtum der Wut von Bürgern, die sich für eine jahrzehntelange Mißachtung ihrer Menschenrechte rächen wollten.

Immer noch umgab die Königsfamilie ein Glanz von Hoheit. »Madame Royale«, die damals fünfzehnjährige Prinzessin Marie-Thérèse,

---

* zitiert nach G. Pernoud und S. Flaissier: »Die Französische Revolution ...«

Tochter Marie Antoinettes und Ludwigs XVI., berichtet in ihren Memoiren von der Ankunft im *Temple*:

Mein Vater kam um ein Uhr morgens mit uns in den Turm; nichts war
vorbereitet. Meine Tante schlief in einer Küche... Am nächsten Tag
kam mein Vater und frühstückte mit meiner Mutter, und anschließend
sahen wir uns die großen Hallen des Turmes an, in denen wir, wie uns
gesagt wurde, untergebracht werden sollten, weil in dem Türmchen
zu wenig Platz für so viele Menschen war. Am übernächsten Tag erhielten wir während des Diners einen Befehl der Commune, die Personen, die mit uns gekommen waren, fortzuschicken... Wir ver-
brachten den Tag gemeinsam. Mein Vater unterrichtete meinen Bruder in Geographie, meine Mutter unterrichtete ihn in Geschichte und
ließ ihn Gedichte lernen; meine Tante gab Unterricht im Rechnen.
Mein Vater hatte zum Glück eine Bibliothek gefunden. Meine Mutter
arbeitete an einer Stickerei. Die Stadtwache gab sich ungezwungen
und hatte wenig Respekt vor meinem Vater. Einer blieb immer da, der
ihn im Auge behielt. Mein Vater ließ einen Mann und eine Frau für die
grobe Arbeit anfordern. In der Nacht vom 19. zum 20. August erhielten wir um ein Uhr morgens einen Befehl der Commune, alle Personen aus dem Temple zu entfernen, die nicht zur königlichen Familie
gehörten.*

Danach ging es der Familie von Tag zu Tag schlechter, obwohl Marie
Antoinette bis zu ihrer Hinrichtung am 16. Oktober 1793 eine bewun-
dernswerte *»contenance«* bewahren konnte. Der König wurde schon am
21. Januar guillotiniert. Die Prinzessin Marie-Thérèse überlebte die
Gefangenschaft. Sie wurde nach dem Ende der sog. »Schreckensherrschaft« 1794 von den Österreichern gegen gefangene Konventsmitglieder ausgetauscht.
    Versuche, die gefangenen Bourbonen aus dem *Temple* zu befreien, wa-
ren zum Scheitern verurteilt. Zu groß war der Haß der Revolutionäre,
die aus Ludwig XVI. den »Bürger Capet« gemacht hatten, als daß eine

---

* zitiert nach G. Pernoud und S. Flaissier: »Die Französische Revolution ...«

Befreiungsaktion möglich gewesen wäre. Viele von denen, die 1789 die Revolution ausgelöst hatten, mußten nach dem Sturm auf die Tuilerien am 10. August 1792 selbst um ihr Leben fürchten. Zwei Beispiele können das beleuchten.

Als der königstreue Marquis de La Fayette von der Gefangenschaft Ludwigs XVI. erfuhr, war er, der 1789 die »Erklärung der Menschenrechte« in die ersten Beschlüsse der Nationalversammlung eingebracht hatte, erschüttert und empört. Hatte man dem König nicht sein Menschenrecht genommen? Am liebsten wäre er gleich nach Paris geeilt, um die Königsfamilie aus dem *Temple* zu befreien. Er tat es aber nicht, denn er wußte, daß er als Royalist galt und sich längst schon Anerkennung und Sympathie der Pariser *Commune* verscherzt hatte. Als 1791 die Verfassung in Kraft getreten war und die »*Assemblée nationale constituante*« sich auflöste, hatte er sich auf sein Landgut zurückgezogen. Dann übertrug man ihm den Befehl über die sog. »Ardennenarmee«, als Österreich und Preußen Truppen gegen Frankreich sammelten. Sein Ansehen in der Pariser Bevölkerung schwand dahin, je lauter der Ruf nach der Republik wurde. In den Straßen von Paris zerriß man sein Bildnis und bezichtigte ihn des Verrats. Zwar konnte er am 8. August diese Anklage noch zerstreuen, aber er mußte einsehen, daß er für die Befreiung der Königsfamilie keinerlei Unterstützung finden würde. Ein Marsch der Ardennenarmee nach Paris hätte die allgemeine Verwirrung in der Stadt nur noch steigern und dem äußeren Feind den geplanten Einfall erleichtern können. Er entschloß sich, Frankreich zu verlassen, und entwich nach Flandern. Dort fiel er jedoch österreichischen Truppen in die Hände und wurde als 1789er Feind verhaftet. Man brachte ihn in den Kerker nach Olmütz. Erst 1797 kam er wieder frei. Denn inzwischen hatte der Revolutionsgeneral Napoleon Bonaparte die Lombardei erobert und eigenmächtig einen Frieden mit den Österreichern geschlossen. Bei den Friedensverhandlungen in Leoben erwirkte er die Entlassung La Fayettes aus dem Kerker. Der Verfechter der »Menschenrechte« hatte also nach dem 10. August 1792 jeglichen Einfluß auf den weiteren Verlauf der Revolution verloren.

Nicht anders erging es dem Aristokraten und ehemaligen Bischof CHARLES MAURICE DE TALLEYRAND (1754–1838), der 1789/90 in der

» Constituante « die neue Kirchengesetzgebung durchgesetzt hatte. Damals war er ein von den Antiklerikalen sehr geschätzter Abgeordneter, und die Revolutionäre feierten ihn. Als er aber nach einer Englandreise ausgerechnet am 11. August 1792 wieder in Paris ankam, konnte er sich vor der Volksmenge gerade noch retten. In den Tuilerien waren nach der Gefangennahme des Königs am 10. August nämlich Papiere gefunden worden, die ihn in den Augen der Republikaner kompromittierten. Er konnte sich in Paris nicht mehr sicher fühlen, verließ heimlich die Stadt und floh nach Nordamerika. Auch für ihn war Napoleon die Rettung. Er kehrte 1797 nach Frankreich zurück und übernahm nach Napoleons Staatsstreich das Ministerium für Auswärtige Angelegenheiten. Später, nach dem Untergang des Korsen, diente er der wiedererstandenen französischen Monarchie.

Man mußte schon so standhaft sein wie La Fayette oder so geschmeidig und gerissen wie Talleyrand, um sich durch die Revolutionsjahre hindurchzuretten.

Äußere und innere Feinde

Nach dem Sturz des Königs mußte eine neue, republikanische Verfassung ausgearbeitet werden; denn die eben erst beschlossene von 1791 war ja auf eine konstitutionelle Monarchie zugeschnitten worden. Die » Legislative « schrieb daher Wahlen zu einem » Nationalkonvent « aus. Erstmals wurde das freie, gleiche und allgemeine Wahlrecht für alle über 21 Jahre alten Männer eingeführt. Das Zensuswahlrecht wurde abgeschafft – ein großer Fortschritt auf dem Weg zur modernen Demokratie.

Die Wahlen zum » Konvent « standen ganz im Schatten der Kriegsvorbereitungen. Ganz Frankreich lebte wie im Fieber. Der militärische Druck von außen wuchs, und im Innern begann die Jagd auf Verräter. Allzu leicht entstand der Verdacht, mit dem Feind gemeinsame Sache zu machen. In dieser Situation übernahm GEORGES JACQUES DANTON (1759–1794) den Posten des Justizministers. Er forderte » Kühnheit, Kühnheit und nochmal Kühnheit «, um die Revolution zu sichern.

Die Lage an der Front wurde immer bedrohlicher. Schon hatten Truppen des Herzogs von Braunschweig die Grenze überschritten. Am 23. August fiel die Festung Longwy in die Hand der Preußen. Am 1. September kapitulierte die Festung Verdun. So nahm die Nervosität der Republikaner immer noch zu. In der regulären Armee gab es zweifellos viele Fälle von Sabotage und auch Verrat. Das Kommando hatten oftmals royalistisch gesinnte Offiziere. Von den vielen, aus ganz Frankreich eingetroffenen Freiwilligen war kein schlagkräftiger Einsatz zu erwarten. Wie sollte es weitergehen? Die Revolution war von zwei Seiten bedroht: vom äußeren und vom inneren Feind. War es schon schwierig, den Vormarsch des äußeren Feindes aufzuhalten, so wollte man wenigstens mit den Feinden der Republik im Innern fertigwerden.

Danton und seine Freunde entfesselten eine haßerfüllte Jagd auf alle verdächtigen Personen, denen Republikfeindlichkeit vorgeworfen werden konnte. In der Zeit vom 2. bis 9. September kam es zu den furchtbaren »Septembermorden«, denen über tausend eingekerkerte Verdächtige in Paris und über zehntausend in den Provinzen zum Opfer fielen. Ohne gerichtlichen Prozeß und ohne Urteil wurden sie beseitigt. Das hing mit der verhängnisvollen Wechselwirkung von Kriegführung und Kampf gegen die inneren Feinde zusammen. Danton sagte damals: »Am 10. August ist die Revolution mit der republikanischen Freiheit niedergekommen, am 2. September hat sie die Nachgeburt ausgestoßen.« Ganz so *légère* hätte er über die Septembermorde nicht hinweggehen dürfen. Wenn auch eine Reihe von konspirativen Republikgegnern ermordet worden war, so befanden sich, wie Danton selbst es zugab, unter den Umgekommenen doch auch viele unschuldig Verdächtigte.

Indessen rückten die Interventionstruppen weiter vor. Die Pariser mußten fürchten, daß der Herzog von Braunschweig seine Drohungen vom 26. Juli wahrmachen würde. Der Gedanke kam auf, daß man die revolutionäre Regierung in den Süden Frankreichs verlegen sollte. Aber Danton erklärte: »Frankreich ist in Paris. Die Hauptstadt aufgeben, heißt Frankreich dem Feinde ausliefern. Bei Sieg oder Niederlage werden die Verteidiger zwischen zwei Feuer kommen, die Republikaner so geschwächt werden, daß die Royalisten in die Mehrheit kommen. Um ihre Anschläge zu verhindern, muß man die Royalisten in Schrecken versetzen.« Das setzte er in die Tat um. Die Regierung blieb in Paris. Am 8. September wurde Danton in den »Konvent« gewählt. Er legte sein Amt als Justizminister nieder, um als Abgeordneter auch Einfluß auf das Kriegsministerium gewinnen zu können.

In seiner ersten Sitzung am 21. September 1792 beschloß der »Konvent« mit seinen 769 Abgeordneten, reinen Tisch mit der Vergangenheit zu machen. Tags zuvor hatte die »Kanonade von Valmy« stattgefunden, in der die französische Armee erstmals den Preußen standgehalten hatte. Noch war diese Nachricht nicht nach Paris gelangt. Mit Siegesgefühlen konnten die Konventsabgeordneten daher noch nicht erfüllt sein. Aber vier Tage später, als man längst von dem Rückzug der Verbündeten erfahren hatte, beschloß der jubelnde »Konvent«, staatsrechtliche Konsequenzen aus dem 10. August zu ziehen. Frankreich wurde zur »einen und unteilbaren Republik« erklärt und Ludwig XVI. des Landesverrats angeklagt (25. September).

Alles sollte jetzt neu und anders werden. Und um den Beginn einer neuen Zeit Europa und der ganzen Welt bekanntzumachen, beschloß der Konvent am 5. Oktober, den alten Kalender abzuschaffen. Mit dem 21. September war Frankreich eine Republik geworden, mit dem 22. sollte die neue Zeitrechnung eingeführt werden. Das Jahr I der Republik war angebrochen, und einen »Blick zurück« sollte es nicht mehr geben. Mit der Vergangenheit und mit dem christlichen Jahreslauf wollten die vernunftbesessenen, aufgeklärten Revolutionäre des »Konvents« nichts mehr zu tun haben.

Als Schwelle der neuen Epoche Frankreichs wurde die herbstliche Tag-Nacht-Gleiche des Jahres 1792 festgelegt, genauer die Mitternacht des 21. auf den 22. September. Die Einteilung des Jahres in zwölf Monate behielt man bei, aber die Siebentagewoche verschwand aus dem Kalender. An ihre Stelle trat die »Dekade«, also dreimal zehn Tage pro Monat, wie denn auch alle anderen Einteilungen und Maße dem Dezimalsystem angepaßt wurden. Wir haben uns heute daran gewöhnt, Maß, Zahl und Gewicht nach diesem System zu bestimmen. Aber denken wir noch daran, daß es in der Französischen Revolution seinen Siegeszug begann? Wir haben große Mühe, die Maße der Bauhütten des Mittelalters zu begreifen und das »menschliche« Maß an romanischen oder gotischen

Kirchen rechnerisch nachzuvollziehen. Denn was war ein »Fuß«, eine »Elle« oder ein »Schuh«, die als Maßeinheiten der Architektur zugrundelagen? Was bedeutete ein »Sechser«, ein »Taler« und ein »Schock«? Die Zahlen drei, sechs, neun und zwölf, aus uralter Weisheit stammend und auf den Menschen als »Maß aller Dinge« bezogen, wurden durch das abstrakt-intellektuelle Dezimalsystem ersetzt, »Meter« und »Kilometer« sollten bald an die Stelle von »Meile«, »Tagweg« und »Morgen« treten. Nicht alles dies wurde gleich in den Revolutionsjahren geändert, aber mit 1792 wurde der Anfang mit dieser Intellektualisierung der Dinge gemacht, mit denen wir uns bis heute im Alltag umgeben.

In dem neuen Kalender, der jetzt eingeführt wurde, spiegelt sich die Verstandeskultur der Revolutionszeit wider, in der alles berechenbar und unsentimental sein mußte. An dem Sonnenjahr der alten Ägypter mit seinen 365 Tagen wurde nicht gerüttelt. Schließlich lag es ja schon dem Julianischen Kalender der so überaus gepriesenen Römerzeit zugrunde. Aber man wollte die Monatseinteilung klarer und systematischer behandeln. Jede Jahreszeit wurde in drei Monate von je dreißig Tagen eingeteilt. Weil am 21. September der Konvent erstmals zusammentrat und man in der Tag- und Nachtgleiche des Herbstes stand, ließ man den neuen Kalender in der Nacht vom 21. zum 22. September beginnen. Der Herbst wurde vom 22. September bis 20. Dezember angesetzt. Seine drei Monate erhielten in enger Anlehnung an das Naturgeschehen neue Namen: *Vendémiaire* – Weinlesemonat, *Brumaire* – Nebelmonat und *Frimaire* – Reifmonat. Für den Winter, der vom 21. Dezember bis zum 20. März stattzufinden hatte, wurden *Nivose* – Schneemonat, *Ventose* – Windmonat und *Pluviose* – Regenmonat eingeführt. Der dreimonatige Frühling vom 21. März bis zum 18. Juni war mit *Germinal* – Keimmonat, *Floréal* – Blütenmonat und *Prairial* – Wiesenmonat treffend gekennzeichnet worden. Im Sommer vom 19. Juni bis zum 17. September gab es den *Massiodor* – Erntemonat, *Thermidor* – Hitzemonat und *Fructidor* – Fruchtmonat. An den 17. September schlossen sich fünf Festtage der Tugend, Begabung, Arbeit und Belohnung an, im Schaltjahr wurde ein Revolutionsfest gefeiert.

Frankreich hatte sich durch die neue Zeitrechnung in Europa isoliert. Wer mochte jedesmal zu zählen beginnen, wenn er es mit Franzosen zu tun hatte? Auf Befehl Napoleons wurde der Revolutionskalender wieder aufgehoben und ab 1. Januar 1806 der in Europa gebräuchliche Gregorianische Kalender wieder eingeführt.

Die Kanonade von Valmy 1792

Die Revolution zeigt ihre Stärke

Als der Revolutionskalender am 5. Oktober 1792 durchgesetzt wurde, hatte Frankreich die schweren Schläge gerade erst überwunden, die es durch die ersten Militäraktionen von den alten Mächten zugefügt bekommen hatte. Es ging wieder aufwärts, die Revolutionsarmee war dabei, erfolgreich in die linksrheinischen deutschen Gebiete und weiter nach Belgien vorzustoßen.

Als der neugewählte »Konvent« am 2. Oktober erstmals zusammengetreten war, mußten seine Abgeordneten noch um den Fortgang der Revolution bangen. Die Festungen Longwy und Verdun waren von den Truppen des Herzogs von Braunschweig eingenommen worden, die feindliche Armee operierte im Norden und Osten Frankreichs. Doch die Revolutionäre hatten den Mut nicht sinken lassen. Ihre Aufrufe zur Verteidigung des Vaterlandes appellierten an das neugewonnene Nationalgefühl der Franzosen: »Wir sind die Nation«, und nun drängte eine immer größer werdende Zahl von Freiwilligen »an die Front«.

Am 21. September wußten die Konventsmitglieder noch nicht, daß sich tags zuvor die große Wende im Kriegsgeschehen ereignet hatte: die »Kanonade von Valmy«. Dort waren die revolutionären Kampftruppen mit einer zahlenmäßig überlegenen feindlichen Armee zusammengestoßen und hatten ihr standgehalten. Der Vormarsch wurde endgültig gestoppt.

Man muß sich das einmal vorstellen: Bei Valmy standen 80.000 schlecht gekleidete, halbverhungerte und höchst mangelhaft ausgerüstete Soldaten der Revolution den 131.000 Mann bestens gedrillter und gut ausgestatteter Einheiten der Armeen des Herzogs von Braunschweig gegenüber. Hier trafen zwei Welten aufeinander: das *Ancien régime* mit seinen von Aristokraten kommandierten Söldnerbataillonen, deren Soldaten nur zu gerne desertierten, und die Revolutionsarmee mit patriotischen Freiwilligen, die wußten, wofür sie kämpften.

Den ganzen, verregneten Tag hindurch dauerte die Kanonade an, die sich beide Seiten lieferten. Dann zogen die Truppen der alten Mächte ab. Sie »räumten das Feld«, wie man das in der Militärsprache der Zeit nannte. Es war ein Sieg für die Revolution und ihre Soldaten, die nun leichte Eroberungen im linksrheinischen Deutschland machen konnten und überall begeistert begrüßt wurden.

Die »Kanonade von Valmy« ist uns von einem Augenzeugen berichtet worden, der ihre weltgeschichtliche Bedeutung sogleich erkannt hat: Johann Wolfgang von Goethe. Wie es dazu kam, daß er am Frankreichfeldzug teilnahm, geht aus seiner Biographie hervor.

Goethe und die Französische Revolution

Goethe war erst ein gutes Jahr von seiner Italienreise (1786–1788) nach Weimar zurückgekehrt, als die ersten Nachrichten von den Umwälzungen im französischen Königreich nach Deutschland kamen. Für ihn war das wie für viele seiner Zeitgenossen eine ausländische Episode, die das Leben in Deutschland nicht unmittelbar betraf. Sein Herz hing an Rom und an Italien. Der Abschied von dem Land seiner Sehnsucht war ihm sehr schwer gefallen: »Aus Italien, dem formenreichen, war ich in das gestaltlose Deutschland zurückgewiesen, heiteren Himmel mit einem düsteren zu vertauschen; die Freunde, statt mich zu trösten und wieder an sich zu ziehen, brachten mich zur Verzweiflung. Mein Entzücken über entfernteste Gegenstände, mein Leiden, meine Klagen über das Verlorene schien sie zu beleidigen; ich vermißte jede Teilnahme, niemand verstand meine Sprache.«* Man könnte meinen, daß ihn die Ereignisse im revolutionären Paris kaum interessierten.

* aus »Zur Morphologie«, Abschnitt: Schicksale der Handschrift

Klopstock schrieb seine Oden auf die Revolution, Wieland und Herder bekundeten ihre Sympathien mit dem französischen Freiheitsstreben. Goethe aber mußte seit 1788 erst noch die Erfahrungen verarbeiten, die ihm in Italien geschenkt worden waren. Während der Reise hatte ihn seine Liebe zur Natur, zu Steinen, Pflanzen und Tieren nie verlassen und zu neuen Erkenntnissen verholfen. In Rom begeisterte ihn die Größe der antiken Kultur. Während in Frankreich die Nationalversammlung politische Veränderungen schuf, gab er sich seinen Studien zur Farbenlehre, Optik, Mineralogie und Botanik hin. Als Dichter vollendete er 1789 seinen »Torquato Tasso« und muße sich die »Römischen Elegien« von der Seele schreiben. Außerdem war er in diesem weltgeschichtlich ereignisschweren Jahr »so für mich« hingegangen und hatte seine Lebensgefährtin gefunden. Am 25. Dezember 1789 wurde ihm sein Sohn August geboren, das Kind von Christiane Vulpius (1765–1816). Es zog ihn wieder nach Italien, aber er kam 1790 nur bis Venedig und brach hier seine zweite Italienreise ab. Die »Venezianischen Epigramme« entstanden, und am 9. Juli 1790 schrieb er an Karl Ludwig Knebel: »Kaum habe ich mich von meiner Venetianischen Reise erholt, so werde ich zu einer anderen berufen, von der ich mir außer mancherlei Beschwerden viel Vergnügen und Nutzen verspreche. Der Herzog hat mich nach Schlesien berufen, wo ich einmal statt der Steine und Pflanzen die Felder mit Kriegen besät finden werde.«

Der »Herzog«, der hier erwähnt wird, war Goethes Freund und Landesherr KARL AUGUST VON SACHSEN-WEIMAR (1757–1828), der mit dem Königreich Preußen verbündet war und als Regimentskommandeur an Manövern teilnahm. Von »Steinen und Pflanzen« sprach Goethe, weil Knebel seine mineralogischen und botanischen Studien kannte. Seine Arbeit »Über die Metamorphose der Pflanzen« erschien 1790.

Bei allem Waffengeklirr, das seit den Pillnitzer Beschlüssen der Herrscher Österreichs und Preußens (s. S. 85) hörbar war, blieb Goethe gelassen, und gerne übernahm er 1791 die Leitung des Weimarer Hoftheaters. »Ein ruhiges, innerhalb des Hauses und der Stadt zugebrachtes Jahr!« notierte er Ende 1791. »Die freigelegenste Wohnung, in welcher eine geräumige, dunkle Kammer eingerichtet war, auch die anstoßenden Gärten, wo selbst im Freien Versuche jeder Art angestellt werden konn-

ten, veranlaßten mich den chromatischen Untersuchungen ernstlich an-
zuhängen. Ich bearbeitete vorzüglich die prismatischen Erscheinungen,
und indem ich die subjektiven derselben ins Unendliche vermannigfal-
tigte, ward ich fähig, das erste Stück optischer Beiträge herauszugeben,
die mit schlechtem Dank und hohlen Redensarten der Schule beiseite
geschoben wurden...« So stellte sich ihm also das Jahr dar, in dem die
»*Constituante*« auseinandergegangen war und die »Legislative« ihre Arbeit begann.

Immer, wenn es im politischen Leben seiner Zeit hoch herging, suchte
Goethe Zuflucht und Konzentration in seinen naturwissenschaftlichen
Arbeiten. Bei allen Weltereignissen kann man sich täuschen:

Könige wollen das Gute, die Demagogen desgleichen
Sagt man! doch irren sie sich: Menschen, ach sind sie wie wir...

heißt es im 51. seiner »Venezianischen Epigramme«.

Goethe war kein Freund revolutionärer Umstürze. »Wenn sich in der
politischen Welt irgendein ungeheuer Bedrohliches hervortat, so warf
ich mich eigensinnig auf das Entfernteste«, notierte er später am Jahres-
tag der Völkerschlacht von Leipzig (1813). In »Tag- und Jahreshefte«
kann man es nachlesen.

Doch es wäre falsch, wollte man Goethe der Teilnahmslosigkeit an
den französischen Verhältnissen bezichtigen. Am 4. Januar 1824 kam der
alte Herr Geheimrat in einem Gespräch mit Eckermann noch einmal auf
die Revolution zu sprechen, und zwar im Hinblick auf sein kleines Thea-
terstück »Die Aufgeregten« (1794), und betonte, daß »die revolutionären Aufstände der unteren Klassen eine Folge der Ungerechtigkeit der
Großen« sind. Die Französische Revolution ließ ihn nicht kalt, aber er
hat, im Unterschied zu anderen Großen seiner Zeit, gewisse Tendenzen
des Idealisierens und Abstrahierens bei den deutschen Revolutionsenthusiasten abgelehnt oder ironisiert. In der Einschätzung ihrer welthistori-
schen Bedeutung aber war er ihnen weit voraus.

Wie weit er ihnen voraus war, läßt sich aus dem Bericht ersehen, den
Goethe in seiner »Campagne in Frankreich 1792« über die Kanonade von
Valmy gegeben hat. Er hatte seinen Herzog begleitet, als dieser sich an

dem Feldzug (»Campagne«) gegen das revolutionäre Frankreich beteiligte. Selbstverständlich griff Goethe nicht zu den Waffen. Er war immer »Zivilist« und ist es auch geblieben. Als »Geheimrat« und herzoglicher »Minister« war er aber schon im Sommer mit Karl August in das Hauptquartier des preußischen Königs gekommen.

Die »Canonade vom zwanzigsten« schildert er in einem Brief vom 25. Juli an die Herzoginmutter Anna Amalia (1739–1807), also fünf Tage nach dem Geschehen. Er tut das in einer beruhigenden, fast abgeklärten Form, die uns Goethe wiederum als Naturwissenschaftler zeigt. Er schreibt der »durchlauchtigsten Fürstin«:

Nunmehr aber, da wir in das Land der Wunder scheinen gelangt zu sein, fühle ich mich gedrungen, nicht nur von dem, was vorbei, sondern von dem, was gegenwärtig ist, einige Nachricht zu geben.

Des Königs Hauptquartier ist einige Stunden von St. Menehould, einige Meilen von einer alten Verschanzung, welche Attila aufwerfen ließ, und von dem Felde, wo dieser Hunnenkönig eine große Schlacht lieferte. Eine Chaussee der Römer geht nahe hier vorbei, und das Schlachtfeld von Sompy ist auch nicht weit entfernt, und es scheint von jeher diese Gegend zum Schauplatz großer Begebenheiten bestimmt zu sein.

Was uns davon noch mehr überzeugt, ist die sonderbare Entdekkung, daß hier die Kartätschenkugeln auf dem Felde wachsen, eine Erscheinung, die uns sehr in Verwirrung setzte, als wir nach der Canonade vom zwanzigsten auf den Höhen mitten unter zwölf- und vierundzwanzigpfündigen Kanonenkugeln viele kleinere fanden, die kein Artillerist anerkennen wollte und die zuletzt von dem Naturforscher für Naturprodukte erklärt werden mußten. Ich habe davon soviel aufgeladen, daß ich meine Mineralogischen Freunde damit werde versehen können, wovon ich Herrn v. Knebel und Herrn Voigt Nachricht zu geben bitte.

Ferner scheint die Natur diese Gegenden von Urzeiten her zu Schlachtfeldern bestimmt zu haben, weil sie ihnen nicht den mindesten Reiz verliehen. Flache, nur mäßig fruchttragende Hügel und Flächen ziehen sich weit und breit an einander, kaum daß man einen

Baum oder einen Busch sieht, da sich die Dörfchen mit ihrem sparsamen Holze in die Gründe verstecken. Überhaupt habe ich für den ästhetischen Sinn meines Auges wenig Genuß gehabt. Seit Trier habe ich nur allenfalls ein Dutzend Gegenstände gesehen, die zur höchsten Not zu solchen Landschaften taugten, wie man sie ehemals aus Nürnberg zur Qual der Anfänger in der Zeichenkunst erhielt.

Zwar ists möglich, daß das höchst üble Wetter mir oft die Augen zugeschlossen, der Nebel manches sehenswürdige verdeckt hat. Denn es hat die böse Witterung uns mehr als alles andre Übel gepeinigt, ja manchmal der Verzweiflung nahe gebracht, besonders da sie uns meist auf dem Marsche und bei jeder wichtigen Unternehmung überfiel...

Aus diesem Brief kann man schließen, daß Goethe gerade die Niederlage von Valmy hautnah erlebt hatte.

»Eine neue Epoche der Weltgeschichte«

In seiner »Campagne in Frankreich 1792« schildert er die Vorgänge beim Kampf der Revolutionsarmee gegen die Heere der Verbündeten ganz anders. Da heißt es:

Wir hielten auf der Chaussee von Châlons an einem Wegweiser, der nach Paris deutete. Diese Haupstadt also hatten wir im Rücken, das französische Heer aber zwischen uns und dem Vaterland. Stärkere Riegel waren vielleicht nie vorgeschoben, demjenigen höchst apprehensiv, der eine genaue Karte des Kriegstheaters nun seit vier Wochen unablässig studierte...

Von jeder Seite wurden an diesem Tage zehntausend Schüsse verschwendet, wobei auf unserer Seite nur zweihundert Mann und auch diese ganz unnütz fielen. Von der ungeheuren Erschütterung klärte sich der Himmel auf: denn man schoß mit Kanonen völlig als wär es Pelotonfeuer, zwar ungleich, bald abnehmend. Nachmittags ein

Uhr, nach einiger Pause, war es am gewaltsamsten, die Erde bebte im ganz eigentlichsten Sinne, und doch sah man in den Stellungen nicht die mindeste Veränderung. Niemand wußte, was daraus werden sollte.

Ich hatte so viel vom Kanonenfieber gehört und wünschte zu wissen, wie es eigentlich damit beschaffen sei. Langeweile und ein Geist, den jede Gefahr zur Kühnheit, ja zur Verwegenheit aufruft, verleiteten mich, ganz gelassen nach dem Vorwerk La Lune hinaufzureiten. Dieses war wieder von den Unsrigen besetzt, gewährte jedoch einen gar wilden Anblick. Die zerschossenen Dächer, die herumgestreuten Weizenbündel, die darauf hie und da ausgestreckten tödlich Verwundeten, und dazwischen noch manchmal eine Kanonenkugel, die sich herüberverirrend in den Überresten der Ziegeldächer klapperte.

Ganz allein, mir selbst gelassen, ritt ich links auf den Höhenweg und konnte deutlich die glückliche Stellung der Franzosen überschauen; sie standen amphitheatralisch in größter Ruhe und Sicherheit, Kellermann jedoch auf dem linken Flügel eher zu erreichen...

Ich war nun vollkommen in die Region gelangt, wo die Kugeln herüberspielten; der Ton ist wundersam genug, als wär er zusammengesetzt aus dem Brummen des Kreisels, dem Butteln des Wassers und dem Pfeifen eines Vogels. Sie waren weniger gefährlich wegen des feuchten Erdbodens; wo eine hinschlug, blieb sie stecken...

Unter diesen Umständen konnte ich jedoch bald bemerken, daß etwas Ungewöhnliches in mir vorgehe; ich achtete genau darauf, und doch würde sich die Empfindung nur gleichnisweise mitteilen lassen. Es schien, als wäre man in einem sehr heißen Orte, und zugleich von derselben Hitze völlig durchdrungen, so daß man sich mit demselben Element, in welchem man sich befindet, vollkommen gleich fühlt. Die Augen verlieren nichts an ihrer Stärke noch Deutlichkeit; aber es ist doch, als wenn die Welt einen gewissen braunrötlichen Ton hätte, der den Zustand sowie die Gegenstände noch apprehensiver macht. Von Bewegung des Blutes habe ich nichts bemerken können, sondern mir schien vielmehr alles in jener Glut verschlungen zu sein. Hieraus erhellet nun, in welchem Sinne man diesen Zustand ein Fieber nennen könne. Bemerkenswert bleibt es indessen, daß jenes gräßlich Bängliche nur durch die Ohren zu uns gebracht wird; denn der Kanonendonner, das Heulen, Pfeifen, Schmettern der Kugeln durch die Luft ist doch eigentlich Ursache an diesen Empfindungen.

Als ich zurückgeritten und völlig in Sicherheit war, fand ich bemerkenswert, daß alle jene Glut sogleich erloschen und nicht das mindeste von einer fieberhaften Bewegung übriggeblieben sei. Es gehört übrigens dieser Zustand unter die am wenigsten wünschenswerten; wie ich denn auch unter meinen lieben und edlen Kriegskameraden kaum einen gefunden habe, der eigentlich leidenschaftlichen Trieb hiernach geäußert hätte.

So war der Tag hingegangen; unbeweglich standen die Franzosen, Kellermann hatte auch einen bequemern Platz genommen; unsere Leute zog man aus dem Feuer zurück, und es war eben, als wenn nichts gewesen wäre. Die größte Bestürzung verbreitete sich über die Armee. Noch am Morgen hatte man nicht anders gedacht, als die sämtlichen Franzosen anzuspießen und aufzuspeisen, ja mich selbst hatte das unbedingte Vertrauen auf ein solches Heer, auf den Herzog von Braunschweig zur Teilnahme an dieser gefährlichen Expedition gelockt; nun aber ging jeder vor sich hin, man sah sich nicht an, oder wenn es geschah, so war es, um zu fluchen oder zu verwünschen. Wir hatten, eben als es Nacht werden wollte, zufällig einen Kreis geschlossen, in dessen Mitte nicht einmal wie gewöhnlich ein Feuer konnte angezündet werden, die meisten schwiegen, einige sprachen, und es fehlte doch eigentlich einem jeden Besinnung und Urteil. Endlich rief man mich auf, was ich dazu denke, denn ich hatte die Schar gewöhnlich mit kurzen Sprüchen erheitert und erquickt; diesmal sagte ich: »Von hier und heute geht eine neue Epoche der Weltgeschichte aus, und ihr könnt sagen, ihr seid dabeigewesen.«

Außer Goethe hat damals wohl kein anderer deutscher Schriftsteller oder Dichter so klar erkannt, was am 20. September 1792 geschehen war. »Kanonaden« hatte es oft gegeben, und nach der Einstellung des Bombardements zogen die Gegner sich zurück, zählten die Verluste und beschlossen, wie es weitergehen sollte. Das Treffen von Valmy war unentschieden ausgegangen. Und doch traten die Truppen des Herzogs von

Braunschweig den Rückzug an. Die Tatsache, daß im Heer der Verbündeten Typhus ausgebrochen sei, war nur eine dürftige Ausrede für den
übereilten Rückzug aus Frankreich. In Wirklichkeit hatte die Revolution
der Übermacht der Feinde standgehalten. Das hat Goethe als ein epochales Ereignis gewertet: »Von hier und heute geht eine neue Epoche der
Weltgeschichte aus.«

Dieser Satz, mit dem er vorausahnend die Geschicke des 19. Jahrhunderts erfaßte, steht heute in jedem Schulgeschichtsbuch, und je nach der
politischen Auffassung der Lehrer wird er als Bejahung der Revolution
oder als deren Ablehnung gedeutet. Das sollte Veranlassung sein, Goethes Einstellung etwas nachzugehen.

Goethe hatte aus seinen naturwissenschaftlichen Studien die Überzeugung gewonnen, daß alle Entwicklungsprozesse organisch und evo-
lutionär ablaufen. Schon aus diesem Grunde konnte er nicht für die
Revolution von 1789 sein. Aber er war auch kein Parteigänger der Konterrevolution. Die Wiederherstellung alter Verhältnisse war seinem
evolutionären Denken zuwider. Dreißig Jahre nach dem Niedergang
der Revolution kam er in einem Gespräch mit Eckermann am 4. Januar
1824 auf sein »Revolutionsstück«, »Die Aufgeregten«, zu sprechen und
sagte von ihm:

Ich schrieb es zur Zeit der Französischen Revolution..., und man
kann es gewissermaßen als mein politisches Glaubensbekenntnis jener
Zeit ansehen. Als Repräsentanten des Adels hatte ich die Gräfin hingestellt und mit den Worten, die ich ihr in den Mund gelegt, ausgesprochen, wie der Adel eigentlich denken soll. Die Gräfin kommt soeben
aus Paris zurück, sie ist dort Zeuge der revolutionären Vorgänge gewesen und hat daraus für sich selbst keine schlechte Lehre gezogen. Sie
hat sich überzeugt, daß das Volk wohl zu drücken, aber nicht zu unterdrücken ist und daß die revolutionären Aufstände der unteren Klassen
eine Folge der Ungerechtigkeiten der Großen sind. Jede Handlung,
die mir unbillig scheint, sagte sie, will ich künftig streng vermeiden,
auch werde ich über solche Handlungen anderer, in der Gesellschaft
und bei Hofe, meine Meinung laut sagen. Zu keiner Ungerechtigkeit
will ich mehr schweigen, und wenn ich auch unter dem Namen einer

Demokratin verschrieen werden sollte. – Ich dächte, fuhr Goethe fort, diese Gesinnung wäre durchaus respektabel. Sie war damals die meinige und ist es noch jetzt.

Daraus ersieht man, »daß Goethe die Revolution als Folge von Ungerechtigkeit und Unterdrückung deutete. Revolutionen sind für ihn Schuld schlechter Regierungen. Er war der Meinung, man könne ein Volk zeitweilig unterdrücken, aber nicht auf Dauer. Die Revolution sei vermeidbar, wenn die Regierung gut sei, ähnlich etwa den Regierungen Friedrichs II. von Preußen oder Josephs II. von Österreich.« (R. Steigerwald)

Die Revolution, die im Zeichen von »Freiheit und Gleichheit« begonnen hatte, war freilich auch von anderen großen Deutschen begrüßt worden, aber sie waren nicht in der Lage, ihren Eindruck in einem einzigen Satz zusammenzufassen. Klopstock, Wieland, Knebel und Herder haben nach 1789 ihre Sympathien für die Befreiung des Individuums aus den Fesseln des Absolutismus hymnisch zum Ausdruck gebracht. Doch was sich in einer ganz gewöhnlichen Kanonade erfahren ließ, das konnte nur Goethe in einen einzigen Satz fassen.

Andere haben das Revolutionsereignis viel gefühlsbetonter und leidenschaftlicher aufgenommen als Goethe. Sie sprachen nicht von den weltgeschichtlichen Ausmaßen eines einmaligen militärischen Geschehens; sie ließen sich von persönlich gefärbten Gefühlswallungen hinreißen. So war GOTTFRIED AUGUST BÜRGER (1747–1794), der Dichter der »Lenore«, vor allem von der sozialen und nationalen Komponente der Revolution ergriffen und übertrug sie auf sein deutsches Volk. Einige seiner glühenden Verse können stellvertretend für die Empfindungen vieler Deutscher jener Tage stehen:

> Für wen, du gutes deutsches Volk
> Behängt man dich mit Waffen?
> Für wen läßt du von Weib und Kind
> Und Herd hinweg dich raffen?
> Für Fürsten und für Adelsbrut,
> Und fürs Geschmeiß der Pfaffen.

War's nicht genug, ihr Sklavenjoch
Mit stillem Sinn zu tragen?
Für sie im Schweiß des Angesichts
Mit Fronen dich zu plagen?
Für ihre Geißel sollst du nun
Auch Blut und Leben wagen?

Sie nennen's Streit fürs Vaterland,
In welchen sie dich treiben.
O Volk, wie lange wirst du blind
Beim Spiel der Gaukler bleiben?
Sie selber sind das Vaterland,
Und wollen gern bekleiben.

»Fürsten« und »Adelsbrut«, »Geschmeiß der Pfaffen« und »Sklavenjoch« sind Worte, die aus der Französischen Revolution nach Deutschland herübergekommen waren. Deutlicher läßt sich kaum ausdrücken,
wie sehr sich die Grundstimmung der Franzosen bereits auf ihre deutschen Nachbarn ausgewirkt hatte.

Zweite Phase
der Revolution 1792–1795

Freiheit – wofür?

Nach der Kanonade von Valmy und der Proklamation der Republik im September 1792 trat die Revolution in eine neue Phase ein. Sie begann mit der Herrschaft der »Girondisten« in dem aus allgemeinen und freien Wahlen hervorgegangenen Nationalkonvent und endete in der Schrekkensherrschaft, dem »*terreur*« des jakobinischen Wohlfahrtsausschusses. Die Ereignisse begannen sich nach der Absetzung des Königs zu überschlagen. Unter dem Druck der ausländischen Mächte mußte das Ideal der individuellen Freiheit verblassen. Die Massen wurden mobilisiert, und damit wurde die »Gleichheit aller Menschen« fortan wichtiger als die Freiheit. Die Revolution veränderte ihren Charakter. In der neueren französischen Geschichtsforschung spricht man daher auch von der sog. »*Revolution de la liberté*«, die von 1789 bis 1792 dauerte und mit der Auflösung der verfassunggebenden Versammlung endete. Ihr läßt man die »*Revolution de l'égalité*« folgen, die die Jahre 1792 bis 1794 prägte.

In der Tat waren die beiden ersten Jahre nach dem Ballhausschwur ganz vom Ideal der *liberté* beflügelt. Bei allen Maßnahmen, die in der *Assemblée nationale constituante* beschlossen wurden, ging es vor allem um die Befreiung von Bindungen und Beschränkungen, die dem Gefüge der alten Ordnung angehörten, es zusammenhielten und die Individualrechte ausklammerten. Die Freiheit wurde 1789 »feuertrunken« erobert.

Doch die Freiheit trägt immer ein doppeltes Gesicht. Im politischstaatlichen Leben geht es um eine Freiheit, die man als »Freiheit wovon?« bezeichnen kann: Von den Feudallasten, von den Zwängen der Ständegesellschaft, vom Absolutismus des Regimes, von den Eingriffen der Kirche in das Leben des einzelnen hatte man sich befreit. Aber nach solcher Befreiung tritt plötzlich eine neue Form der Freiheit auf, die »Freiheit wofür?«. Freigeworden müssen die Menschen entscheiden, was sie mit der Freiheit anfangen wollen. Und nun zeigte sich, daß es leichter ist zu sagen »alle Menschen sind frei« als »alle Menschen sind gleich«.

Nach der Errichtung der Republik sollte die *liberté*, die Freiheit von jahrhundertealten Traditionen und Beschränkungen, in die Verwirklichung des Prinzips der *égalité*, der Gleichheit aller, münden. Die »Freiheit wofür?« forderte nun ihr Recht. Wozu war man frei geworden? Was ergab sich aus den Freiheitsrechten für die neue Gesellschaft? Um diese Frage drehte sich alles, was nach 1792 den Fortgang der Revolution bestimmte. So kann die zweite Phase der Revolution mit Recht als »*Revolution de l'égalité*« bezeichnet werden. Sie beginnt 1792 und findet ihr Ende mit der Hinrichtung Robespierres am 10. *Thermidor*, am 28. Juli 1794.

Der Egalitarismus, vorangetrieben durch die Jakobiner und gefördert von den Kriegsereignissen seit dem Sommer 1792, trat nun in den Vordergrund des revolutionären Geschehens. Jetzt waren es nicht mehr die fortschrittlich denkenden Aristokraten und Großbürger, die die *liberté* 1789 auf die Bahn gebracht hatten, sondern es waren die kleinbürgerlichen Advokaten und Journalisten, die Lehrer und Zeitungsschreiber, die »Sansculotten«, die alle als »Feinde der Gleichheit und des Volkes« attackierten, von denen nicht zu erwarten war, daß sie sich ohne weiteres der Volkssouveränität unterwarfen. Und wo blieb bei alldem die *fraternité*, die Brüderlichkeit, von der man 1789 so lautstark gesprochen hatte?

Rudolf Steiner hat in einem Vortrag am 19. Oktober 1918 gesagt:

Die französische Revolution, sie bringt herauf drei, man kann sagen allerberechtigste Impulse des menschlichen Lebens: das Brüderliche, das Freiheitliche, das Gleiche. Aber ich habe es schon einmal bei einer anderen Gelegenheit charakterisiert, wie widersprechend der eigentlichen Menschheitsentwicklung innerhalb der französischen Revolution diese Dreiheit auftrat: Brüderlichkeit, Freiheit, Gleichheit. Man kann, wenn man mit der menschlichen Entwicklung rechnet, von diesen Dreien, von Brüderlichkeit, Freiheit, Gleichheit, nicht sprechen, ohne daß man in irgend einer Beziehung von den drei Gliedern der Menschennatur spricht. In bezug auf das leibliche Zusammenleben der Menschen muß die Menschheit allmählich gerade im Zeitalter der Bewußtseinsseele aufsteigen zu einem brüderlichen Element. Es würde einfach ein unsagbares Unglück und eine Zurückwerfung sein in der Entwicklung, wenn man am Ende des fünften nachatlantischen Zeitraumes, des Zeitraumes der Bewußtseinsseele, nicht wenigstens bis zu einem hohen Grade unter den Menschen die Brüderlichkeit ausgebildet hätte.

Aber die Brüderlichkeit kann man nur richtig verstehen, wenn man sie angewiesen denkt auf das Zusammenleben von Menschenleib zu Menschenleib im physischen Sein. Steigt man aber herauf zum Seelischen, dann kann die Rede sein von der Freiheit. Man wird immer im Irrtum drinnen leben, wenn man glaubt, daß sich die Freiheit irgendwie realisieren läßt im äußeren, leiblichen Zusammenleben; aber von Seele zu Seele läßt sich Freiheit realisieren. Man darf nicht den Menschen chaotisch als eine Mischmasch-Einheit auffassen und dann von Brüderlichkeit, Freiheit und Gleichheit sprechen, sondern man muß wissen, daß der Mensch gegliedert ist in Leib, Seele und Geist, und muß wissen: Zur Freiheit kommen die Menschen nur, wenn sie in der Seele frei werden wollen. Und gleich sein können die Menschen in Bezug auf den Geist. Der Geist, der uns spirituell ergreift, der ist für jeden derselbe. Er wird angestrebt dadurch, daß der fünfte Zeitraum, die Bewußtseinsseele nach dem Geist selbst strebt.

Daß in der Französischen Revolution »allerberechtigtste Impulse des menschlichen Lebens« aufkamen, ist das eine, ein anderes ist es, daß diese Impulse durcheinandergeworfen wurden. Man konnte nicht alles gleichzeitig haben. In seinem Bemühen um die »Dreigliederung des sozialen Organismus« hat Rudolf Steiner die Losungen von 1789 differenziert und ihnen ihren jeweiligen Platz im Geistes-, Rechts- und Sozialleben angewiesen. Doch wäre es falsch, wenn man meint, er habe die Dreigliederung aus der Französischen Revolution abgeleitet. Das war nicht der Fall. Die Dreigliederungsidee, auf die hier nicht näher eingegangen werden kann, entsprang seinem Wissen um die Dreiheit des menschlichen

Wesens als Leib, Seele und Geist. Wenn Freiheit, Gleichheit und Brüderlichkeit als Parolen auch 1789 aufkamen, so wurden sie doch nicht aus
einer geistgemäßen Erkenntnis des dreigegliederten Menschen erfaßt
und formuliert. Sie wurden rein verstandesmäßig als Ergebnis abstrakter
philosophischer Gedanken des Aufklärungszeitalters aufgegriffen und
formuliert.

Es ist deshalb auch nicht verwunderlich, wenn die *fraternité* bald schon
vergessen wurde und nach dem vermeintlichen Gewinn der *liberté* das
Ringen um die *égalité* einsetzte. Ein heftiger Kampf der Revolutionäre
untereinander entzündete sich an dem Begriff der Gleichheit und hat die
zweite Phase der Revolution beherrscht.

Politische Parteien und Klubs

Schon während der ersten Phase der Revolution hatten sich in Paris und
bald auch in den französischen Departements politische Parteien und
Klubs gebildet. Politische Parteien im modernen Sinn waren es allerdings nicht. Sie hatten kein Programm und keine Satzung, und man
konnte ihnen auch nicht beitreten. Es handelte sich vielmehr um Gruppierungen, die sich nach ihrer wirtschaftlichen und sozialen Herkunft
unterscheiden lassen.

So gab es die »Girondisten«, die nach dem Departement Gironde benannt wurden, wo man sie als Deputierte für die zweite, die legislative
Nationalversammlung 1791 gewählt hatte. Sie glaubten an die Freiheit,
aber unter Gleichheit verstanden sie eigentlich nur die Rechtsgleichheit.
Allerdings gingen sie davon aus, daß den von Natur aus ungleichen
Menschen eine Möglichkeit, eine *»chance«* geboten werden müsse, ihre
Persönlichkeit zu entfalten. Aufgrund dessen unterstützten sie die Staats-
philosophie Montesquieus, die ja auch die amerikanische Verfassungs-
wirklichkeit prägte. Rousseaus »Gesellschaftsvertrag« dagegen stand ihnen fern.

Zu den girondistischen Führern gehörten JACQUES PIERRE BRISSOT
(1754–1793) und JEAN-MARIE ROLAND (1732–1795), die als Vertreter des

117

Großbürgertums, der Geschäfts- und Handelsbourgeoisie Anhänger der konstitutionellen Monarchie waren. Beide waren von Ludwig XVI. zu Ministern ernannt worden. Roland brachte Ludwig XVI. dazu, Österreich den Krieg zu erklären, und Brissot faßte die bevorstehende Campagne als »Kreuzzug der individuellen Freiheit« auf. Die Massen des Volkes aber fühlten, daß die erste Bedingung für den Sieg über die Verbündeten Energie und Umsicht bei den Führern des Staates sein müsse. Beides vermißten sie bei den Girondisten, auch wenn diese sich als »Patrioten« und »wahre Revolutionäre« ausgaben. Als Befürworter einer gemäßigten Monarchie wandten sie sich entschieden gegen die »*Revolution de l'égalité*«, waren sie doch nur durch das undemokratische Zensuswahlrecht in die zweite Nationalversammlung gekommen. Die Girondisten besaßen die Mehrheit im Parlament, der Kammer, republikanisch Gesinnte befanden sich bei ihnen in der Minderheit, und Royalisten waren in der Legislative nicht mehr vertreten.

Als nun die Revolution mehr und mehr die unteren Schichten erfaßte, die Pariser Handwerker und Arbeiter in Bewegung kamen, grenzten sich die Girondisten entschieden gegen sie ab. Die Verfassung von 1791 hatte den kleinen Leuten nichts gebracht. Sie hatten weder politische Rechte erhalten, noch hatte sich ihre wirtschaftliche Lage gebessert. Freiheit, Gleichheit und Brüderlichkeit? Davon bemerkten die unteren Schichten nichts. Der Ruf nach einer neuen Verfassung wurde laut, und die Legislative mußte Wahlen zu einem republikanischen »Nationalkonvent« ausschreiben. Nun begann die große Zeit der »Sansculotten«, die sich in den Pariser »Sektionen« (Stadtteilen) zusammenschlossen. Sie wurden zum verlängerten Arm des Jakobinerklubs.

Was war nun aber der Sansculottismus, was waren die Jakobiner?

Als Sansculotten – die ohne Kniehosen – hatten Geistliche und Adlige die nach Gleichheit rufenden Revolutionäre verspottet, so wie die holländischen Geusen einst von den Spaniern verspottet worden waren. Aus Protest gegen die alte Standesordnung zogen sich immer mehr bürgerliche Männer die langen Hosen, die *pantalons* der Arbeiter an. Die noch im Rokoko weit verbreitete Kniehose kam aus der Mode, und bis heute hat sich daran nichts geändert. Auch die lange Herrenhose ist ein Kind der Französischen Revolution.

»Sansculottismus« ist die Bezeichnung für die in Permanenz tagenden Versammlungen der 48 Sektionen in der Pariser *Commune,* dem Gemeinderat. Sie wurden von den Jakobinern organisiert und geleitet.

Die Jakobiner waren einer der Klubs, die nach 1789 entstanden waren, um außerhalb der Nationalversammlung die Probleme der gesellschaftlichen Umwälzung zu debattieren. Die Geschichte der Jakobiner spiegelt die ganze Geschichte der Revolution wider. Sie begann damit, daß sich Adlige, Geistliche und Bürger regelmäßig im Klub trafen und, erfüllt von Rousseauschen Gedanken, Kenntnissen römisch-antiker Rhetorik und staatsrechtlichen Theorien, heftigste Reden über die Umwertung aller Dinge hielten. Adlige und Geistliche zogen sich nach und nach zurück, übrig blieben die radikalen Verfechter der revolutionären Tugenden von Gerechtigkeit und Gleichheit.

Wenn man an die Reden denkt, die im Jakobinerklub gehalten wurden, ist man geneigt, die Schatten mittelalterlicher Dominikaner hinter den erregten Revolutionären zu sehen; denn das ehemalige Dominikanerkloster St.-Jacob war die Versammlungsstätte der Jakobiner. Man mag sich dann daran erinnern, daß aus dem Orden des heiligen Dominikus nicht nur die großen Denker der scholastischen Philosophie hervorgegangen sind, nicht nur Albertus Magnus und Thomas von Aquin, sondern auch die schrecklichen Ketzerrichter des Mittelalters, die nach langen Inquisitionsverfahren Andersdenkende auf den Scheiterhaufen brachten.

Der Klub der Jakobiner hatte seinen »Reinigungstag«, d. h. die Mitglieder mußten geradezu inquisitorische Fragen beantworten: Was waren sie vor der Revolution? Was taten sie während der Revolution? Wie groß war ihr Vermögen vor der Revolution? Wie groß ist es heute? So kam es, daß die Jakobiner zu einer prinzipientreuen Phalanx der Revolution wurden. »Tugend und Vernunft« war die Maxime von MAXIMILIEN ROBESPIERRE (1758–1794), der als der »Unbestechliche« galt und bald zum Präsidenten des Klubs erkoren wurde.

Die Gemäßigteren unter den Revolutionären des Jahres 1789 trennten sich vom Jakobinerklub. Sie tagten in einem ehemaligen Zisterzienserkloster und trugen den Namen »*Feuillants*«, wie auch die mittelalterlichen Zisterzienser genannt worden waren. Mit der Gleichheitsparole nahm es dieser Klub nicht gar zu ernst. Zu viele Vertreter der liberalen Aristokratie und des Klerus waren dort vereinigt; und so gingen die Sansculotten gegen sie vor, die kleinen Ladenbesitzer, Gesellen und Arbeiter aus den Armenvierteln. Die »Feuillants« wurden auseinandergejagt.

Ein anderer Klub waren die »Cordeliers« (Strickträger). Auch sie hatten sich 1790 von den Jakobinern gelöst und versammelten sich in der Kapelle eines früheren Franziskanerklosters. »Strickträger« nannte man in Frankreich die Mönche vom Orden des heiligen Franziskus, und so ließen sich auch die Revolutionäre nennen, die sich um GEORGES DANTON (1759–1794) und JEAN PAUL MARAT (1743–1793) scharten. Sie hatten sich separiert, weil die dauernd theoretisierenden Jakobiner ihnen unerträglich geworden waren. Marat genoß als Arzt die Liebe der Armen, Danton kämpfte für die égalité. Gegen beide wurde von der königlichen Regierung ein Haftbefehl erlassen, doch sie konnten sich mit Hilfe der Sansculotten verbergen und entkommen.

In den Klubs der Cordeliers und Jakobiner wurde der Gleichheitsgedanke praktiziert, und sie sorgten auch dafür, daß die Pariser Volksmassen ihn zu ihrem Kampfruf machten. Der Jakobiner und volkstümliche Journalist JACQUES RENÉ HÉBERT (1757–1794) attackierte die Girondisten als »Feinde der Gleichheit« und trug wesentlich dazu bei, daß die Pariser Bevölkerung am 10. August 1792 in die Tuilerien eindrang und die Republik ausgerufen werden konnte, mitten im Krieg, der seit dem Sommer in Gang gekommen war. Robespierre hat sich übrigens gegen die Kriegserklärung der girondistischen Regierung gewandt und sie in einer Rede vor der Legislative als Schwächung der Revolution verurteilt. Leidenschaftlich forderte er die Verwirklichung der égalité und die Vernichtung der Tyrannei im Innern, bevor ein einziger französischer Soldat in den Krieg ziehen dürfe. Marat war mit ihm der gleichen Meinung. Aber sie hatten sich geirrt. Zwanzigtausend Freiwillige kamen unter den Klängen der Marseillaise nach Paris, der König war gefangengesetzt worden, und die Kanonade von Valmy brachte die Wende des Krieges.

»Daß in diesem rasenden Gang der Dinge jede Partei, jede Fraktion ihre Illusionen hatte, wer könnte das leugnen«, schrieb Valeriu Marcu

in den »Reden Robespierres«. »Die Feuillants, die gemäßigten Monarchisten, schwärmten für eine ruhige und gemäßigte Monarchie, die
Girondisten von einer Republik der Weisen, die linken Jakobiner von
einer Souveränität der ärmsten Volksschichten, die Hébertisten von einer durch die Gleichheit des Besitzes gesicherten Republik; und jede
dieser Fraktionen ging mit ihren Illusionen zum Schafott und umarmte
den Tod mit dem Glauben an die Richtigkeit und Unsterblichkeit ihrer
Ideen.«

Solche Charakterisierung der Träger der Revolution und des »rasanten
Gangs der Dinge« läßt uns folgern, daß die Meinungen, Überzeugungen
und Zielsetzungen der verschiedenen Gruppen oft hart aufeinanderge-
stoßen sein müssen. Das hatte sich schon in der Nationalversammlung in
der Zeit zwischen dem 1. Oktober 1791 und dem 20. September 1792
gezeigt und mehr noch in dem neugewählten Nationalkonvent, der nach
der Abschaffung des Königtums das Jahr 1 der Republik proklamierte.
Der Nationalkonvent (»convention nationale«), der von Anfang an im
Zeichen des Krieges stand, ging übrigens, entgegen einer landläufigen
Meinung, nicht auf eine Idee der Jakobiner zurück, sondern auf eine Forderung der Cordeliers. Sie waren es, die schon am 15. Juli 1792, also
lange vor dem Einfall der Interventionstruppen des Herzogs von Braunschweig, an der Legislative scharfe Kritik geübt hatten und einen »Konvent« an ihre Stelle setzen wollten.

Ob aber Legislative oder Konvent, in beiden Einrichtungen standen
sich zwei republikanische Parteien gegenüber, die auf Leben und Tod
miteinander verfeindet waren: die Girondisten und die Jakobiner – wobei
man berücksichtigen muß, daß unter den Begriff Jakobiner bald auch die
Cordeliers, Hébertisten und andere Gruppierungen summiert wurden.
Jakobinisch beeinflußt war die »Berg«-Partei des jeweiligen Parlaments.
Ihren Namen »Montagne« trug sie aufgrund der Sitzordnung, die ihr die
höheren Plätze im Versammlungsraum zuwies, wogegen die gepflegten
Herren der »Gironde« in der »Plaine« (Ebene – bald auch Sumpf genannt),
also in der ganzen Breite des Fonds Platz nehmen konnten.

Die Berg-Partei, oft auch nur als »der Berg« bezeichnet, hielt engen
Kontakt zu den in Permanenz tagenden »Sektionen« der Pariser Commune, wodurch sie imstande war, die revoltierende Bevölkerung von

Paris jederzeit gegen die Girondisten zu mobilisieren. Die Sektionen erhoben den Anspruch auf Volkssouveränität und direkte Demokratie, schließlich forderten sie auch das Recht, die vom Nationalkonvent beschlossenen Gesetze und Maßnahmen zu kontrollieren, ja sogar über die Absetzung von gewählten Konventsmitgliedern zu entscheiden. Das ist es, was Marcu vom »rasanten Gang der Dinge« sprechen ließ.

Nationalkonvent und neue Verfassung

Der in sich zerstrittene Nationalkonvent, der erstmals zusammentrat, als die feindlichen Heere in Frankreich eingefallen waren und die Kanonade von Valmy stattgefunden hatte, mußte es trotz des Vormarsches der republikanischen Truppen erleben, daß die französische Republik dieselben Feinde hatte wie ehedem das französische Königtum, nämlich Österreich und England.

Jahrhundertelang war durch die englische Gleichgewichtspolitik immer ein Bündnis zwischen London und Wien zustandegekommen, sobald Österreich von deutschen oder ausländischen Feinden bedroht war. Nur zur Zeit Friedrichs d. Gr. war im Siebenjährigen Krieg ein »Umsturz der Bündnisse« zustandegekommen. England hatte gegen Österreich Stellung bezogen und Preußen unterstützt, nicht zuletzt lag auch darin eine Fortsetzung der britischen Politik der *»balance of power«* auf dem Kontinent und war so das mit Österreich verbündete Frankreich in Schach gehalten worden.

Nach Ausbruch der Revolution und dem Vordringen der revolutionären Truppen nach Belgien und Holland regte sich bei den Briten sofort der alte Gleichgewichtsgedanke. England hatte dank seiner Insellage den Übergriff der revolutionären Gedanken nicht so unmittelbar zu befürchten wie andere europäische Staaten. Dennoch entstand unter dem Einfluß von EDMUND BURKE (1729–1797) eine grundsätzliche Gegnerschaft zur Französischen Revolution. In seinem Buch »Gedanken über die Revolution in Frankreich« – das bereits 1790 in London erschien und 1793 in der deutschen Übersetzung von Friedrich Gentz in Berlin gedruckt wurde – bestritt Burke den Franzosen das Recht, sich mit ihrer Revolution auf die englische Verfassung zu berufen. Er zog aus der Betrachtung der englischen Staatsentwicklung vielmehr die Lehre vom allmählichen Wachstum einer Verfassung und entwickelte eine konservative Staatslehre. Eine Verfassung könne nicht »abgeschrieben« werden, auch nicht auf der Spitze von Bajonetten anderen Völkern oktroyiert werden.

Die Bedeutung des britischen Konservativismus auf dem Kontinent sollten die französischen Revolutionäre bald zu spüren bekommen. Nachdem König Ludwig XVI. am 21. Januar 1793 hingerichtet worden war, brach England die diplomatischen Beziehungen zu Frankreich ab und trat kurz danach dem österreichisch-preußischen Bündnis bei. Damit waren die Weichen für den ersten Koalitionskrieg gegen Frankreich gestellt worden. Die Franzosen sahen sich von allen Seiten eingekreist: Österreich und Preußen auf dem Kontinent, England mit seiner Seemacht an den Küsten und schließlich auch noch Spanien, das an der Pyrenäengrenze der wachsenden Zahl royalistisch gesinnter, gegenrevolutionärer Kräfte Hilfe leistete. Dabei war die Revolution im Innern noch keineswegs zum Abschluß gekommen. Der Konvent mußte also ständig mit den äußeren Feinden rechnen, während er im Innern die Revolution gegen royalistische Kräfte verteidigen mußte, die vom Ausland unterstützt wurden.

Wie wenig der Konvent imstande war, die inneren Verhältnisse zu stabilisieren, läßt sich am Verhalten des Generalleutnants Dumouriez und an den Aufständen in der Vendée erkennen, wo im März 1793 ein antirevolutionärer Bürgerkrieg gegen den Konvent entflammt war.

CHARLES FRANÇOIS DUMOURIEZ (1739–1823), der seine Offizierskarriere schon unter König Ludwig XV. begonnen hatte, war 1789 bei Einberufung der *État généraux* von den Ereignissen ergriffen worden, hatte sich der Revolution angeschlossen und übernahm nach der Kanonade von Valmy den Oberbefehl über das französische Heer, das über die Rheinlande bis nach Flandern vorstoßen konnte. Wie La Fayette ein Anhänger des Gedankens an eine konstitutionelle Monarchie, war auch er zutiefst betroffen, als der König am 10. August 1792 gefangengesetzt wurde. Er trug sich mit Plänen zur Befreiung Ludwigs XVI., mußte sie aber aufgeben, weil ihn die militärischen Ereignisse des Winterfeldzugs

1792/93 beim Heer hielten. Seine schwankende Haltung zwischen dem nationalen Interesse der »*Grande Nation*« und den Befehlen, die ihm inzwischen der Nationalkonvent erteilte, ließ ihn Anschluß an die Girondisten suchen. Als er aber am 18. März 1793 bei Neerwinden eine Schlacht gegen die Österreicher verlor, wurde er zu einem bei allen Parteien verhaßten Mann. Nach der Niederlage von Neerwinden lief er, seinen Sturz voraussehend, zu den Österreichern über und führte den jungen Herzog von Chartres, den Bourbonen LOUIS PHILIPPE (1773–1850), den späteren »Bürgerkönig«, mit sich. Die berühmte »Solidarität der Throne« sollte ihre Wirkung tun. Dumouriez' Tat wurde vom Konvent als Verrat gegeißelt und konnte die Jakobinerherrschaft im Konvent nur stärken.

Gestärkt wurde sie aber auch durch die Bauernaufstände in der Vendée, wo sich Adlige aus den Provinzen und eidverweigernde Priester an die Spitze der unzufriedenen Landbevölkerung gestellt hatten. Auch in Nordfrankreich und in der Bretagne rührte sich der Widerstand gegen den Konvent. Die Aufständischen wurden von der englischen Regierung unterstützt, die nicht zögerte, ihnen Geld, Waffen und Anführer zu schicken. Wenn auch die Kämpfe in der Vendée und der Bretagne mit dem Sieg der Revolution endeten, so war die Lage im republikanischen Frankreich doch äußerst prekär. Um die Verschlechterung der wirtschaftlichen Lage Frankreichs abzufangen, wurde eine Rationierung von Lebensmitteln eingeführt. In Paris und anderen großen Städten gab es Lebensmittelkarten für Brot, Fleisch und Zucker, die Teuerung wuchs, Spekulanten und Hamsterer trieben ihr Unwesen.

Das war die Situation, in der vom Konvent eine neue, republikanische Verfassung ausgearbeitet werden mußte. Sie wurde am 24. Juni 1793 angenommen und war ganz von der Idee der Volkssouveränität bestimmt. Diese zweite Verfassung kannte keine Gewaltenteilung mehr, keine Selbstverwaltung und selbstverständlich auch kein Zensuswahlrecht. Sie brachte die absolute gesellschaftliche Gleichheit zum Ausdruck. Jeder über Einundzwanzigjährige war wahlberechtigt. Insofern war die Verfassung von 1793 sehr fortschrittlich. Verankert wurde in ihr erstmalig das Recht der Bürger auf Arbeit, soziale Unterstützung und Ausbildung. Auch das Recht auf Widerstand gegen die Regierung ging weit über die

Verfassung von 1791 hinaus. Im Artikel 35 hieß es: »Wenn die Regierung das Recht des Volkes verletzt, so ist der Aufstand für das Volk... die heiligste und unumgänglichste Pflicht.«

Die Regierung wurde dem neuen Souverän gegenüber, dem Volk, verantwortlich gemacht. Ihre Maßnahmen konnten durch einen Volksentscheid ohne Einschaltung der gewählten Volksvertreter verworfen oder bejaht werden. Diese Verfassungselemente von 1793 lebten bis weit in das 20. Jahrhundert hinein als republikanische Forderungen weiter, sie blieben als Stachel im Fleisch aller gutgemeinten Verfassungen wirksam. Immer wieder fragte man sich: Was nützt die schönste Verfassung, wenn sie der *volontée générale,* dem Volkswillen, nicht mehr entspricht? Ein Mißgriff der 1793er Verfassung war aber vor allem, daß sie unreflektiert das Recht auf Eigentum zu den Menschenrechten zählte, die *égalité* also erheblich einschränkte. Auch die Jakobiner, die wesentlich an dieser Verfassung beteiligt waren, ließen die Ungleichheit des Besitzes unangetastet. Robespierre war so felsenfest von der republikanischen »Tugend« (»*la vertu*«) überzeugt, daß er an dem Widerspruch zwischen der *égalité* aller Bürger und der ungleichen Güterverteilung keinen Anstoß nahm. Wenn nur die *vertu* im Leben der Revolutionäre geübt würde, so sollte der Besitz keine Rolle mehr spielen, mußte soziale Ungleichheit doch durch die Tugend der Bürger von selbst aufgehoben werden. Er selbst wohnte bei einem Mitglied des Jakobinerklubs, dem »Tischler« Duplay, der als Hauswirt respektable 10.000 Francs Mietzins aus seinen Mietern herausholte und über 200 Lohnarbeiter beschäftigte. Sollte ein Mann wie Duplay nicht zur Tugend erzogen werden können? Und wenn Einsicht nicht half, mußte Zwang folgen.

Dennoch hatte Robespierre schon am 24. April in seiner »Rede über die Verfassung« erklärt: »Ihr habt Artikel auf Artikel gehäuft, um dem Gebrauch des Eigentums die größte Freiheit zu gewähren. Und ihr habt kein einziges Wort hinzugefügt, um sein Wesen und seine Legitimität zu bestimmen; so daß eure Erklärung nicht für die Menschen, sondern für die Reichen, die Börsenwucherer und die Tyrannen gemacht zu sein scheint.« Mit solchen Sätzen kündete Robespierre an, daß er und die Berg-Partei bereit waren, sich mit den besitzlosen Sansculotten zu verbünden.

Die Verfassung von 1793 wurde jedoch erst einmal »suspendiert«. »In Anbetracht der Umstände, dessen sich die Republik gegenwärtig ausgesetzt sieht, kann die Verfassung nicht in Kraft gesetzt werden; man würde die Republik durch die Verfassung selbst zugrunde richten. Sie würde zur Garantie aller Anschläge auf die Republik werden, denn es würde ihr an der notwendigen Gewalt fehlen, sie unterdrücken zu können«, erklärte Robespierres Freund Saint-Just, der Kampferfahrene.

Die Verfassung sollte erst in Kraft gesetzt werden, wenn die äußeren und inneren Feinde Frankreichs besiegt sind. Die Suspendierung war allein schon deswegen notwendig geworden, weil die Jakobiner seit dem 31. Mai gewaltige Demonstrationszüge von Sansculotten in der Stadt Paris organisiert hatten. Ein regelrechter Volksaufstand hatte sich daraus entwickelt, der am 2. Juni seinen Höhepunkt erreichte. Eine riesige Volksmenge umlagerte die Tuilerien, den Tagungsort des Konvents, und forderte die Verhaftung von 27 girondistischen Abgeordneten und zwei Ministern. »Levez-vous donc, peuple souverain!« hatte Marat gerufen, und die Girondisten gaben nach. Die Regierung übte jetzt der schon am 6. April gegründete »Wohlfahrtsausschuß«, das »Comité du salut public« aus. An seiner Spitze stand Danton. Der Wohlfahrtsausschuß war mit außerordentlichen Vollmachten ausgestattet, stand aber vor einer kaum lösbaren Aufgabe.

Denn während der Konvent noch an der Ausarbeitung der Verfassung arbeitete, beschlossen die Girondisten in Bordeaux und im Calvados am 7. Juni den Aufstand gegen den Konvent, am 8. Juni blockierte die englische Flotte französische Häfen, und am 13. Juni wurde von Girondisten in Caen der begonnene Aufstand dazu benutzt, zu einem Bürgerkrieg in ganz Frankreich aufzurufen. Bis Ende Juni hatten sich nicht weniger als 60 der 83 Departements dem Aufstand angeschlossen.

Indessen war JACQUES ROUX (1752–1794), ein ehemaliger Priester und Mitglied des Klubs der Cordeliers, in Paris aufgetreten, hatte die Verhaftung aller Bankiers und aller Personen angeordnet, die sich in der Revolution bereichert hatten. Er sammelte die »enragés« – die Wütenden um sich, die von der Revolution enttäuscht waren, und konnte am 26. Juni ihr Manifest vor dem Konvent verlesen, das aber von Robespierre völlig abgelehnt wurde. In seiner Rede vor dem Konvent hatte Roux unter großen Tumulten von Girondisten und Jakobinern gesagt:

> Habt ihr die Spekulation verboten? Nein! Habt ihr definiert, worin die Freiheit des Handels besteht? Nein! Darum verkünden wir euch, daß ihr für das Glück des Volkes noch nichts getan habt! Freiheit – ein leerer Wahn, solange eine Menschenklasse ungestraft die andere durch Hunger mordet. Gleichheit – ein leerer Wahn, wenn des Reichen Monopol Leben oder Tod von seinesgleichen bestimmt. Leerer Wahn auch eine Republik, in der tagtäglich die Konterrevolution am Werk ist. Vier Jahre lang haben nur die Reichen aus der Revolution Nutzen gezogen. Die Reichen haben ihre Gesetze natürlich zugunsten der Reichen gemacht!

Doch Robespierre ließen die Klagen der ärmsten Volksschichten kalt. Er nahm den Kampf gegen die *enragés* auf, weil er sie als ultrarevolutionäres, chaotisches Element betrachtete und deshalb auszuschalten versuchte. Der Konvent nahm allerdings die Empörung der hungernden Pariser durchaus ernst und beriet über die Festsetzung von Höchstpreisen und eine Verbesserung der Lebensmittelversorgung. Roux trat danach in den Hintergrund des revolutionären Geschehens.

Der Konvent des »Berges« und die *»levée en masse«*

Die Unruhen in Paris ließen nicht nach. Die Lebensmittelversorgung wurde immer knapper und die Angriffe der verbündeten Truppen auf die von der Revolutionsarmee eroberten Gebiete immer heftiger. Am 23. Juli 1793 mußte Mainz, wo man die erste Republik auf deutschem Boden errichtet hatte, vor den Preußen kapitulieren. Am 27. Juli wählte man Robespierre in den Wohlfahrtsausschuß, dessen Vorsitzender er wurde.

Die Republik schwebte derweil in größter Gefahr. Im Innern tobten noch immer die Aufstände der Royalisten, und Frankreich befand sich in der Zange der feindlichen Armeen, die sich an allen Fronten erfolgreich voranschoben. Die Spanier waren über die Pyrenäen vorgerückt, die habsburgisch regierten Italiener über die Alpen, die Engländer belagerten Dünkirchen. Da erließ der Konvent am 3. August 1793 das Dekret über die » *levée en masse* «, die Verordnung der allgemeinen Mobilmachung des ganzen Volkes zur Verteidigung des Vaterlandes. In dem Dekret heißt es:

> Die Jungen werden in den Kampf ziehen. Die Verheirateten werden Waffen schmieden und Verpflegung fahren. Die Frauen werden Zelte und Kleidung für die Soldaten nähen und in den Krankenhäusern arbeiten. Die Kinder werden aus alter Wäsche Scharpie zupfen [durch Zerrupfen von Leinwand Wundverbände herstellen]. Die Greise werden sich auf die Plätze tragen lassen und dort die Kämpfer zur Tapferkeit anfeuern, zum Haß gegen die Könige, und zur Einheit der Republik aufrufen.

Durch die » *levée en masse* « entstanden die legendären Heere der Revolutionsarmee, die den bisherigen Söldnerheeren weit überlegen waren. Was ihnen an Waffenübung und Drill fehlte, ersetzten sie durch Beweglichkeit und Begeisterung. Man sagte ihnen: Ihr sollt den durch die Revolution befreiten und dem Volk zurückgegebenen Boden des Vaterlandes verteidigen und den andern Völkern die gleiche Erlösung bringen: » *Paix aux cabanes – Guerre aux châteaux!* « – » Friede den Hütten – Krieg den Palästen «.

Die Revolutionsarmee gliederte sich in selbständige, schlagkräftige Einheiten (Korps, Division, Brigade), die jede für sich dem Feind entgegentreten konnten. Die Söldnerarmeen der alten Mächte waren mit ihrer starren Lineartechnik der ausschwärmenden Taktik, d. h. der aufgelösten Gefechtsordnung der Revolutionäre nicht gewachsen. Jeder Soldat der Revolution empfand sich in menschheitsgeschichtlicher Mission als Volksvertreter Frankreichs, das einen Krieg zur Befreiung der Völker von den Tyrannen führen wollte. Den anderen Völkern sollten die Menschenrechte gebracht werden, die Frankreich selbst erst 1789 wiedergewonnen hatte. » Der Glaube an ihre Republik, das Bewußtsein, für eine

Sozialordnung der Zukunft zu kämpfen, gab den Revolutionsheeren ihren beispiellosen Elan«, schreibt Karl Heyer.

Die allgemeine Wehrpflicht für alle Männer vom 18. bis 25. Lebensjahr war eingeführt worden, und man empfand sie als Ergänzung zum allgemeinen Wahlrecht, das ja in der Verfassung von 1793 deklariert worden war. Genialer Organisator des neuen Volksheeres wurde LAZARE CARNOT (1753–1823), der sich als Ingenieurhauptmann an der Revolution beteiligt hatte und später zum Mitglied des Wohlfahrtsausschusses gewählt worden war. Er leitete in den Jahren 1793/94 die gesamten Heeresangelegenheiten. Alles, was für die Kriegführung notwendig war, Geld, Munition, Waffen und Lebensmittel, wurde mit diktatorischer Gewalt zusammengebracht. Jedem, der sich dem Befehl im In- oder Ausland widersetzte, drohte der Tod.

Carnot nutzte die Hilfsquellen des eigenen Landes bis aufs äußerste. Es fehlte an Rohstoffen und Waffen aller Art. Die Arsenale waren leer, aber Carnot entwickelte eine fieberhafte Tätigkeit. Alles wurde in den Dienst der Verteidigung des Vaterlandes gestellt. Die Zahl der Geschützgießereien stieg von 6 auf 45, bessere Verfahren des Metallgusses wurden entwickelt, bessere Verfahren auch zur Herstellung von Schießpulver und Leder. Zu Beginn des Jahres 1794 konnte Frankreich bereits ein Heer von 600.000 Mann aufstellen.

Nur die von der Revolution geweckte Begeisterung der breiten Volksschichten ermöglichte den Aufbau eines Heeres von solcher Schlagkraft, wie sie nie zuvor möglich war. An die Spitze des Heeres traten bewährte Revolutionare, oftmals Söhne von Kleinbürgern, Handwerkern und Bauern. Bevollmächtigte des Wohlfahrtsausschusses gingen an die Front und sorgten für die Durchführung der Regierungsbefehle. Die von Dumouriez gewonnenen und wieder verlorenen Gebiete konnten zurückerobert werden. In Brüssel und in den Rheinstädten wurde wieder die Trikolore gehißt und eine neue Ordnung nach Pariser Vorbild eingesetzt, mit Wohlfahrtsausschuß und Revolutionstribunal.

Wie man in den wiederbesetzten Gebieten verfuhr, zeigt eine Anordnung, die der noch sehr jugendliche, mit Robespierre befreundete Kommissar der Rheinarmee, LOUIS ANTOINE SAINT-JUST (1767–1794), in Straßburg erließ, wohin er am 22. Oktober 1793 entsandt worden war.

129

Er fand eine völlig zerrüttete Armee vor, stellte aber mit unglaublicher Tatkraft und Rigorosität in kurzer Zeit Disziplin und Ordnung wieder her – auf Kosten der Bevölkerung. Saint-Just, der schon 1791 mit seiner Schrift » *Esprit de la Révolution et de la Constitution de la France* « – » Geist der Revolution und der Verfassung Frankreichs« Aufsehen erregt hatte, wandelte sich innerhalb von nur zwei Jahren vom gemäßigten Monarchisten zum radikalen Republikaner. Und so kam er auch nach Straßburg mit der festen Absicht, über revolutionäre Grundsätze nicht nur zu reden, sondern sie handfest zu verwirklichen. Er hatte festgestellt, daß ein großer Teil der Rheinarmee zerlumpt war und kaum noch über Schuhwerk verfügte. So erteilte er der Straßburger Stadtverwaltung kurzerhand folgenden Befehl:

> In der Armee gibt es zehntausend Barfüßige. Es wird Ihnen befohlen, im Laufe des Tages allen Straßburger Aristokraten das Schuhwerk abzunehmen. Morgen früh 10 Uhr müssen zehntausend Paar Stiefel beim Armeestab abgeliefert sein.

Und die zehntausend Paar lederne Stiefel wurden pünktlich abgeliefert. Auch Lebensmittel und Kleidungsstücke wurden beschlagnahmt, ebenso Betten für die Lazarette. Ähnlich gingen andere Befehlshaber in ihren Distrikten vor. Dennoch verbreiteten die Revolutionstruppen nicht nur Angst und Schrecken unter bestimmten Teilen der Bevölkerung in den besetzten Gebieten. Im Hochgefühl ihrer Mission brachten sie auch Hoffnung auf eine bessere Zukunft mit; denn » wohin sie kamen, breiteten sie die Revolution und ihre Prinzipien, ihre Institution aus; sie zerstörten überall das alte Feudalsystem« (Borries) und schufen neue Lebensbedingungen.

Während nun die Armee im Herbst und Winter 1793 mit großer Begeisterung erste Siege erringen konnte, am 19. Dezember das von den Royalisten an die Engländer ausgelieferte Toulon zurückgewann, mit dem 23. Dezember die girondistischen Aufstände in der Vendée endgültig niederschlug und mit einem Sieg am 26. Dezember über die Österreicher bei Geisberg Triumphgefühle weckte, verschlimmerten sich die Verhältnisse in Paris von Tag zu Tag.

Es gehört wohl zu den erstaunlichsten und unbegreiflichsten Phänomenen der Revolution, daß die *levée en masse* ein ganzes Volk zu taumelnder Begeisterung hinriß, Hunderttausende von jungen Männern zur Hingabe ihres Lebens bewegte und ungezählte Franzosen zu Propagandisten einer neuen Zeit machte, während gleichzeitig in der Hauptstadt Frankreichs die Schreckensherrschaft und der Terror zur Fratze der Revolution geriet.

»*La grande Terreur*« 1793/94

Die *levée en masse* und die Aufstellung des Volksheeres im Sommer 1793 gingen vor sich, als der Krieg an den Grenzen und der Bürgerkrieg im Innern ungewöhnliche Maßnahmen zur Erhaltung der Republik erforderlich machten.

Die Pariser Girondisten und ihre Parteigänger in Städten wie Marseille, Toulon, Caen, Toulose, Bordeaux, Lyon und Nantes konnten entmachtet werden. Das war allerdings nur möglich, weil der »Berg« durch die sog. »Septemberdekrete« schärfste Maßnahmen zur Erhaltung der »einen unteilbaren Republik« getroffen hatte.

Unter dem Druck der Sansculotten rief der »Große Wohlfahrtsausschuß« den Terror (»*La grande Terreur*«) zur Bekämpfung der Republikfeinde aus; am 17. September 1793 wurde das »Gesetz gegen die Verdächtigen« erlassen, das der Denunziation freien Lauf ließ und die Guillotine zum Wahrzeichen dieser Spätphase der Revolution machte. Die gemäßigten Revolutionäre verloren Ansehen und Einfluß.

Danton war schon am 10. Juli als Vorsitzender des Wohlfahrtsausschusses abgelöst worden, Marat, »der Volksfreund«, wurde am 13. Juli von Charlotte Corday (1768–1793), einer fanatischen Royalistin, ermordet, die *enragés* und Sansculotten kritisierten die Nachsichtigkeit des Wohlfahrtsausschusses gegenüber den Mördern und den Feinden der Revolution. Auch als der »Große Wohlfahrtsausschuß« mit Robespierre an der Spitze fast unumschränkt herrschen konnte, waren die entfesselten Volksmassen nicht mehr zu bändigen. Es war nicht nur Roux, der mit seinen Anhängern die Pariser Sektionen durcheinanderbrachte. Einflußreich war auch JACQUES RENÉ HÉBERT (1757–1794), dessen atheistischer Antiklerikalismus unters Volk gebracht wurde und es aus allen alten Bindungen riß. Die Hébertisten – denen übrigens die Einführung des Dezimalsystems für Maße und Gewichte zuzuschreiben ist – gingen radikal gegen vermeintliche »Feinde der Revolution« vor, verkündeten Grundsätze, die im Widerspruch zu den Freiheitsimpulsen von 1789 standen, und gewannen immer mehr Einfluß auf die Massen, nachdem sie Kornwucherer und Spekulanten vor die Revolutionstribunale gebracht hatten. Auf diesen Einfluß ist es auch zurückzuführen, daß nicht nur der Jakobinerklub immer radikaler wurde, sondern auch die Sansculotten in den Pariser Sektionen immer rabiater. Mit der Zuspitzung der Versorgungslage einerseits und der Bedrohung durch ausländische Armeen andererseits veränderte sich das Schwergewicht der revolutionären Kräfte, die die Träger des Umwälzungsprozesses waren. Anfangs hatten Besitzbürgertum, kleine Bauern und Kleinbürger mit den proletarischen Schichten gemeinsam den Sturz des *Ancien régime* bewirkt. Doch die großen Ziele von 1789 waren verblaßt. Fraktionskämpfe im Bürgertum schwächten das Gefühl nationaler Solidarität, Eigeninteressen machten sich geltend, und die plebejischen Volksmassen fühlten sich betrogen. Jacques Roux hatte mit seinen empörten Worten formuliert, was die unteren Volksschichten empfanden. Sie verlangten die Bestrafung aller, die sich an der Revolution vergangen hatten. »Der Strafwille bildete seit 1789 einen der wesentlichen Züge der revolutionären Mentalität«, urteilt Albert Soboul. »Eine Terrorwelle erfaßte die Pariser Sektionen und entfesselte ein leidenschaftliches Strafbedürfnis. Die Schreckensherrschaft war im wesentlichen ein Instrument zur Verteidigung der Nation und der Revolution gegen die Rebellen und Verräter.«

Die anfangs auf Mäßigung und Ausgleich bedachten Jakobiner konnten angesichts der steigenden Erhitzung der Gemüter ihren Kurs nicht durchhalten. Sie ließen sich von den Sansculotten mitreißen. Das gilt nicht nur für Paris, sondern zeigte sich in ganz Frankreich. Am 16. November 1793 wurde eine »Instruktion für die republikanischen Behörden der Departements Rhône und Loire« erlassen, in der es heißt:

Die Revolution geschah für das Volk, das Glück des Volkes ist ihr Ziel;
die Liebe zum Volk ist der Prüfstein für die revolutionäre Gesinnung.
Es versteht sich von selbst, daß unter dem Volk nicht jene durch ihre
Reichtümer privilegierte Klasse zu verstehen ist, die alle Annehmlich-
keiten des Lebens und alle Güter der Gesellschaft für sich in Anspruch
genommen hat. Das Volk – das ist die Gesamtheit der französischen
Bürger; das Volk ist vor allem die gewaltige Klasse der Armen, die
Klasse, die dem Vaterland die Männer gibt, Verteidiger unserer Grenzen, die die Gesellschaft mit ihrer Arbeit ernährt, die sie durch ihre
Talente verschönt, durch ihre Tugenden schmückt und zu Ansehen
bringt... Es wäre also eine unverschämte Verhöhnung der Menschheit, immer wieder von Gleichheit zu sprechen, während unermeßli-
che Unterschiede im Glück den Menschen vom Menschen trennen,
und wenn man sähe, wie durch den Unterschied zwischen Überfluß
und Armut, zwischen Wohlstand und Elend die Erklärung von Rechten unterdrückt wird, die keine anderen Unterscheidungen kennen als
die nach Begabungen und Tugenden.

Die Sansculotten steigerten sich in einen Vernichtungsrausch von erbar-
mungsloser und brutaler Grausamkeit hinein. Ein Pariser Bürger, dessen
Name unbekannt geblieben ist – man kennt ihn nur als »Bürger L. « –, hat
einen Bericht geschrieben, aus dem mehr als aus allem anderen deutlich
werden kann, was »*La grande Terreur*« bedeutete. Er hatte die Anfänge
der Revolution erlebt, muß Paris aber etwa 1792 verlassen haben und
kehrte nach anderthalbjähriger Abwesenheit in die Hauptstadt zurück,
um einige Geschäfte abzuwickeln. Er erzählt, wie er wieder mit der Post-
kutsche in Paris ankam:

Kurz vor der Ankunft in dem neuen Babylon wechselten wir noch
einmal die Pferde. Ich stieg aus, um mich etwas zu erholen..., und trat
in eine benachbarte Schenke, um einen Bissen zu essen, falls mein be-
drücktes Gewissen es zuließ. Mechanisch nahm ich vom Tisch eine
schon alte Zeitung, die wohl zufällig da lag, und sah hinein; und der
erste Artikel, auf den mein Blick fiel, berichtete von der Hinrichtung
eines Ehrenmannes, von der Hinrichtung eines meiner Freunde. Er

133

war Notar gewesen und hatte in dieser Eigenschaft eine Urkunde unterschrieben, die er nicht kannte und auch nicht weiter angesehen hatte, wie das so üblich ist. Das Blutgericht hatte ihn zum Tode verurteilt; mit abgeschnittenem Haar und schon zur Hinrichtung bereit, hatte man ihn dem Eisen der Revolution noch einmal entrissen, um seinen Prozeß erneut aufzurollen; der Konvent hatte diese Überprüfung angeregt, aber das Tribunal [Volksgericht]... wollte nicht den Anschein erwecken, es verurteile Unschuldige, und ließ schon am nächsten Tag das Opfer wieder zum Schafott bringen, und der ehrenhafte und unglückliche Chaudot trank so den Todesbecher zweimal. Es war, als ob mich der Schlag vollends niedergeschmettert hätte.

Aber der »Bürger L.« ließ sich trotzdem nach Paris fahren und kam dort an, als es schon Nacht wurde. Er fand eine veränderte Stadt vor. Es war acht Uhr abends:

Früher und selbst noch in der Zeit, als ich Paris verließ, war dies die Stunde, da die Stadt, vor allem in den belebten Vierteln, im Licht erstrahlte. Zu dem Schein unzähliger Laternen, die die Straßen beleuchteten, kamen die vielen Lampen in den Läden, in denen Luxus und Eleganz tausend Dinge aufhäuften... Es war die Stunde, da die Cafés erleuchtet waren, da aus allen Stockwerken der Glanz der Kerzen schimmerte, da die prächtigen Wagen sich eilig kreuzten, um zu den verschiedenen Theatern zu fahren, zu den Konzerten und Bällen in allen Vierteln der Stadt. Und anstelle dieses bunten Treibens, dieser angeregten Menge, dieses imposanten Glanzes nun in allen Straßen von Paris Grabesschweigen; alle Läden sind geschlossen, jeder verbarrikadiert sich eiligst in seinem Hause, und man möchte meinen, ein Trauerflor sei über alles, was atmet, gebreitet.

Dieser erste Eindruck sollte sich für den »Bürger L.« noch verstärken, als er bei einem alten Freund um ein Nachtquartier bitten wollte:

Als ich an seine Tür klopfte, war es beinahe neun Uhr. In anderen Zeiten wäre diese Stunde nicht ungehörig gewesen, aber jetzt verursachte mein Klopfen und die Stunde, in der ich mich einfand, einen tödlichen Schrecken. Die Häuser wurden hauptsächlich in der Nacht visitiert und dabei unterschiedslos unzählige Bürger verhaftet, die die Gefängnisse füllten; jeder schauderte beim Geräusch des Klopfens. Mein früherer Freund aber hatte noch mehr Angst als alle anderen, als er mich bei sich eintreten sah... Er gab mir in klaren und lakonischen Worten zu verstehen, da ich lange von Paris weggewesen sei, wäre es für mich gefährlich, dahin zurückzukommen, und für ihn, mich zu beherbergen... Der Bescheid war zu unumwunden, als daß ich auf meiner Bitte bestanden hätte.

Nach diesem enttäuschenden Besuch stand der Unglückliche wieder auf der Straße, glaubte schließlich, bei einem Obsthändler eine Unterkunft zu erhalten, mußte aber von diesem erfahren, daß sein Paß ungültig sei, weil dieser noch die Unterschrift des Sektionstribunals brauche. Aus Angst vor einer nächtlichen Visitation setzte ihn der gute Mann wieder vor die Tür. Man fühlt sich an die Zeit der nationalsozialistischen Schreckensherrschaft in Deutschland erinnert, wenn man in dem Bericht des » Bürgers L. « liest, wie er vor Kälte und Furcht zitternd einer Streife in die Hände fiel und auf eine Polizeistation gebracht wurde. Am nächsten Morgen begab er sich seines Passes wegen zum Revolutionsausschuß der Sektion, in der er zufällig gelandet war:

Ich machte mich auf den Weg; das helle Tageslicht und die Menschen, die sich anscheinend frei bewegten, gaben mir etwas Mut, und ich ging forsch dahin, als ich mich von einer Buntheit betroffen fühlte, auf die ich nicht gefaßt war. Über allen Türen und Fenstern war eine Art Pike angebracht, an deren Ende eine dreifarbige Fahne wehte. Einige Patrioten, die bessere Republikaner sein oder scheinen wollten, hatten damit angefangen und solch eine Fahne gehißt, und da es gefährlich war, weniger patriotisch zu sein als andere, schmückte seither jeder sein Fenster mit einem dreifarbigen Wimpel. Ebenso bemerkte ich über allen Türen neben diesen Wimpeln große, bunte Inschriften: » Einheit, Unteilbarkeit, Freiheit, Gleichheit, Brüderlichkeit – oder Tod«... Während ich noch diese über die Türen gehängte

Brüderlichkeit mit der Brüderlichkeit verglich, mit der nun der ehemalige Freund mich empfangen hatte, gelangte ich zum Eingang des
Revolutionsausschusses der Sektion. Ich erkannte den Eingang sofort
an der Inschrift darüber, an der Größe der dreifarbigen Fahne, an dem
Umfang der roten Mütze, die sie überragte, und an den Galgengesich-
tern der Pikenmänner, die den Eingang bewachten. Mir klopfte das
Herz, ich trat aber trotzdem ein, da es… unmöglich war, aus Paris
herauszukommen, ohne seinen Paß von einem Ausschuß visieren zu
lassen. Ich trat also ein.

Was der Reisende jetzt erlebte, gleicht den Erfahrungen, die man nach
1945 bei Kontrollen in totalitären Staaten machen konnte. Er wurde über
eine Treppe in ein Vorzimmer geführt, trug sein Anliegen vor und wurde
weitergeschickt. Dort fand er etliche Gestalten vor, die ihm zunächst
keine Aufmerksamkeit schenkten und miteinander redeten oder flüster-
ten, bis man sich ihm endlich zuwandte: »Was willst du?« Zu seinem
Erstaunen mußte er zur Kenntnis nehmen, daß alle Eintretenden geduzt
wurden, war es ihm in seiner Provinzstadt doch entgangen, daß in Paris
das Duzen aller Bürger üblich geworden war – es wurde übrigens ab dem
31. Oktober 1793 obligatorisch, auch in allen Schriftstücken. Sein Paß
wurde nicht »visiert«, er wurde einbehalten und sollte erst gültig werden,
wenn zwei Zeugen ihn bestätigt hätten. Nach abenteuerlichem Suchen
nach Zeugen gelang es ihm, die Ausreise zu erhalten. Was er auf dieser
Suche erlebte, kann hier nicht in ganzer Länge wiedergegeben werden.
Doch können zwei Einzelheiten seines Berichtes ein Schlaglicht auf das
Paris des Großen Wohlfahrtsausschusses werfen.
    Auf der Suche nach (käuflichen) Zeugen erfuhr er, daß die Straßenna-
men geändert worden waren. Eine Frau erzählte ihm:

Es gebe jetzt die Rue de Jean Jacques Rousseau, die Rue de L'Égalité,
die Rue de Marat, den Quai Voltaire, den Place de la Revolution, und
die Rue de La Lois sei früher die Rue de Richelieu gewesen. Nun verstand ich. Auch ich finde es sehr schön, daß man das Andenken großer
Männer ehrt… Aber es schien mir lächerlich, den größten Teil der
Straßennamen gleichzeitig zu ändern; das konnte viele Unannehm-

lichkeiten verursachen und war für die Bürger und besonders für Fremde sehr unbequem.

Auch was der »Bürger L.« anschließend über die Sansculotten schreibt und wie er sie erlebt hat, als er seinen Paß »visieren« lassen wollte, ist lesenswert:

Da das Sansculottenwesen angepriesen wurde und man sich, um nicht Luxus zur Schau zu tragen, in ein Extrem des Gegenteils gestürzt hatte, um arm und elend zu erscheinen, täuschten auch diese Kerle Elend vor. Unsauber zu sein, war damals in Paris eine Art Passierschein, und niemand trieb die Unsauberkeit weiter als die Individuen, vor denen ich erscheinen mußte. Ein langer, schmutziger Bart, fettiges und filziges Haar, Strümpfe mit Löchern, grobe Holzschuhe, eine rote Mütze auf dem Kopf, zerlumpte Röcke, Hände, die von Schmutz klebten, der Hals nackt und die Bluse bis zum Gürtel offen, so sahen die Eisenfresser aus, die ebenso dumm wie unverschämt waren, Elende, aus dem Schlamm gezogen, weil sie sich durch ihre Ausschreitungen bemerkbar gemacht hatten, die sich in all ihrem Schmutz mit einem antiken Firnis ausgestattet und griechische und römische Namen angenommen hatten, die sie lächerlich verstümmelten, sobald es ihnen einfiel, einander zu rufen.*

So wie hier die Sansculotten geschildert werden, stellt man sie sich auch immer vor: ruppige, provozierend gekleidete Kerle, mit rabiaten Redensarten um sich werfend, um nur ja die »Bürger« herabsetzen zu können. Solche Zivilisationsphänomene wiederholen sich; man bekam sie auch mit der 1968er Studentenrevolte vorgeführt. Im Unterschied zu den 68ern aber waren die Sansculotten Machtausübende gewesen, und das machte sie gefährlich. Der »Große Terror« von 1793/94 war ihr Werk. Sie zwangen den Konvent, »la grande Terreur« am 17. September 1793 auf die Tagesordnung zu setzen. Dennoch kamen die Jakobiner den Forderungen der Sansculotten nur schleppend nach.

* vollständig in G. Pernoud und S. Flaissier: »Die Französische Revolution...«

Robespierre, den man später so gerne als Urheber des revolutionären Terrors ausgab, hatte den Sansculottismus anfänglich sogar bekämpft. Er hat sich seiner allerdings bedient, um die Girondisten außer Kraft zu setzen. Er selbst aber blieb immer der kleinbürgerliche Intellektuelle von 1789, und nichts zeigt das deutlicher als die Art, in der er sich kleidete. Bis zuletzt trug er eine gepuderte Perücke und legte großen Wert auf sein überaus gepflegtes Aussehen. Er unterschied sich darin von den terroristischen Sansculotten, wenngleich er nicht verkennen konnte, daß die Zustimmung der plebejisch-proletarischen Volksschichten der gewaltsamen Durchsetzung der Revolutionsziele letztendlich nutzbar gemacht werden konnte für die Ziele des öffentlichen Wohls (*»bonheur publique«*). In seinem Memorandum über die Grundzüge der Revolutionsregierung vom 25. Dezember 1793 heißt es: »Die Gründung der Französischen Republik ist kein Kinderspiel. Sie kann nicht das Werk von Launen oder der Sorglosigkeit sein noch das zufällige Ergebnis des Zusammenpralls aller Sonderansprüche mit allen revolutionären Elementen... Nicht die individuellen Leidenschaften sollen sie lenken, sondern vielmehr die Interessen der Allgemeinheit.«

Doch er beugte sich dem Druck der entfesselten Massen. Was der »Bürger L.« an den Häuserzeilen gelesen hatte: *»liberté, égalité, fraternité ou la mort!«* die dreifache Parole der Revolution, der die Worte »oder der Tod« hinzugefügt waren, das stand auch auf den Plakaten zu lesen, die den Jakobinern entgegengehalten wurden, als die Sansculotten den Konvent zum Handeln nötigten und mit radikal-egalitären Forderungen sowohl die Festsetzung eines Maximums für Lebensmittel (*»maximum général«*) als am 17. September 1793 auch das »Gesetz gegen Verdächtige« erzwangen.

Diesem Gesetz fielen zuerst die Girondisten, dann Roux und seine *enragés* und schließlich auch die Hébertisten zum Opfer, obwohl Roux und Hébert sich mit der Sansculottenbewegung sehr eng verbunden hatten und ihre Sprecher geworden waren. Beide wurden 1794 eliminiert. Auch Danton mußte den Karren besteigen, der ihn zur Guillotine fuhr.

Schlußphase der Revolution

Als der Druck des Krieges auf die Revolution nachließ, trat die Jakobinerherrschaft in ihre letzte Phase. Im Frühjahr 1794 führte die unaufhaltsame Radikalisierung der Revolution zu einem Kampf ihrer Anhänger untereinander. »Auf dem linken Flügel der Bergpartei agierten die Hébertisten für die Verschärfung der Schreckensherrschaft, für den unbegrenzten Krieg und für die radikale Durchsetzung der Dechristianisierung. Auf dem rechten Flügel forderten Danton, Desmoulins und die sogenannten Indulgents, die ›Nachsichtigen‹, die Einschränkung des Terrors, der Zwangswirtschaft, der Kriegspolitik und der kirchenfeindlichen Angriffe. Robespierre konnte die Richtungskämpfe nur dadurch beenden, daß er beide Fraktionen liquidierte. Sowohl die Hébertisten als auch Danton und seine Anhänger bestiegen die Guillotine. Die Regierungskonzepte, die Robespierre selbst noch ersann, die Ausweitung der Schreckensherrschaft im Zeichen des ›grande Terreur‹ und der ›Kult des höchsten Wesens‹, die Einführung einer staatsbürgerlichen Religion zur Hebung der republikanischen Moral, waren kaum dazu geeignet, das Reich der Tugend zu verwirklichen.«[*]

Vergeblich hatte DANTON sich noch Anfang Dezember gegen die Vernichtungsmaschinerie der Jakobiner gewandt. Nachdem die Revolutionsarmeen großartige Erfolge zu verzeichnen hatten und auf Frankreichs Boden kein einziger fremder Soldat mehr stand, glaubte er, zur Einstellung der Jagd auf »Verdächtige« aufrufen zu sollen. »Kühnheit, Kühnheit und abermals Kühnheit«, hatte er in der Stunde der Gefahr von den Franzosen gefordert. Jetzt stellte er das Leben der Menschen über jede Doktrin und suchte Ausgleich und Versöhnung. Er versuchte, die Intellektuellen und die mit Piken bewaffneten namenlosen Sansculotten auf eine vernünftige Linie zu bringen, und sagte deshalb im Klub der Cordeliers: »Erinnern wir uns noch einmal daran, daß man mit der Pike umwälzt, während man mit dem Kompaß der Vernunft das Gebäude der Gesellschaft zu errichten und zu festigen vermag.« Aber er fand kein

---

[*] Elisabeth Fehrenbach in: »Vom Ancien Régime zum Wiener Kongreß«

139

Gehör mehr bei den erregten Massen, die von den Hébertisten gegen ihn aufgehetzt worden waren. Man bezichtigte ihn der heimlichen Zusammenarbeit mit den Royalisten, und er kam vor das Revolutionstribunal. Zuerst stellte sich Robespierre noch schützend vor ihn, mußte ihn aber fallen lassen, wenn er sich nicht selbst gefährden wollte. Am 4. April 1794 wurden Danton und sein Freund BÉNOIT CAMILLE DESMOULINS (1760–1794) hingerichtet.

Desmoulins hatte dank seiner schriftstellerischen Tätigkeit seit 1789 auf alle wichtigen Phasen der Revolution einen beachtlichen Einfluß ausgeübt und war 1791 von der Pariser *Commune* in den Konvent gewählt worden. Wie Danton war er Mitglied des Klubs der Cordeliers und ließ Ende 1793 die ersten Nummern einer neuen Zeitschrift, »*Le vieux cordeliers*«, erscheinen. Er bediente sich dieses Blattes, um die revolutionären Entartungen der Schreckensherrschaft anzuprangern und wie Danton zur Vernunft aufzurufen. Die ultrarevolutionären Gegner der Cordeliers, die Hébertisten, klagten ihn vor dem Revolutionstribunal an, die Wiederherstellung des Königtums zu beabsichtigen. Robespierre verteidigte ihn, schlug aber die Verbrennung aller Nummern von »*Le vieux cordeliers*« vor, worauf Desmoulins sagte: »Verbrennen ist nicht widerlegen«, und eine weitere Nummer seines Blattes erscheinen ließ. Noch heftiger als zuvor griff er darin die Terrorherrschaft an. Er schloß seinen letzten Artikel mit den Worten: »Die Götter haben Durst.«

Am 30. März 1794 wurde er zusammen mit Danton verhaftet. Nach seinem Alter gefragt, antwortete er dem Revolutionstribunal: »Ich bin dreißig Jahre alt, das Alter des Sansculotten Jesus Christus.« Mit ihm starb einer der edelsten Männer der Revolution.

Das »Verdächtigengesetz« vom 17. September 1793 hatte es möglich gemacht, daß die Schreckensherrschaft ungeheuerliche Ausmaße annahm. Ungefähr 35 bis 40.000 Menschen wurden durch »*la grande Terreur*« guillotiniert. Willkürliche Verhaftungen ohne wirklichen Schuldbeweis führten zu politisch bedingten Gerichtsurteilen, wie sie seit Oktober 1793 durch die »Revolutionstribunale« ausgesprochen wurden.

Robespierre, der »Unbestechliche«, hatte bereits viele seiner Ansichten, mit denen er die Welt verbessern wollte, durchgesetzt. Der Terror, in den er sich hineinreißen ließ, war ihm nicht Selbstzweck. Er entsprach seiner in Rousseaus Gedanken von der »*volonté générale*« wurzelnden Auffassung, daß ein Gemeinschaftswille verwirklicht werden könne, aus dem jede Selbstsucht ausgeschieden werden muß. Er glaubte, die Nation durch eine kurze Zeit der blutigen Zwangsherrschaft zur dauernden Tugendhaftigkeit führen zu müssen. Aber »*la grande Terreur*« wurde allmählich zum Selbstzweck. Seinen Anhängern galt Macht um der Macht willen als erstrebenswert. Robespierre hatte die Massen angesprochen und wurde nun von ihnen auf die Bahn des Terrors getrieben. »Große gingen zu Grund! Doch wer beschützt die Menge gegen die Menge? Da wird Menge der Menge Tyrann!« dichtete Goethe. Und Hegel schrieb in seiner »Philosophie der Weltgeschichte« mit Blick auf die Terrorherrschaft: »Von Robespierre wurde das Prinzip der Tugend als das höchste aufgestellt, und man kann sagen, es sei diesem Menschen mit der Tugend ernst gewesen. Die Tugend ist hier ein einfaches Prinzip und unterscheidet nur solche, die in der Gesinnung sind und solche, die es nicht sind. Die Gesinnung aber kann nur von der Gesinnung erkannt und beurteilt werden. Es herrscht somit der Verdacht; die Tugend aber, sobald sie verdächtig wird, ist schon verurteilt... Es herrschen also jetzt die Tugend und der Schrecken; denn diese subjektive Tugend, die bloß von der Gesinnung aus regiert, bringt die fürchterlichste Tyrannei mit sich. Sie übt ihre Macht ohne gerichtliche Formen, und ihre Strafe ist ebenso nur einfach, – der Tod.«

Doch bei aller Kritik an der Schreckensherrschaft darf man gerechterweise nicht vergessen, daß Robespierre und die Jakobiner dem Erziehungswesen große Beachtung geschenkt haben. Um den Ideen der Revolution bleibende Dauer zu sichern, wurde erstmals die allgemeine Volksschulpflicht gefordert, wenn sie auch nicht überall gleich durchgesetzt werden konnte.

Schon ANTOINE DE CONDORCET (1743–1794) hatte 1792 in der Legislative einen »Gesetzentwurf über die Organisation der öffentlichen Erziehung« eingebracht, mit dem er »die durch das Gesetz zuerkannte politische Gleichheit zu einer wirklichen machen« wollte. Auf diesen Entwurf Cordorcets baute der Jakobiner LOUIS-MICHEL LEPELETIER (1760– 1792), aber er führte dessen Gedanken weiter, als er dem Konvent sagte: »Ich verlange, daß ihr dekretiert, daß vom 5. bis 12. Lebensjahr für die Knaben, vom 5. bis 11. Jahr für die Mädchen, das heißt alle Kinder, ohne Unterschied und ohne Ausnahme, gemeinschaftlich erzogen werden sollen auf Kosten der Republik. « Robespierre legte diesen Plan des verstorbenen Freundes am 13. Juli 1793 noch einmal dem Konvent vor, aber schon wenig später sollte er billigen, was sein Freund Saint-Just angeregt hatte: » Die Erziehung der Kinder vom 10. bis 16. Jahr ist militärisch und landwirtschaftlich, vom 16. bis 21. Jahr tragen sie Arbeitszeug, dann bis zum 25. Jahr Uniform. «

Trotz solch martialischer Töne in der Schlußphase der Jakobinerdiktatur bleibt festzustellen, daß in Angelegenheiten der öffentlichen Erziehung während keiner Revolution mehr pädagogische Ideen bewegt und mehr Aktivitäten entfaltet wurden als in Frankreich zwischen 1789 und 1794. Eine Unzahl von Petitionen, Broschüren und Plänen sowohl von Einzelpersonen als auch von ganzen Personengruppen wurde in Umlauf gebracht, so daß man Rudolf Steiners Wort von der » Emanzipation der Persönlichkeit« in der Französischen Revolution (s. S. 59) gerade auf erziehungsgeschichtlichem Gebiet vollauf bestätigt findet.

Um das immer noch vorhandene Analphabetentum zu beseitigen, wurde am 19. Dezember 1793 die allgemeine Schulpflicht gesetzlich verankert. In den Elementarschulen sollte für alle Kinder der Unterricht in Lesen, Schreiben und Rechnen erteilt werden, weiterführende Schulen waren grundsätzlich vorgesehen, und schließlich wurde in dieser jakobinischen Periode der Revolution auch die berühmte » *École polytechnique* «, das Ingenieurstechnikum, gegründet.

Den pädagogischen Bestrebungen der Jakobiner waren Bemühungen vorausgegangen, die sich wie ein roter Faden durch die Revolution ziehen. Das bekannteste Erziehungsprogramm jener Zeit stammt von MIRABEAU. Es wurde allerdings erst nach seinem Tod (1791) veröffentlicht, konnte aber umso nachhaltiger wirken, als es in einer Periode bekannt wurde, in der man auf die Lösung der Persönlichkeit aus der Herrschaft der Kirche besonderen Wert legte. In seiner Arbeit » Über die öffentliche Erziehung« hatte Mirabeau geschrieben:

Ohne eine gute gesellschaftliche Einrichtung kann man zwar die Erziehung der Menschen anfangen, aber nicht vollenden. Alsdann müssen sie sich selbst erziehen, indem sie stets andringenden, falschen Richtungen widerstehen. In einer wohlgeordneten Gesellschaft aber ladet alles die Menschen ein, ihre natürlichen Gaben zu vervollkommnen. Ohne daß man sich darein mischt, wird die Erziehung gut sein, ja sie wird umso besser sein, je größeren Spielraum man dem Kunstfleiße der Lehrer und der Nacheiferung der Schüler gelassen hat, und da sie sich immer nach dem Vermögen und den Naturgaben richten wird, so wird man weniger Schüler sehen, die ihre Jugend auf Studien verschwenden, die über ihre Kräfte gehen, oder die sich eine peinliche Existenz schaffen, indem sie nach Berufen streben, die ihre Vermögensverhältnisse übersteigen.

Und an anderer Stelle heißt es:

Durch dies alles unter den Bürgern eine tatsächliche Gleichheit herzustellen, und die durch das Gesetz anerkannte politische Gleichheit zu einer wirklichen zu machen, das muß das erste Ziel eines nationalen Erziehungswesens sein; und für ein solches Sorge zu tragen, ist unter diesem Gesichtspunkt für die öffentliche Gewalt ein Gebot der Gerechtigkeit.*

Der hier zum Ausdruck gebrachte Gleichheitsgedanke war es, der in der Phase der »Revolution de l'égalité« (s. S. 114), in der die Jakobiner vorherrschten, seine Früchte trug. Allerdings wurden diese Früchte viel zu früh gepflückt und konnten deshalb den Revolutionären nicht bekommen. »L'incorruptible«, der unbestechliche Robespierre, sprach bei jeder Gelegenheit von Gerechtigkeit und Gleichheit, mußte letztendlich aber dem Anwachsen des Terrors einer nach égalité schreienden Masse erliegen. Den Ultrarevolutionären (Hébertisten), die am 10. November 1793 mit dem »Fest der Freiheit und Vernunft« in der Kathedrale Nôtre Dame den Atheismus gefeiert hatten, setzte Robespierre Anfang 1794 in Reden vor dem Konvent seine Gottesauffassung entgegen. Gott war für ihn identisch mit dem »höchsten Wesen«, das sich irgendwie ins Nebulöse

* zitiert nach Alt: »Erziehungsprogramme...«

verlor und mit dem Gottesbegriff des vorausgegangenen Jahrhunderts nichts mehr gemein hatte, wohl aber mit der Aufklärungsphilosophie. Das Gute und Edle in Mensch und Gesellschaft galt ihm als etwas Göttliches und Frankreich dazu berufen, dieses Göttliche in der Welt zu konkretisieren. In einer Rede vor dem Konvent fragte er am 5. Februar 1794: »Habt ihr eine Revolution ohne Revolution gewollt?« Seine Auffassung, daß die Revolution weitergehen müsse, begründete er dann mit der enthusiasmierenden Hoffnung: »Möge Frankreich, das ehemals bei den versklavten Völkern hochgerühmte, das alle bestehenden Völker an Ruhm überstrahlende, möge Frankreich das Vorbild der Nationen werden, der Schrecken der Bedrücker, der Trost der Bedrückten, die Zierde des Weltalls!« Das »Weltall«, das Universum war bei den Freimaurern längst schon an die Stelle Gottes getreten, und Robespierre, der Freimaurer, brachte dem »Weltall« größte Verehrung entgegen. Wie aber sollte das Universum religiös verstanden und mit einem vernunftgemäßen Denken in Übereinstimmung gebracht werden? Wie sollte das Volk bildhaft und anschaulich begreifen, was »der Unbestechliche« glaubte, wenn er vom »höchsten Wesen« sprach?

Im Mai des gleichen Jahres, wenige Wochen vor seinem Tod, wollte er das Dasein Gottes für das französische Volk zum Gesetz erklären. Bald darauf wurde für den 20. *Prairial* (8. Juni) ein nationaler Feiertag angesetzt, der ihm Gelegenheit bot, sich dem Volk auf einer eigens vor den Tuilerien errichteten Estrade als Verfechter einer vernunftgemäßen Religion zu zeigen. Er erschien mit einem Blumenstrauß in der Hand, von den Mitgliedern des Konvents begleitet, und hielt eine Rede zu Ehren des »höchsten Wesens« (»*Etre suprême*«). Aus dieser Szene haben seine späteren Gegner den berüchtigten »Kult der Vernunft« (»*Cult de la raison*«) und ihn selbst zum Oberpriester der »Göttin Vernunft« gemacht, der Robespierre »geopfert« haben soll. In Wirklichkeit hatte Robespierre schon im Jakobinerklub den Kult der Vernunft und den Atheismus als Religion der Aristokraten erklärt und wollte zu einer neuen Art von Gottesverehrung gelangen. Das berüchtigte Ereignis vom 8. Juni richtete sich gegen die antireligiöse Politik der Ultralinken im Wohlfahrtsausschuß, die sich bereits gegen ihn zusammengeschlossen hatten. Er mußte sich aber auch gegen eine rechte Opposition zur Wehr setzen, die später,

144

wie Napoleon sagte, aus Robespierre » den Sündenbock der Revolution «
gemacht hat.

Carnot, der der Organisator der *levée en masse* gewesen war, stand als
Mitglied des Wohlfahrtsausschusses an der Spitze der Robespierre-Geg-
ner, und obwohl er nichts getan hatte, um der fortdauernden Eigendyna-
mik der Schreckensherrschaft Einhalt zu gebieten, wurde er nun der
Jakobinerdiktatur überdrüssig. Er schloß sich einer Verschwörergruppe
an, deren Fäden der geschickte Joseph Fouché (1759–1820) gezogen
hatte. Fouché sollte später Polizeiminister Napoleons werden und hat
sich wie kein anderer vor ihm auf die Schulung einer Geheimpolizei mit
ausgedehntem Spitzelwesen verstanden. Die Verschwörer schlugen zu,
als Robespierre in der Sitzung des Konvents am 9. *Thermidor* (27. Juni)
neue Vollmachten forderte. Er wurde niedergeschrien und verlangte
daraufhin für sich selbst die Anklage vor dem Revolutionstribunal, wis-
send, daß sie den sicheren Tod bedeutete. » Die Revolution ist verloren,
die Räuber triumphieren «, sagte er. Er wurde verhaftet und von seinem
Bewacher, dem Gendarmen Merdol, zusammengeschlagen. Am nächsten Tag wurde er mit seinem Bruder Augustin und Saint-Just hingerichtet. Nur 16 der 48 Sektionen der Stadt hatten den schwachen Versuch gemacht, sie zu retten. Nun rührte sich für Robespierre und seine
Gefährten keine Hand mehr. In der darauffolgenden Woche wurden
105 Mitglieder des Jakobinerklubs enthauptet. Robespierres Anhänger,
darunter General Bonaparte, wurden entlassen.

Das in den letzten vier Jahren reich gewordene Bürgertum, die Ar-
meelieferanten, die Aufkäufer der Güter und die Spekulanten jubelten.
Sie feierten den Tod des gestürzten Jakobiners mit Orgien wilder Freude.
Die egalitäre Gesellschaft, die nur durch die Auslegung des Terrors als
» Emanation der Tugend « zusammengehalten worden war, brach aus-
einander.

Das Ende der Revolution

Die »Thermidorianer«, die im Jahr II der Revolution (1794) Robespierre und seine Getreuen gestürzt hatten, waren kaum besser als ihre jakobinischen Vorgänger. Mit ihnen begann bereits die Konterrevolution heraufzuziehen, die eine neue Form des Terrorismus in Paris und in den Provinzen nach sich zog. Das gemäßigte Bürgertum, soweit es »la grande Terreur« überlebt hatte, spielte wieder seine alte politische Rolle: Die Girondisten wurden im Konvent erneut zugelassen. Die »jeunesse d'orée«, die »goldene Jugend« des Besitzbürgertums, eine Ansammlung von Bürgersöhnen und Stutzern jeglicher Provenienz, zerstörte die Pariser Klubs der Jakobiner; die sozialen und politischen Spannungen hielten an; das Land stand wieder einmal vor dem Bankrott.

Der Konvent war zwar entschlossen, die Republik als Staatsform beizubehalten, wollte sie aber auf neue Grundlagen stellen. So löste sich der Konvent 1795 auf, und das Land erhielt die dritte Verfassung innerhalb von vier Jahren. Das allgemeine Wahlrecht wurde wieder abgeschafft. Nur der direkte Steuerzahler erhielt Stimmrecht. Die gesetzgebende Gewalt lag bei zwei »Kammern«. Dem »Rat der Fünfhundert«, der unteren Kammer, gehörten Abgeordnete mit dem Mindestalter von dreißig Jahren an. Sie debattierten die Gesetze, denen der »Rat der Alten«, die obere Kammer, seine Zustimmung geben mußte, wo die mindestens Vierzigjährigen das Sagen hatten. Beide Kammern wählten gemeinsam ein »Direktorium« von fünf Männern, denen die ausübende Gewalt übertragen wurde. Allmählich wurde einer dieser fünf ausgelost und mußte ausscheiden. Die Machtkämpfe in den Kammern und im Direktorium nahmen kein Ende.

Im Mai 1796 schlug die Regierung den letzten Sansculotten-Aufstand nieder. Er war durch FRANÇOIS NOËL BABEUF (1760–1797) hervorgerufen worden. Seine »Gesellschaft der Gleichen« verlangte die volle égalité aller Bürger und stand somit außerhalb der Verfassung von 1795. »Die Früchte der Erde gehören allen, die Erde aber niemandem«, hatte er erklärt und damit sozialistische Tendenzen in die sterbende Sansculottenbewegung hineingetragen.

146

Bei Babeuf und seiner »Gesellschaft der Gleichen« taucht das schon vergessene Ideal der Brüderlichkeit in neuer Form wieder auf: Gleichheit sollte nicht nur in bezug auf das Stimmrecht gelten, sondern auch in den Besitzverhältnissen. Die »Gesellschaft der Gleichen« war eine verschworene Gemeinschaft. Ihre Forderungen nach allmählicher Aufhebung des Eigentums durch einen allmählichen Abbau des Erbrechts und nach Einführung einer Arbeitspflicht für alle Staatsbürger wiesen weit in die Zukunft. Was die »Gleichen« wollten, kam viel zu früh, mußte in der Zeit der Direktorialverfassung wie eine Rückwendung zu den Idealen des Jakobinertums erscheinen und wurde nach dem Tod Robespierres als Wiederholung der Schreckensherrschaft mißverstanden. Tatsächlich aber trug die »Verschwörung der Gleichen« Zukunftselemente, die erst viel später verstanden werden konnten. Und man kann sich bei Babeuf des Rudolf Steiner-Satzes erinnern: »Es würde einfach ein unsagbares Unglück und eine Zurückwerfung sein in der Entwicklung, wenn man am Ende des fünften nachatlantischen Zeitraumes, des Zeitraumes der Bewußtseinsseele, nicht wenigstens bis zu einem hohen Grade unter den Menschen die Brüderlichkeit ausgebildet hätte.« (s. S. 116)

Daß Babeufs Vorstellungen in seiner Zeit Utopie waren und außerdem von dem wiedererstarkten Bürgertum mit Waffengewalt unterdrückt wurden, spricht nicht gegen sie; lebten sie doch auch schon bei den frühen Sozialisten des beginnenden 19. Jahrhunderts weiter. Babeuf und die meisten der Verschwörer wurden gefangengenommen, er selbst am 21. Mai 1797 hingerichtet.

Die direktoriale Regierung war für die Rechtsgleichheit innerhalb der eigenen bürgerlichen Klasse und für die Brüderlichkeit in den Freimaurerlogen, denen ihre Vertreter angehörten; sonst aber wollten sie die für sie günstigen Ergebnisse der Revolutionsjahre sicherstellen. Der erstaunliche Kampfgeist der Jakobiner war aber trotz der rückläufigen Entwicklung der Revolution nur schwer zu brechen. Sie forderten Brot und die Wiedereinsetzung der Verfassung von 1793, dieses Credo aller revolutionär Gebliebenen. Aber die Direktorialregierung war zu schwach, um den Kampf gegen die Royalisten einerseits und die sansculottischen Massen andererseits erfolgreich zu bestehen. Da mußte ein starker Mann

kommen, der als Retter in der Not auftreten konnte: der junge General
Napoleon Bonaparte (1769–1821), der nach dem Sturz Robespierres
entlassen, später aber wieder eingestellt worden war.

Das Direktorium unterschätzte die politischen Fähigkeiten des ehemaligen Jakobiners Bonaparte. Er hatte einen Royalistenaufstand in Paris
niedergeschlagen und sehr bald erkannt, daß nur er dem wirtschaftlich
ruinierten Frankreich würde helfen können. Sieyès (s. S. 43), der als Mitglied des Direktoriums wieder an Bedeutung gewann, sah in dem nicht
zu bezwingenden Jakobinertum die größte Gefahr und wollte die Armee
als stärkste Waffe gegen die Sansculotten einsetzen. Nicht Napoleon,
wohl aber dessen Bruder Lucien konnte er gewinnen, gegen die Jakobiner vorzugehen und den wiedererstandenen Jakobinerklub erneut zu
schließen. Den jakobinisch empfindenden JEAN BAPTISTE BERNADOTTE
(1763–1844), der später als Karl XIV. König von Schweden werden
sollte, nötigte Sieyès zum Rücktritt aus dem Direktorium, in dem er das
Ressort für den Krieg innehatte.

Um noch schärfer vorgehen zu können, hielt Sieyès Ausschau nach
einem kompetenten Heerführer. Und das war Napoleon, der vom Direktorium zum Kampf gegen Österreich nach Oberitalien entsandt worden war und große militärische Siege errungen hatte. Das Direktorium
konnte sich nur noch auf die Armee stützen, die allein noch in der Lage
war, die Nation zusammenzuhalten. Am Ende der durch Staatsstreiche
erschütterten Direktorialverfassung stand der 18. Brumaire (9. November) des Jahres III (1799), als das Direktorium zersprengt und Napoleon
als »erster Konsul« faktisch zum Alleinherrscher Frankreichs erkoren
wurde. Die Herrschaft Napoleons war jedoch keine reine Militärdiktatur. Er schuf eine neue Verfassung, in der durchaus jakobinische Elemente enthalten waren – allgemeines Wahlrecht, Wahlalter 21 Jahre und
Plebiszite, die die Zustimmung der Volksmassen sichern sollten. Den
Soldaten erklärte er: »Ihr habt Schlachten gewonnen ohne Kanonen,
Flüsse überschritten ohne Brücken, anstrengende Märsche ausgeführt
ohne Schuhe, biwakiert ohne Branntwein und häufig ohne Brot. Nur die
Soldaten der Freiheit waren fähig, das auszustehen, was ihr ausgestanden
habt.« Diese Sprache zündete, und die Siegeszuversicht der Revolution
von 1789 erwachte von neuem.

148

Mit Napoleon, den Madame de Staël den »Robespierre zu Pferde« und Steiner den »Testamentsvollstrecker der Revolution« genannt hat, begann eine neue Ära. In einem Aufruf an die Bürger hat er die Weiterführung der Revolution noch für »festgelegt auf die Grundsätze, die sie begonnen haben«, erklärt, sie aber gleichzeitig als »beendet« bezeichnet. Und sie war auch zu Ende gegangen. Napoleon fand keinen Widerspruch mehr. Zweimal sieben Jahre lang – von 1799 bis 1813 – wurde er zum Herrn Europas, das die Idee der Revolution auch dann noch aufnahm, nachdem es Napoleon in den Befreiungskriegen niedergerungen hatte.

Im Kampf gegen Napoleon erstarkte das Bewußtsein der »nationalen« Eigentümlichkeiten der Völker gegenüber der französischen »Fremdherrschaft« und zugleich wuchs der Wille, die Befreiung als Aufgabe zu verstehen. Man wollte die Staatsgeschäfte nicht mehr dem souveränen Fürsten überlassen; man wollte mitbestimmen. Und die Begriffe »Freiheit« und »Gleichheit« schwanden nie mehr aus dem Gedächtnis der Freiheitskämpfer in Europa, mochten auch die Jahrzehnte bis zu ihrer relativen Verwirklichung vergehen. Was 1789 als bürgerliche Umwälzung begonnen hatte, ist in der Folgezeit »eine in ihrer Dramatik kaum überbietbare Folge von Revolution – Konterrevolution – Reform – Krise – Krieg – Aufschwung – Stagnation – Dekadenz« geworden, »aus deren Feuer eine neue Epoche der Menschheitsgeschichte Gestalt gewinnt« (Manfred Kossok). Die »Große Revolution« von 1789 markiert den Höhepunkt in der Geschichte der bürgerlichen Gesellschaft. Ihre epochale Bedeutung ist nicht zu bestreiten. Der moderne Revolutionsbegriff wurde von den Ereignissen des Jahres 1789 geprägt. Für den heutigen Historiker wird fast kommentarlos als »Revolution« bezeichnet, was den Zeitgenossen in der jeweiligen Situation als Verfassungskampf, Verteidigung des »guten alten Rechts«, Bürgerkrieg oder Abwehr tyrannischer Macht erschien. Eine klassische »Revolution« fand in diesem Sinne weder in den Bauernkriegen noch in der »Glorious Revolution« statt und auch nicht im amerikanischen Unabhängigkeitskrieg gegen die britische Krone. Der moderne Begriff der Revolution ist erstmals und in einmaliger Reife durch die zäsursetzenden Ereignisse 1789 in Frankreich geprägt worden.

Einzelschicksale
zwischen Idealismus und Terror

Zeittendenzen

Die großen Revolutionäre, die schicksalhaft in die französischen Umwälzungen von 1789 verwickelt waren, die den König stürzten, Unschuldige hinrichten ließen, Frankreich zur Republik machten, in Paris ihre Schreckensherrschaft errichteten – sie hatten alle einmal ganz anders angefangen. Sie waren Patrioten im besten Sinn des Wortes, und ursprünglich besaßen fast alle von ihnen ein hohes Maß an Ehrgefühl und Gerechtigkeitssinn.

Robespierre hat in der Ekstase einer Rede einmal die Revolution mit den Worten definiert:

> Ja, meine Herren, es gibt dieses absolute, unwiderstehliche Gefühl, dieses tiefe Entsetzen vor der Tyrannei, diese Begeisterung für die Unterdrückten, diese große, unendliche Liebe für die Menschheit, ohne welche die Revolution nichts anderes ist, als ein furchtbares Verbrechen, das ein anderes Verbrechen vernichtet. Ja, wir haben den Ehrgeiz, die erste Republik der Welt zu begründen, wir haben den Ehrgeiz, das zu machen, was bis jetzt niemand vollbracht hat.

Wenn man solche Worte liest, ahnt man, worauf der Bogen gründet, den man von den Geistesgrößen der deutschen Klassik zu den französischen Revolutionären schlagen kann. Rudolf Steiner hat das getan. Im Vortrag vom 15. November 1916, in dem er die Rhythmen in Goethes Leben behandelte, kam er überraschend auf die Zeitimpulse zu sprechen, die sowohl in den Dichtern als auch in den Revolutionären der damaligen Zeit lebten:

Bedenken Sie, wie vieles von dem, was wir gerade bei Goethe aufleuchten sehen..., wir auch in Herder aufleuchten sehen. Aber man
kann viel weiter gehen. Wenn man Goethe ansieht, tritt es vielleicht
nicht gleich hervor... Aber wenn man Schiller ansieht, wenn man
Herder ansieht, Lessing ansieht, so wird man sagen: zwar ist ihr Leben
anders geworden, aber in den Tendenzen, in den Impulsen lebt bei
Goethe, bei Schiller, bei Herder, bei Lessing durchaus eine Seelenan-
lage, durch die sie hätten unter anderen Verhältnissen ebenso gut ein
Mirabeau, ein Danton werden können. Sie stimmen wirklich mit ihrem Zeitalter zusammen. Bei Schiller wird es sich ja gar nicht so
schwer nachweisen lassen; denn Schillers Gesinnung wird niemand,
insofern Schiller der Dichter der »Räuber«, des »Fiesco«, der »Kabale
und Liebe« war, sehr weit abstechend sehen von der Gesinnung eines
Mirabeau oder Danton oder selbst Robespierre. Nur daß Schiller nicht
dieselben Impulse, wie Danton, Robespierre, Mirabeau in ihre politischen Tendenzen hinein haben fließen lassen, ins Literarische, ins
Künstlerische fließen ließ. Aber in Bezug auf das Seelenblut, das die
Weltgeschichte durchpulst, fließt in den »Räubern« genau dasselbe
Seelenblut wie in den Taten Dantons, Mirabeaus und Robespierres;
und es floß dieses selbe Seelenblut aber auch in Goethe, wenn man
auch zunächst sich vorstellen möchte, daß Goethe recht, recht weit
von einem Revolutionär entfernt ist. Das ist er aber gar nicht, das ist er
durchaus nicht. Nur kommt bei dieser komplizierten Natur, bei der
Goethenatur eben auch eine besondere Komplikation von karmischen
Impulsen zustande, von Schicksalsimpulsen, welche ihn schon in der
frühesten Jugend in einer ganz besonderen Weise in die Welt hin-
einstellen, diesen Goethe.

Goethe, Schiller, Herder und Lessing in einem Atemzug mit den Revolutionären zu nennen, die Europa und die Welt veränderten, das sollte
uns veranlassen, in kürze einige dieser Lebensläufe zu skizzieren. Wir
verzichten auf Mirabeau, über den hervorragende Biographien vorlie-
gen. Doch an den Schicksalen von Marat, Danton, Robespierre und
Saint-Just sollen »Seelenanlagen« und »Impulse« der Zeit anschaulich
werden. Mit Ausnahme des 1793 ermordeten Marat haben sie alle im

gleichen Jahr 1794 ihr Leben auf der Guillotine beenden müssen. Geboren wurden sie kurz vor oder nach Goethe, sind also mit ihm »gleichzeitig« und stimmen daher »wirklich mit ihrem Zeitalter zusammen«.

Beginnen wir mit demjenigen unter ihnen, der sechs Jahre älter war als Goethe und wegen seiner Farbenlehre dessen Anerkennung fand, mit dem Arzt Marat, dem am wütendsten Verfolgten und Meistverleumdeten der großen Revolutionäre.

Jean Paul Marat

Marat stammt aus der italienischen Familie Mara und wurde 1743 in der Schweiz geboren. Als Sohn eines ehemaligen katholischen Priesters, der aus seiner Heimat fliehen mußte und in Boudry Calvinist geworden war, wurde Marat protestantisch-strenggläubig erzogen. Er ging 1759 – im Geburtsjahr Schillers – als Hauslehrer nach Bordeaux und war zwischen 1762 und 1765 in Paris, um dort Medizin zu studieren. In dieser Zeit beschäftigte er sich intensiv mit Montesquieu und Rousseau. Nach 1765 lebte er elf Jahre in England und Schottland, wurde von der Universität St. Andrews zum Doktor der Medizin promoviert und praktizierte als angesehener Arzt in London, wo er 1774 Mitglied der Großen Loge der englischen Freimaurer wurde. Im gleichen Jahr veröffentlichte er in englischer Sprache sein philosophisches Hauptwerk » The chaines of slavery « – »Ketten der Sklaverei«, in dem er ganz im Geist der Aufklärungsphilosophie gegen die schlechte Regierung der Fürsten als Ursache der gesellschaftlichen Mißstände zu Felde zieht, die Befreiung der Völker von der Tyrannei fordert und als Verehrer Rousseaus radikale republikanische Forderung erhebt.

Als 34jähriger übersiedelte er nach Frankreich und wurde 1777 Arzt am Hof der Grafen Artois, eines der führenden Mitglieder des Hochadels in Paris. Stand das nicht in eklatantem Widerspruch zu seinen »Ketten der Sklaverei«, die auch in französischer Übersetzung erschienen? Aber viele Aristokraten Frankreichs sympathisierten mit Rousseaus »Contrat social«, ohne an dessen Konsequenzen zu denken. Marat blieb etwa sieben Jahre beim Grafen von Artois und hatte nicht nur dessen Hof, sondern auch die stattliche Anzahl von Leibgardisten des Grafen ärztlich zu betreuen. In diesen Jahren ließ er eine Reihe aufsehenerregender naturwissenschaftlicher Schriften erscheinen, über Elektrizität in der Heilpraxis, über elementare Fragen der Optik, über das Licht. Er übersetzte Newtons Optik ins Französische, wofür er, ähnlich Goethe, Lob erhielt. Jahrelang hatte er gegen die Widerstände und Bosheiten der wissenschaftlichen Akademien zu kämpfen, die auf seine fast goetheanistische Naturanschauung erbittert reagierten.

Neben seiner bedeutenden naturwissenschaftlichen Tätigkeit und ärztlichen Praxis führte er eine umfangreiche Korrespondenz, die er übrigens auch während der Revolutionsjahre nie vernachlässigte. Er hatte ein für seine Zeit sehr gut eingerichtetes Labor und hätte sich mit seinen wissenschaftlichen Untersuchungen zufriedengeben können, wenn ihn sein Herz nicht zu den armen und unterdrückten Schichten des Volkes gezogen und seine calvinistische Erziehung ihm nicht unterschwellig stets etwas von der »Gerechtigkeit Gottes« eingeflößt hätte.

Am Hof des Grafen von Artois, mit gutem Gehalt und in der Umgebung wohlmeinender Adliger, plagte ihn sein Gewissen. Er verfaßte 1780 eine Schrift, die ihn weit über Rousseau hinausgehen ließ, den »Plan de législation criminelle« – »Plan einer Strafgesetzgebung«. Dieses Werk zeigt ihn als Gegner des Materialismus und Atheismus seiner Zeit, trat er doch für die Freiheit des Volkes und die Rebellion gegen Fürstentyrannei ein, verlangte Glaubensfreiheit für alle und forderte von der Gesellschaft die Errichtung »nationaler Werkstätten« zur Beschäftigung von Dieben, die aus Hunger und Not rechtsbrüchig wurden und straffrei bleiben sollten. 1784 verlor er seine Stellung, geriet in finanzielle Schwierigkeiten und wurde zudem schwer krank.

Eine gewaltige Wende bedeutete im Leben Marats der Auftakt zur Revolution. Die Einberufung der États généraux 1789 machte auf ihn einen »mächtigen Eindruck« und führte für den Kranken eine »heilsame Krise« herbei; so berichtete er in einem an den Präsidenten der verfassunggebenden Versammlung gerichteten Brief von 1790. Er hatte schon im Februar 1789 eine Schrift zu den bevorstehenden Wahlen veröffentlicht: »Offrande à la patrie« – »Gabe an das Vaterland«. In ihr trat

153

er für durchgreifende Reformen des Staates ein, forderte noch vor dem Zusammentreten der drei Generalstände bereits eine neue Verfassung und die Anerkennung des Dritten Standes als gleichberechtigt neben den beiden anderen Ständen. Presse- und Versammlungsfreiheit sollten garantiert, eine radikale Strafreform durchgeführt werden.

Bis zu dieser Schrift war Marat durchaus königstreu eingestellt. Doch schon einen Monat nach ihrer Drucklegung, im März 1789, ergänzte er sie um ein neues Pamphlet: » *Supplément à l'offrande . . .* «, in dem die Form der Einberufung der Ständeversammlung und deren Zusammensetzung heftig kritisiert wird. Das dumpfe Grollen der Pariser Lohnarbeiter, Bediensteten, Kleinhändler und Handwerker, das in einer für 150.000 Pariser Entrechtete eingereichten » Petition « an die Ständeversammlung zum Ausdruck kam, zwang Marat zum Handeln. Er verfaßte den Entwurf für eine Menschenrechtserklärung, » *Déclaration des droits de l'homme et du citoyen* «, lange bevor La Fayette (s. S. 49), der von Marat gar nicht geschätzt wurde, seine Menschenrechtserklärung vor die Nationalversammlung brachte. Marats Entwurf erschien bereits im Frühjahr 1789, noch bevor sich der Dritte Stand zur Nationalversammlung erklärt hatte.

Er erkannte schon sehr früh, daß die Revolution in ihrer ersten Phase (s. S. 114) dem Besitzbürgertum Vorteile brachte, die Masse der Bevölkerung aber in Not und Elend ließ. Er gründete deshalb im September 1789 eine Zeitschrift, die zuerst » Pariser Publizist «, bald aber schon » Volksfreund « –» *L'Ami du peuple* « hieß. Es war die bedeutendste unter den vielen Zeitungen, die damals aus dem Boden schossen. Als » Volksfreund « wurde dann auch Marat von den Besitzlosen tituliert und sehr geliebt. Er wurde zum Anwalt der Armen und blieb es bis zu seinem Tod. Schon am 8. Oktober 1789 erließ die von der Nationalversammlung legitimierte Regierung einen Haftbefehl gegen Marat. Fast drei Jahre lang geht er zeitweilig in den Untergrund, wird von Quartier zu Quartier gehetzt, muß monatelang in feuchten Kellern hausen, seine Schriften werden von den revolutionären Behörden konfisziert, aber er arbeitet weiter, abwechselnd in der Illegalität und in aller Öffentlichkeit. Er, der » kein Insekt leiden sehen konnte «, wurde nun zum Gegner » falscher Humanitätsbegriffe, die später ganze Blutströme vergießen werden «. Im Herbst 1791 flüchtete er für einige Monate nach England.

Indessen wurde die neue, »legislative Nationalversammlung« aufgrund des Zensuswahlrechts gewählt. Marat kehrte im Februar 1792 nach Paris zurück. Die Teuerung und der Hunger der Unterprivilegierten waren gewachsen. Marats franziskanische Natur trieb ihn in Arbeiterbezirke, wo die Verzweiflung über den Wucher der reich gewordenen Revolutionäre am größten war. Jetzt forderte er in seinem »Volksfreund« die Absetzung des Königs und die Erneuerung des gesamten Staatsapparats. Er spielte fortan eine führende Rolle im Klub der Cordeliers und auch in dem der Jakobiner (s. S. 119). Seine Anhängerschaft aber rekrutierte sich aus den Schichten der Stadtarmut.

Nach der Absetzung des Königs am 10. August 1792, der Ausrufung der Republik und den Wahlen zum Nationalkonvent zog er als Deputierter von Paris in das neue Parlament ein. Er stellte seinen »Volksfreund« ein und gab mit dem 25. September eine neue Zeitschrift heraus, die den Titel trug: »Zeitung der Französischen Republik, von Marat, dem Volksfreund« – »*Journal de la République Française ...*«. Im Konvent schlug er sich auf die Seite Robespierres und der »Berg«-Partei (s. S. 121 f.), und sofort wurde er von den Girondisten angegriffen, die ihm die Verantwortung für die »Septembermorde« anlasten wollten. Zusammen mit Robespierre wurde er von ihnen angeklagt, aber sein Einfluß auf die Sansculotten war viel zu stark, als daß ihm die »Gironde« gefährlich werden konnte. Für seine Gegner wurde er zum Inbegriff der Anarchie, weil er den Ladensturm der Hungernden gebilligt und verteidigt hatte. Seine Popularität in der Pariser Bevölkerung beunruhigte die Girondisten so sehr, daß sie ihn schließlich am 24. April 1793 wegen »Aufreizung des Volkes« vor das Revolutionstribunal brachten. Er wurde einstimmig freigesprochen, und die Rückkehr in seine armselige Wohnung glich einem Triumphzug durch die Straßen von Paris.

Seine Feinde aber schütteten Kübel der Verleumdung über ihn aus. Sein schon lange angeschlagener Gesundheitszustand verschlechterte sich rapide. Er konnte an den Konventssitzungen nicht mehr teilnehmen. Am 11. Juli bat CHARLOTTE CORDAY (1768–1793), eine fanatische Royalistin, zunächst bei dem Kranken um Audienz, und als sie keine Antwort erhielt, drang sie am 13. Juli in die Wohnung Marats ein und ermordete den wehrlos in einem Bad sitzenden Kranken mit einem Messer. Sein Tod erschütterte ganz Paris. Das Volk ehrte ihn mit einem grandiosen Leichenzug, der von seinem Freund, dem Maler Jacques Louis David (1748–1825), arrangiert worden war. Wie es mit ihm ohne Charlotte Cordays Dolch weitergegangen wäre, läßt sich nicht ermessen.

Georges Jacques Danton

Im gleichen Jahr wie Schiller geboren, 1759, erhielt Danton, der Sohn eines Anwalts aus Arcis-sur-Aube in der Champagne, seine Erziehung in Troyes und ging 1780 mit 21 Jahren nach Paris, um Jura zu studieren. Seinen Beruf als Advokat übte er, nach kurzer Zeit in Reims, ab 1785 in der Hauptstadt aus.

Sein fleischiges, von Blattern zernarbtes Gesicht und sein energisches Kinn gaben seinem mächtigen Kopf wie auch sein herkulischer Körperbau seiner ganzen Gestalt etwas machtvoll Leidenschaftliches. »Er hatte etwas vom Löwen, von der Dogge und viel vom Stier«, sagte Michelet von ihm. Er soll »unmäßig im Genuß« gewesen sein.

Danton war kein Theoretiker. Er war ein Mann der Tat, und »in der Stunde des Handelns tobten seine Energien sich aus, wie der Strom, der ein Gebirge durchbricht« (Paul Fröhlich). Danton konnte in ungestümer Rede die Massen vorantreiben und sie durch dramatische Gesten an sich reißen. Seine Gegner schmähten ihn als rohen, zynischen und vulgären Redner, der sich den Beifall der Menge mit schlechten Witzen erschlich. Die wenigen Reden, die wirklich authentisch sind – im Jakobinerklub, vor der Nationalversammlung und im Konvent –, widersprechen solcher Überlieferung.

Es scheint, daß Danton am 14. Juli 1789 am Sturm auf die Bastille beteiligt war. Sicher ist es nicht, auch wenn es in vielen Lexika geschrieben steht. Aber sein Name ist mit allen großen Ereignissen der Revolution verknüpft. Er schrieb sich im Juli 1789 in die Nationalgarde La Fayettes ein und wurde sein Gegner. Im Januar 1790 brachte er einen ganzen Distrikt auf die Beine, um Marat, der wegen eines Vergehens gegen das Pressegesetz gesucht wurde, vor den Soldaten La Fayettes zu schützen.

Im gleichen Jahr 1790 wurde er eine der prominentesten Persönlichkeiten im Klub der Cordeliers und bald sein Präsident. Die Cordeliers waren neben den Jakobinern und mehr noch als diese der Motor der revolutionären Initiative. Die Flucht der Königsfamilie nach Varennes im Juni 1791 empörte Danton. Vom Klub der Cordeliers ging dann die antiroyalistische Bewegung aus, die am 17. Juli zur großen Demonstration auf dem Marsfeld führte. Das Manifest, das dort von Tausenden unterzeichnet wurde und die Entthronung des Königs forderte, stammte aus der Feder Dantons. Das Massaker auf dem Marsfeld, durch La Fayette veranlaßt, wurde von der Nationalversammlung gebilligt. Danton, von Spionen verfolgt, floh nach England, war aber am 12. September wieder in Paris.

Das Jahr 1792 brachte die Kriegsvorbereitungen der alten Mächte gegen das revolutionäre Frankreich. Das Großbürgertum schürte die Leidenschaften der Massen und verlangte die Kriegserklärung an Österreich. Marat und Robespierre kämpften gegen die Kriegstreiber. Sie forderten die Vollendung der Revolution im Innern vor dem Kampf nach außen. Danton schloß sich ihnen nach einigem Schwanken an. Doch die Kriegspartei siegte, die Pariser Bürger bewaffneten sich, und die Revolution schien verloren. Noch zögerten ihre Führer. Da fand Robespierre die zündende Lösung: Auflösung der Nationalversammlung, Einberufung eines Konvents, der von allen Bürgern zu wählen ist.

Danton drängte jetzt zum offenen Bruch mit der konstitutionellen Monarchie. Die meisten Pariser Sektionen stimmten ihm zu. Er organisierte den Marsch der Pariser zu den Tuilerien am 10. August. Der König wurde abgesetzt, der Volkstribun Danton wurde dem Namen nach Justizminister, war in Wirklichkeit aber der Leiter der Exekutivgewalt, schuf eine revolutionäre Polizei und leitete die Massenaushebungen zur Aufstellung einer neuen Armee. Dann kamen die »Septembermorde«. Man behauptete, Danton habe dem Morden zugesehen, »die Hände in den Taschen, die Stiefel im Blut«. Das trifft nicht zu, allerdings trat er der blinden Wut der Septembermänner auch nicht entgegen, weil er glaubte, sie wollten den Rücken frei haben, bevor sie gegen den äußeren Feind zogen: »Um ihre Anschläge zu verhindern, muß man die Royalisten in Schrecken versetzen.«

Im September wurde er in den Konvent gewählt, legte das Minister-
amt nieder und reiste im November als Kommissar zur Nordarmee. Er
korrigierte die politischen Fehler der Generäle in Belgien, konnte aber
den Verrat Dumouriez' (s. S. 124) nicht verhindern. Die Montagnards,
die Mitglieder der Berg-Partei, begannen ihm zu mißtrauen, die Girondisten verleumdeten ihn. Im Juli 1793 trat er aus dem Wohlfahrtsausschuß aus und zog sich immer mehr zurück. Er umgab sich mit falschen
Freunden und mußte unvermeidlich ein Opfer der Fraktionskämpfe
werden. Am 16. *Germinal* (5. April 1794) bestieg er 34jährig das Schafott.
Drei Monate später endete die große Periode der Revolution mit dem
Tod Robespierres.

Maximilien François Robespierre

Als im Jahr 1770 ein zwölfjähriger Knabe aus Arras sich im Pariser *Col-
lège Louis-le-Grand* vorstellte, nahm der Rektor einen Stipendiaten in die
Obhut seiner berühmten Jesuitenschule, der Frankreichs berühmtester
Revolutionär werden sollte: Maximilien Robespierre.

Geboren wurde er 1758 als Sohn eines Advokaten in Arras. Die Mutter starb bei der Geburt ihres fünften Kindes, der Vater verließ Maximilien und seine Geschwister, ging nach Deutschland und starb 1777 in
München. Der elternlose Schüler erwies sich als brillanter Kopf, und
die Jesuiten erzogen ihn nicht nur zur Disziplin, sondern auch zum
scharfen Denken. Wie immer hielt der Orden des Ignatius von Loyola
die Hand am Puls der Zeit und betete keineswegs nur das Paternoster.
Das *Collège Louis-le-Grand* war vom Geist des Klassizismus erfüllt, die
römische Rhetorik wurde geübt, die Vernunft der römischen Republik
gepriesen. Robespierre und sein Freund Camille Desmoulins lernten
hier die Kunst der freien Rede, die sie in der Revolution zur Meister-
schaft bringen sollten. »Der Römer« wurde Robespierre in der Schule
genannt. Er war ein glühender Verehrer Rousseaus, den er noch in dessen letzten Lebenstagen in Ermenonville aufsuchte. »In meinen Jugend-
jahren hast Du mich gelehrt, die Würde der Natur zu schätzen und

mich über die großen Prinzipien der sozialen Ordnung nachsinnen zu lassen«, schrieb er später.

Altrömische Tugend, Kampf gegen die Tyrannei und republikanische Freiheit waren die Ideale des »Unbestechlichen«. Er studierte Jurisprudenz, wurde 1781 Rechtsanwalt in Arras und führte dort Prozesse für die Armen, für betrogene Rentner, für geprellte alte Frauen.

Als die Generalstände einberufen wurden, stellte er sich sofort zur Wahl und erklärte seinen Wählern, Freiheitsliebe und Unbestechlichkeit seien für einen Volksvertreter ebenso wichtig wie die Beredsamkeit des Herzens. Am 26. April 1789 zog er als Deputierter des Dritten Standes nach Versailles. Rund fünfhundertmal griff er in die Debatten der verfassunggebenden Versammlung ein, blieb aber in der ersten Phase der Revolution ein Außenseiter, der als radikaler Tugendbold galt. Seine wichtigsten Beiträge zur Revolution leistete er zur Zeit der »Legislative« im Jakobinerklub, an dessen Spitze erst Marat und dann Danton stand. An dem Sturm auf die Tuilerien und dem Sturz des Königs war er nicht beteiligt, wohl aber an der Bildung des Nationalkonvents. In der Auseinandersetzung mit den Girondisten, die ihm das Streben nach Diktatur vorwarfen, erklärte er sich klar als demokratischer Republikaner.

Robespierre war von den »wahren Tugendhaften und reinen Revolutionären« der tatsächlich tugendhafteste, gleich unerbittlich und radikal gegen rechts wie links, wenn er das moralische Prinzip der Revolution gefährdet und besudelt sah. So ging der »Unbestechliche« gegen seinen Freund Danton vor, aber auch gegen Hébert und die *enragés*, denen er ultralinke Tendenzen und einen revolutionsfeindlichen Atheismus vorwarf. Er ließ sie im März und April 1794 liquidieren, nachdem er Vorsitzender des schon im April 1793 gegründeten Wohlfahrtsausschusses geworden war. »La Terreur«, der Terror der Revolution, sah Robespierre auf der Höhe seiner Macht. Er war Vorsitzender des Jakobinerklubs, Präsident des Konvents und Haupt des Wohlfahrtsausschusses. Er arbeitete 18 Stunden am Tag, in der Frühe leitete er die Sitzungen des Wohlfahrtsausschusses, nachmittags die des Konvents, abends und nachts den Jakobinerklub. Der »Tugendhafte« und »Unbestechliche« hat sich nie bereichert. Er wohnte in einem ärmlichen Zimmer, bei seinem Tod fand man ganze 17 Francs in seinen Taschen. Er hielt prophetische Reden, und

159

eine »Republik der Tugend« war sein Ziel. Er hatte sich viele Gegner geschaffen; sie brachten ihn in der Sitzung des Konvents am 9. *Thermidor* zu Fall. Als er von ihnen attackiert wurde, verlangte er gegen sich selbst die Anklage. Seine engsten Freunde, Le Bas, Augustin, der jüngere Bruder Robespierres, und Saint-Just, standen auf und verlangten, ebenfalls angeklagt zu werden. Le Bas erschoß sich, Augustin Robespierre stürzte sich aus dem Fenster, Maximilien wurde von seinem Bewacher zusammengeschlagen, und am nächsten Tag, am 26. Juli, fuhr ein Karren den blutig Verwundeten zur Guillotine. Seine Freunde wurden tags darauf hingerichtet. Der jüngste dieser Revolutionäre, Saint-Just, war 27, der älteste, Maximilien Robespierre, 36 Jahre alt.

Charlotte Robespierre, die Schwester der beiden revolutionären Brüder, erhielt von Napoleon eine Pension von 2.000 Francs, die ihr übrigens auch die wiedereingesetzten Bourbonenkönige ließen. Frankreich hat eben ein anderes Verhältnis zur Revolution als andere Länder.

Louis Antoine Saint-Just

Bertrand Barère (1755–1841), ein Revolutionär der ersten Stunde, Mitglied der Nationalversammlung und 1792 vom Departement der Hochpyrenäen in den Konvent gewählt, hatte Robespierre und Saint-Just lange unterstützt und dann für ihren Tod gestimmt. In seinen Memoiren schreibt er über Saint-Just: »Sein Stil war lakonisch, sein Charakter ehern, seine Sitten von einer alles überragenden Strenge. Was seinen Geist vor allem auszeichnete, war die Kühnheit. Er war der erste, der gesagt hat, daß das Geheimnis der Revolution das Wagen sei, und er hat gewagt. Er hat behauptet, daß Revolutionäre nur im Grabe Ruhe finden können. Mit 27 Jahren fand er diese Ruhe.«

Antoine Saint-Just, 1767 in Decize als Sohn eines Kavallerieoffiziers geboren, besuchte die Schule in Soissons, wo er sich glänzende Kenntnisse erwarb. Er schrieb anakreontische Gedichte im Stil seiner Zeit, begeisterte sich aber bald schon an den griechischen und vor allem römischen Schriftstellern der Antike. Er studierte Jura in Reims und wurde dort Lizentiat der Rechte. In einem anonym veröffentlichten epischen Gedicht »*Organt*« verspottete er die Welt des *Ancien régime* und griff die gesellschaftlichen Zustände Frankreichs zynisch an. Die republikanische Staatsform der alten Römer erschien ihm erstrebenswert, und nach dem Sturm auf die Bastille, der Bildung der Nationalversammlung und dem »Zug der Weiber nach Versailles« sah er 1789 in der Revolution die Verwirklichung seiner Ideale. Er nahm 1790 Kontakte mit Robespierre auf und wurde später sein Vertrauter und Freund. Ihm verdankte er es auch, daß er 1792 als Vertreter des Departements Aisne in den Nationalkonvent gewählt wurde. Bei seinem ersten Auftreten im Konvent stimmte er für die Verhängung der Todesstrafe über Ludwig XVI. und hielt flammende Reden gegen den »Bürger Capet«, den gestürzten König. Alle, die nicht für die Hinrichtung des entthronten Ludwig eintraten, bezeichnete er als Feinde der republikanischen Staatsform.

Als Mitglied des Wohlfahrtsausschusses wurde Saint-Just im Oktober 1793 in der Funktion eines Kommissars der Regierung zur Rheinarmee gesandt, um sie zu reorganisieren. In Straßburg schlug er sein Hauptquartier auf, erwies sein Organisationstalent, zeigte sich zugleich aber auch als unerbittlicher, ja despotischer Verfechter der Revolutionsideale. Im Frühjahr und Sommer 1794 wurde er, der alles andere als ein Berufssoldat war, zur Nordarmee geschickt und errang den Sieg von Fleurus. Als Robespierre im Juli 1794 den Kampf gegen seine Gegner aufnehmen mußte, rief er Saint-Just nach Paris zurück. Doch auch dieser konnte ihm nicht mehr helfen. Er versuchte, seinen Freund Maximilien im Konvent zu verteidigen, wurde während seiner Rede jedoch unterbrochen. Am 28. Juli teilte er das Schicksal seiner Freunde und wurde enthauptet.

Revolution in Deutschland

Gespaltene Welt

»Nie wird Frankreich darüber sich einigen können, ob er ein großer Staatsmann oder ein blinder Hetzer war, ob er die Alleinherrschaft für sich anstrebte oder die Diktatur des Proletariats wollte, ob er mit Wonne das Blut seiner Mitmenschen vergoß oder im Augenblick gestürzt wurde, als er dem Schrecken der Guillotine aus Menschenliebe ein Ende bereiten wollte, ob er seinen Nächsten oder nur sich selbst geliebt hat, ob er die Französische Revolution befleckt oder erhöht hat, ob er Frankreich gefördert oder geschädigt hat, ob er der größte und edelste Mensch dieser Zeitenwende war oder ein krankhafter Blutsäufer.« Die Rede ist hier von Robespierre, und geschrieben hat dies Friedrich Sieburg 1935 in Ditchingham in England.

Sein »Robespierre« ist in viele Sprachen übersetzt und immer wieder neu aufgelegt worden. Es ist das wohl bekannteste populärwissenschaftliche Werk über die umstrittenste Figur der Revolution. Umstritten war er schon zu seinen Lebzeiten, erst recht nach seiner Hinrichtung, aber dies nicht nur in Frankreich, sondern in ganz Europa: »Draußen in Europa von Spanien bis Sankt Petersburg, von Irland bis Konstantinopel gibt es kein Wirtshaus, keinen geselligen Tisch, keine Kaminecke, keinen Ruheplatz vor der Haustür, wo nicht zweierlei Meinung heftig ausgetragen würde. Alte Gefährten meiden sich, Freundinnen stellen ihren Briefwechsel ein, Kartenpartien werden abgebrochen, Familien spalten sich, Jünglinge werden rasend, Frauen träumerisch, Greise traurig, Zyniker unruhig und Liebespaare zu Feinden, weil der eine Teil sagt: ›Er ist ein Mörder!‹ und der andere: ›Er verändert das Antlitz der Menschheit!‹«

In der Tat, die Revolution, der durch die Person des Robespierre ein Siegel aufgeprägt wurde, hat in ganz Europa Gegensätze verursacht, die bis in menschliche Beziehungen hineinreichten. Man braucht nur den Anfang von Goethes »Unterhaltungen deutscher Ausgewanderter« zu lesen, um bestätigt zu finden, was Sieburg lebhaft engagiert schreiben konnte:

Was Europa quält ist dies: es ist durch die Grausamkeit, ja Niedrigkeit der Französischen Revolution aufs tiefste erschrocken und fürchtet für seine Bequemlichkeit, aber auch für sein Anstandsgefühl – gleichzeitig aber ist es durch die Kühnheit der neuen Ideen unwiderstehlich verführt und möchte nicht den Weg in die Zukunft verfehlen. Gott, König und Sitte füllen die neue Wagschale, aber die andere zittert mächtig unter dem Druck der schön und schrecklich leuchtenden Worte ›Freiheit, Gleichheit‹. So geschieht es, daß die Welt sich in zwei Teile spaltet – dem einen bangt es vor der Zukunft, der andere möchte sie mitgestalten. Frankreich hat dem alten Europa, das ihm in den Arm fallen wollte, bereits den Kopf eines Königs vor die Füße geschleudert. [Die Schlachten seit 1792] haben dieses sich im Innern zerfleischende Frankreich nach außen einig gezeigt, geeinigt durch einen neuen Glauben, der im Brausen der trikoloren Fahnen adlergleich über den Köpfen dieser Jugend schwebt, durch den Glauben an die französische Nation.

Daß die neuen Ideen für viele Europäer unwiderstehlich waren, zeigt sich vor allem in den deutschen Territorien, die unmittelbar an Frankreich angrenzten. Im Elsaß, das erst hundert Jahre zuvor von Ludwig XIV. von Deutschland losgerissen worden war, hat man die Revolution nicht anders erlebt als in allen anderen Provinzen Frankreichs. Straßburg war durch kulturelle und ökonomische Fäden eng mit dem deutschen Geistesleben verbunden. Wie viele andere war der Student Johann Wolfgang Goethe ganz selbstverständlich von Leipzig zum Weiterstudieren an die Universität Straßburg gegangen. Und nach 1789 wurde diese Stadt zu einem Zentrum der Revolution im deutschsprachigen Raum. In den mit dem Elsaß vielfach verbundenen Ländern verfolgte man teils mit Furcht, teils mit Begeisterung, was sich seit dem »Donnnerkeil« des Mirabeau (s. S. 19) an Veränderungen in Staat und Gesellschaft bei den Franzosen vollzog.

Als nach der Kanonade von Valmy zerlumpte, durch langes Biwakieren verschmutzte und schlecht gerüstete Soldaten der Revolution in die Rheinlande einmarschierten, schieden sich die Geister nicht nur in den betroffenen Gebieten, sondern in ganz Deutschland. Denn mit dem Vordringen der Revolutionsarmee war zugleich auch bekannt geworden, daß der König und seine Familie gefangengenommen worden waren und Frankreich sich zur Republik erklärt hatte. Welche Wirkung hatte das in den von den Revolutionären eingenommenen Gebieten am Rhein? Freiheit und Gleichheit auf der einen, Erhaltung der vorrevolutionären Verhältnisse auf der anderen Seite.

Lassen wir noch einmal Sieburg sprechen: »Gewiß ist es richtig, daß die meisten Menschen draußen unter den letzten fünf Jahren des französischen Gebarens nicht viel mehr verstehen können als eine rote Zipfelmütze, die einst von den Galeerensträflingen getragen wurde und nun das Ehrenzeichen der Freiheit geworden ist. Man kennt gerade das, was auf billigen Kupferstichen zu sehen und was auf Kaffeetassen gemalt ist, ein schmales, rotgestrichenes Schafott mit blinkendem Fallbeil, einen affenhäßlichen Menschen in der Nachthaube, Marat, einen gutmütig aussehenden dicken Mann mit Doppelkinn und stark gebogener Nase, dem die Hände auf dem Rücken zusammengebunden sind, den König, einen schnauzbärtigen Arbeiter mit Ohrringen, der eine große Pfeife raucht, die Hemdärmel hochgeschlagen hat, zwei Pistolen aus dem Gürtel herausschauen läßt und anstatt schicklicher Kniehosen (culottes) lange Beinkleider trägt und darum der Sansculotte genannt wird.«

So und nicht anders betrachteten auch die Hofbeamten, der Adel und die große Zahl der von ihnen abhängigen Kleinbürger in den linksrheinischen Kurfürstentümern die Revolutionäre, als sie 1792 in ihre Länder einfielen. Dennoch wurde der Vormarsch der Truppen des Generals Custine von den Trägern des Geisteslebens allgemein begrüßt, und auch das »niedere Volk« glaubte, in den Franzosen keine fremden Herren, sondern seinesgleichen sehen zu können. Man erinnerte sich der Unruhen, die schon im Revolutionsjahr 1789 entstanden waren, und auch der Emigranten aus Paris, mit denen die Bewohner der erzbischöflichen Residenz ausgiebig Bekanntschaft gemacht hatten.

Kriegsgeschrei und Revolutionstrommeln

Schon im Spätsommer und Herbst 1789 war es in Deutschland in den Territorien und den Städten der geistlichen Kurfürsten zu Unruhen gekommen. Aufgestauter Bürgerzorn machte sich Luft, als mit einiger Verspätung die Pariser Ereignisse den Untertanen der geistlichen Herren zu Ohren kamen. Die Aufhebung des Feudalsystems und die Abschaffung der Standesprivilegien durch die französische Nationalversammlung blieben nicht ohne Wirkung. Im Oktober wurde in der Bischofsstadt Trier der Magistrat vertrieben. Der Erzbischof und Kurfürst mußte eine Kommission einsetzen und sah sich gezwungen, wirtschaftliche Privilegien des Adels und der Geistlichkeit zu beseitigen. Doch solcher Erfolg war nicht von langer Dauer. Vom Kurfürsten wurde das Reichskammergericht in Wetzlar angerufen, das eine »Reichsexekution« anordnete, und so konnten mit militärischer Macht die Trierer Unruhen erstickt werden.

Auch in der Pfalz gärte es, und in Bruchsal wie in Köln kam es zur Auflehnung gegen die bestehende Ordnung. Aber immer gelang es, die Empörung in Grenzen zu halten. Was in Frankreich eigentlich geschehen war, begriff man in Deutschland erst, als 1790 bekannt wurde, daß die französische Nationalversammlung seit dem 2. November 1789 die Kirchengüter beschlagnahmen und zum Staatseigentum erklären ließ. Man merkte auch, daß die Abschaffung der Adelsprivilegien spürbare Folgen hatte. Immer mehr französische Aristokraten kamen mit zahlreichem Gefolge, Gold und Geld nach Deutschland, hoffend, daß eine deutsche Armee dem revolutionären Spuk bald ein Ende bereiten würde. Schreckensnachrichten wurden vom deutschen Adel mit Entsetzen aufgenommen, und die französischen Lakaien sorgten dafür, daß auch das Volk vor der Revolution zitterte.

Das Gros der Emigranten sammelte sich in Koblenz (s. S. 90 f.), d. h. im Herrschaftsbereich des geistlichen Kurfürsten von Trier. Dort war die Niederschlagung des Trierer Aufstandes von 1789 aber nicht vergessen. Der Aufwand, der von den französischen Emigranten betrieben wurde, verärgerte die Bevölkerung dermaßen, daß der Kurfürst, Aufruhr witternd, eine Kommission einsetzte, die allen unbotmäßigen Untertanen auf die Spur kommen sollte. »In Trier ist das Volk sehr unruhig und will seinen Beschwerden abgeholfen wissen«, schrieb Georg Forster damals an seinen Schwiegervater, und: »Der Kurfürst von Trier hat in Koblenz eine Kommission eingesetzt, die einer Inquisition nicht unähnlich sein soll.«

Auch in Mainz regte sich der Unwille, während die große Umwälzung in Frankreich weiterging. Studententumulte und Handwerkeraufstände schadeten dem kurfürstlichen Ansehen, so daß nassauische Truppen dem Mainzer Landesherrn zu Hilfe kommen mußten.

Doch was in Mainz und Trier geschah, war harmlos im Vergleich zu den Ereignissen in Lüttich, die seit 1789 alle deutschen Fürsten aufgeschreckt hatten. In Lüttich, das damals noch unter habsburgischer Herrschaft stehend zum deutschen Reich gehörte, hatte es schon lange gegärt. Nach Ausbruch der Revolution in Frankreich wuchs die Unzufriedenheit der Lütticher. Sie entsannen sich, daß ihr Fürstbischof der Stadt vor hundert Jahren ihr altes Recht zur Wahl des Magistrats genommen hatte und daß seither Adel und Geistlichkeit sich den Grundbesitz der Umgebung angeeignet hatten. Nach 1789 rebellierten die Lütticher und forderten ihre alten Rechte zurück. Der Fürstbischof lenkte ein, verfügte die Besteuerung der geistlichen Güter und gestand der Stadt ihr Recht auf freie Magistratswahl zu. Dann verließ er Lüttich auf schnellstem Weg. Gleichzeitig aber ordnete das Reichskammergericht zu Wetzlar eine »Reichsexekution« gegen das rebellische Lüttich an. Das Fürstentum Münster und die Herzogtümer Cleve und Jülich sollten Lüttich bestrafen. Im November 1789 rückten preußische Truppen gegen die Stadt vor. Die Bürger wehrten sich tapfer, aber 1791 wurden sie doch mit Hilfe der Österreicher bezwungen.

So zeigten die alten Mächte überall ihre militärische Überlegenheit. Es wunderte die deutschen Bürger dann auch nicht, daß Preußen und

Österreich im Bunde mit kleineren deutschen Fürsten und Vertretern des emigrierten französischen Adels Ende August 1791 ein Bündnis gegen das revolutionäre Frankreich schlossen. Truppen wurden in den Rheinlanden zusammengezogen. Die Bevölkerung wartete auf den Ausbruch eines Krieges.

Im Juli 1792 trafen sich in Mainz die Vertreter der alten Mächte: der Kaiser, die Könige von Preußen und Neapel, die Kurfürsten von Trier und Mainz, der Landgraf von Hessen, der Herzog von Braunschweig und die Brüder des französischen Königs, die Grafen von Artois und Provence: eine Heerschau des antirevolutionären Europa. Mit ihren Ministern, dem Troß von Bediensteten und den vielen Soldaten, die sie mit sich führten, boten die Fürstlichkeiten das Bild eines großartigen Kongresses in Mainz.

Georg Forster, der damals Hofbibliothekar in Mainz war, schrieb mit leichter Ironie:

Es schmeichelte uns, ein ganzes Pantheon von kleinen Erdengöttern in einem Haufen in unserem Mainz versammelt zu sehen. Auch dieser Zug verrät die Biegsamkeit der menschlichen Natur, gewisse Gewohnheitsneigungen anzunehmen und sich selbst darin zu gefallen. Die Bewohner einer Stadt, eines Bezirks, einer Provinz, ja ganze Nationen sind oft in ihrer kollektiven Beziehung so eitel auf Beifall erpicht wie in ihren Privatverhältnissen, und wenn sie ihn immer durch wesentliche Vorzüge zu verdienen suchten, so hätte auch diese Reizbarkeit einen moralischen Nutzen…; denn das Prinzip der Nationaleitelkeit ist allenthalben wirksam, und der Mainzer fühlt sich wichtig in seinem Kurfürsten.

Sinn des »Mainzer Kongresses« waren Beratungen über einen Interventionskrieg gegen Frankreich. Am 26. Juli wurden die Beschlüsse der Großen in dem »Manifest des Herzogs von Braunschweig« zusammengefaßt (s. S. 93 f.), das sogleich in der kurfürstlichen Druckerei von Mainz vervielfältigt wurde. Das Manifest verlangte die Wiederherstellung der königlichen Autorität und Rücknahme aller revolutionären Veränderungen. Für die geringste Beleidigung des Königs und seiner

Familie wurde die vollkommene Zerstörung von Paris angedroht. In einem Brief an seinen Schwiegervater urteilte Forster über dieses unsinnige Schriftstück:

> Noch entscheidet sich das Schicksal Frankreichs nicht. Die Preußen und Österreicher finden sich aber in ihrer Hoffnung getäuscht, daß sich die Franzosen ohne Schwertstreich ergeben würden, worauf sie mit der blindesten Überzeugung gerechnet haben. Daher bieten die Emissarien alles in Paris auf, um die Absetzung des Königs durchzusetzen; dadurch hofft man, soll sich die [königliche] Armee für die deutsche Liga erklären, und so marschierte man doch nach Paris. Am Leben des Königs ist ihnen so wenig gelegen, daß sie ihm das Manifest nicht einmal auf eine beglaubigte Weise zugeschickt haben... Aber freilich könnte man in Europa einen schrecklichen Lärm anheben, wenn man den Franzosen nachsagen könnte, daß sie ihren König abgesetzt oder gar ermordet hätten. Kommt es dazu, so geht der Bürgerkrieg los, sonst aber dürften die Deutschen nicht viel ausrichten.

Am 20. August kam Goethe, der seinen Herzog auf der »Campagne in Frankreich« begleiten sollte, nach Mainz und verbrachte dort zwei Abende mit Forster und dessen Freunden. Einen Monat später, am 20. September, trat die Armee der Verbündeten nach der Kanonade von Valmy ihren Rückzug an, und nach abermals einem Monat, am 21. Oktober 1792, rückten die Truppen der Revolution in Mainz ein. Speyer war schon am 25. September, Worms am 5. Oktober eingenommen worden.

Beim Herannahen der Franzosen brach Panik am erzbischöflich-kurfürstlichen Hof in Mainz aus. Der Kurfüst KARL FRIEDRICH JOSEPH FREIHERR VON ERTHAL (1719–1802), einer der konservativsten deutschen Fürsten seiner Zeit, hatte es für richtig gehalten, sich mit einigen Tausend Mann an dem vermeintlichen Siegeszug nach Paris zu beteiligen. Als nach Valmy aber die Franzosen vormarschierten, machte er sich mit seinem gesamten Hofstaat eiligst davon. Den Kutschen der adligen Herren und ihren Damen weinte niemand eine Träne nach. Groß aber war das Erstaunen der Mainzer, als die gefürchteten Revolutionäre in überraschend kleiner Zahl kampflos in die Stadt einmarschierten: zerlumpte, halbverhungerte Burschen, deren Offiziere sich tadellos korrekt verhielten. Die Mainzer hatten bisher immer nur »steife Korporalstocksoldaten« und bärbeißige Feldwebel gekannt. Jetzt sahen sie »Offiziere und Gemeine, die wie Brüder ein Herz und eine Seele« waren und »in den Wirtshäusern an einem Tische« saßen (Forster). Die Bürger der Stadt waren zunächst konsterniert und wußten nicht, was sie mit der Freiheit anfangen sollten, von der die kokardegeschmückten Franzosen redeten.

Die Mainzer »Klubisten«

Jubelnd begrüßt wurden die Revolutionstruppen eigentlich nur von einigen Intellektuellen, Universitätsprofessoren, Studenten und Freisinnigen. Der Kern der Mainzer Revolutionsfreunde entstammte der schon 1789 gegründeten »Gesellschaft«. Sie war von GEORG WILHELM BÖHMER (1761–1839), dem Schwager der berühmten Caroline Schlegel-Schelling, ins Leben gerufen worden. Zwei Tage nach dem Einmarsch der Franzosen konstituierte sich im kurfürstlichen Schloß die »Gesellschaft deutscher Freunde der Freiheit und Gleichheit«, die nichts anderes war als der erste Jakobinerklub in Deutschland. Sie bestand anfangs nur aus zwanzig Mitgliedern, deren Zahl in den nächsten Wochen aber auf 492 anstieg. Der »Gesellschaft deutscher Freunde...« wurden von General Custine, dem Befehlshaber der im Raum von Landau konzentrierten Revolutionstruppen, wichtige Verwaltungsaufgaben übertragen. Er und seine Adjudanten sorgten dafür, daß die »Mainzer Klubisten« am 6. November 1792 ein Statut annahmen, das dem des französischen Jakobinerklubs angeglichen war.

Beim Eintritt in die »Gesellschaft der deutschen Freunde...« hatte jeder einen feierlichen Eid zu schwören, dessen Text dem französischen Gesetz zur Einberufung des Konvents vom 11. August 1792 entnommen war: »Frei leben oder sterben! Ich schwöre, den Gesetzen des freien Volkes gehorsam zu sein und alle diejenigen anzugeben, welche dagegen handeln werden.«

Die Notwendigkeit dieser »Gesellschaft« begründete sie mit den »besonderen Verhältnissen«, die in einem jeden »soeben aus der Knechtschaft wiedergeborenen Staate bestehen, wo noch Parteizwist, Herrschbegierde, Eigennutz und Lüste aller Art die Gemüter entfernen, entzweien und von ihrem heiligen Ziel des allgemeinen Wohls ablenken«. Das Bestehen des Klubs, so heißt es in der Präambel zu den Statuten, sei geboten, »solange nicht das ewige Reich der Vernunft, das wahre Reich der Freiheit über das ganze Erdenrund ausgebreitet und ohne Widerspruch anerkannt worden ist«. Überflüssig werde die »Gesellschaft« erst, »wenn alle Menschen zur Erkenntnis und zum Gefühl ihrer menschlichen Würde gelangt sein werden« und es keine Tyrannen mehr gibt, »welche sich der Menschen als Werkzeuge gegen die Menschheit selbst bedienen«.

Unverkennbar schöpften die Mainzer Revolutionsfreunde aus dem Begriffsvermögen der Aufklärungsphilosophie und dem Gedankengut Rousseaus. Außerdem standen alle der Freimaurerei nahe oder waren Logenmitglieder. Sie glaubten an die Gleichheit aller Menschen und an den »allgemeinen Willen« *(»volonté générale«),* waren also von vornherein auf die Errichtung einer demokratischen Republik orientiert. So war es für die Mainzer »Klubisten« selbstverständlich, daß sie sich sofort den französischen »Brüdern« für den Aufbau eines neuen, bürgerlichen Gemeinwesens auf dem Territorium des Mainzer Kurfürstentums zur Verfügung stellten.

Custine hatte den Mainzern gleich nach der Besetzung erklärt, daß sie sich ihre Regierungsform selbst wählen dürften, überließ es dann aber doch den Mitgliedern der »Gesellschaft der Freunde...«, für eine Übergangszeit administrative Einrichtungen zu schaffen. Demzufolge bestimmte das Statut dieses »Klubs« die Wahl von vier Ausschüssen für das Unterrichts-, Korrespondenz-, Wachsamkeits- und Ökonomiewesen. Dem Unterrichtsausschuß oblag es, zweimal wöchentlich öffentliche Veranstaltungen für das Volk einzurichten und dabei die Vorschriften der Administration zu erläutern sowie auf die Beschlüsse des Pariser Konvents (s. S. 122 ff.) aufmerksam zu machen. Dem Korrespondenzausschuß wurde es zur Aufgabe gemacht, die Reden der Mainzer »Klubisten« zu drucken und an Schwestergesellschaften in Deutschland sowie an den Pariser Konvent zu senden. Außerdem sollte er die öffentliche Meinung in den französisch besetzten Gebieten beeinflussen. Der Wachsamkeitsausschuß wurde gebildet, um die Aktivitäten der Revolutionsgegner zu beobachten und sie gegebenenfalls den Behörden zur Kenntnis zu geben. Eine Art von Spitzelsystem einzuführen, wurde von den »Klubisten« ausdrücklich verworfen. Der Ökonomieausschuß hatte eigentlich nur für den ordnungsgemäßen Eingang der Mitgliederbeiträge zu sorgen und das Geld für Saalmieten und Druckkosten bereitzustellen.

Allen »Klubisten« erschien es notwendig, die Gedanken der Französischen Revolution den deutschen Verhältnissen anzupassen. Die Dekrete des Pariser Konvents wurden kommentiert und der noch ganz im Bann der Kirche stehenden Bevölkerung erläutert – eine außerordentlich schwierige Aufgabe, der sich neu geschaffene Zeitungen anzunehmen hatten. Die Zahl der Presseorgane stieg während der Mainzer Klubistenzeit von zwei auf sieben an. Herausgeber der »Mainzer National-Zeitung« war eben jener Böhmer, der zu den Gründern der »Lesegesellschaft« gehörte, aus der die jakobinische »Gesellschaft deutscher Freunde...« hervorgegangen war. Diese Zeitung war so etwas wie das Regierungsblatt der Mainzer Revolutionszeit. Sie versuchte zu beweisen, daß die Revolution in den deutschen Ländern unmittelbar bevorstehe, und hatte einen breiten Leserkreis in Deutschland.

Die Koryphäen des deutschen Geisteslebens begrüßten die Waffenerfolge der französischen Truppen und verfolgten mit Interesse, was in Mainz geschah. CHRISTOPH MARTIN WIELAND (1733–1813), der Verfasser des »Agathon« und der »Abderiten«, der meistgelesene Dichter aus dem klassischen Weimar, verriet im November 1792 in seinem »Neuen Deutschen Merkur« seine Bewunderung für die Revolution: »Die französische Nation hat der außen auf sie eindringenden Gefahr des Vaterlandes eine Fülle von Kraft, eine Einmütigkeit, eine wetteifernde Entschlossenheit zu den größten Aufopferungen, einen Enthusiasmus für Vaterland und Freiheit entgegengesetzt, den man sich wohl nicht eher so groß vorstellen konnte, bis der Augenschein sein Dasein bewies.« Dies schrieb er, als Ludwig XVI. und Marie Antoinette bereits gefangensaßen, Frankreich zur Republik erklärt worden war und in Mainz die »Klubisten« regierten.

Zu den Mitgliedern des »Klubs« gehörten neben Böhmer Andreas Joseph Hofmann (1753–1849), Professor für Philosophiegeschichte in Mainz, Georg Christian Wedekind (1761–1831), ehemaliger Leibarzt des Kurfürsten und Medizinprofessor an der Universität, der Straßburger Exjesuit Anton Joseph Dorsch (1758–1819), der Professor für Logik und Metaphysik geworden war, ferner der Philosophieprofessor Felix Anton Blau (1754–1848) und Matthias Metternich (1758–1825), Lehrstuhlinhaber für Mathematik und Physik an der Universität Mainz. Sie alle waren am Aufbau der Mainzer Republik beteiligt.

GEORG FORSTER, der berühmte Weltreisende, Naturforscher, Schriftsteller und Goethe-Freund, schloß sich ihnen nicht sogleich an. Er hielt die Gründung eines »Klubs« nach Pariser Vorbild, zu der ein Adjudant Custines die »Lesegesellschaft« gleich nach der Besetzung aufgefordert hatte, für »eine voreilige Maßregel«. Der »Klub« wurde ohne ihn und gegen seinen Willen am 23. Oktober 1792 gegründet. Aber Forster wußte, daß man ihn bei der provisorisch eingesetzten Administration brauchen würde.

Er kannte Custine bereits seit dem Einmarsch; denn die Universität hatte ihn, den sprachgewandten und in ganz Deutschland bekannten Weltmann, als Führer einer Delegation zum General geschickt, um Schutz für die akademischen Einrichtungen zu erbitten. Auch in anderen Angelegenheiten war er bei Custine vorstellig geworden und konnte die Versorgung der Stadt mit Salz und Brennholz für den beginnenden Winter sicherstellen. Er hatte gezögert, sich dem »Klub« anzuschließen, aber er bemerkte schon wenige Tage nach dem Einmarsch der Franzosen, daß er nicht abseits stehenbleiben konnte. Am 27. Oktober 1792 schrieb er an seinen Freund Heinrich Voß (1751–1826), den Homer-Übersetzer und Jugendfreund Goethes:

Ich habe mit mehreren gutgesinnten Männern bisher von allem mich zurückgehalten; allein diese Neutralität ist mißlich, die Krisis naht heran, und man wird Partei ergreifen müssen... Ich habe Ursache zu glauben, daß man gesonnen ist, mich bei der provisorisch einzurich-

tenden Administration zu brauchen, und ich halte es für meine Pflicht,
ein Geschäft, – welches es auch sei – nicht auszuschlagen, sobald es in
einem solchen Zeitpunkt mich in Stand setzt, mich für meine Mitbürger vorteilhaft zu verwenden... Demjenigen, der einst im Frieden
Herr des Landes sein wird, wer es auch immer sei, muß es ein höchst
erfreulicher Gedanke sein, das Land nicht erschöpft, den Bauer nicht
zugrundegerichtet, den Handwerker nicht am Bettelstab zu sehen...
Zum eigentlichen Demagogen, mein Freund, bin ich freilich mit meinem etwas philosophischen Zuschnitt verdorben; daß ich aber den
Mainzern von Herzen Freiheit wünsche, will ich Ihnen nicht leugnen,
und daher werde ich auch ihren Bemühungen um dieselbe kein Hin-
dernis in den Weg legen...

Forster schrieb dann wenig später:

Es ist eine der entscheidenden Weltepochen, in welcher wir leben. Seit
der Erscheinung des Christentums hat die Geschichte nicht Ähnliches
aufzuweisen... Ich werde immer Bücher gemeinnützigen, naturhi-
storischen, anthropologischen, geographischen, ja selbst politischen
Inhalts schreiben können, wenn ich gleich gesonnen bin, als Republikaner zu leben und zu sterben.

In der Tat – Forster lebte als Republikaner, und es sollte nur noch ein
gutes Jahr vergehen, bis er auch als solcher starb. Er trat im November
dem Klub bei und erlangte bald eine führende Stellung. Zehn Tage nach
seinem Beitritt hielt er die Rede »Über das Verhältnis der Mainzer gegen
die Franken [Franzosen]«. Als dann Custine am 19. November eine
»provisorische Administration« einsetzte, wurde Forster ihr Vizepräsi-
dent. Seit dem 1. Januar 1793 gab er eine Zeitung heraus, die in Anlehnung an Marats Blatt »Neue Mainzer Zeitung oder der Volksfreund«
hieß. Im Unterschied zu Böhmers »Mainzer Zeitung« brachte Forster
nichts, was nach Schönfärberei aussah. Er berichtete von den Schwierigkeiten, die bei der Durchsetzung republikanischer Grundsätze auftraten.
»Der Volksfreund« trat entschieden für die Vereinigung der republikanischen Rheinlande mit dem republikanischen Frankreich ein, weil nach

Forsters Meinung auf diese Weise die Errungenschaften von Freiheit und Gleichheit bewahrt werden könnten. Denn schon am 2. Dezember hatten die französischen Truppen Frankfurt wieder aufgeben müssen. Preußische Soldaten boten den Franzosen Widerstand. Forster sah auch deutlich, daß die Mainzer Klubisten sich irrten, wenn sie glaubten, die Revolution würde unaufhaltsam vordringen. Er war überzeugt, daß eine allgemeine Volkserhebung in Deutschland durch die enge, provinzielle Mentalität in den Kleinstaaten nicht denkbar ist. Über die republikanischen Mainzer urteilte er, »daß sie durchaus ohne den gnädigsten Befehl des Herrn Generals nicht frei sein wollen und keinen Schritt dazu tun können und werden«. Bitter klagte er:

Die deutsche Trägheit und Gleichgültigkeit erregt die Galle. Noch regt sich nichts und immer mehr Leute kommen mit Vorschlägen, wie bald sich alle für die Freiheit erklären würden, wenn man ihnen nur alle Abgaben erlassen wollte. Mißhandelt, betrogen, gedrückt werden, das ist also nichts, was einen Menschen bewegen kann, das Joch abzuschütteln, sondern vollkommene Zusicherung, daß man nichts tun und gar keine Pflichten haben werde. Am Ende werden wir es ihnen doch wohl gnädigst befehlen müssen, daß sie frei sein sollen – dann geht's.

Aus Forsters Briefen kann man ersehen, wie gut er seine Zeit und die Deutschen kannte. In der Nähe von Danzig geboren, als junger Mensch besser englisch und russisch als deutsch sprechend, hatte er unter britischer Flagge die halbe Welt umsegelt und war an einer litauischen Universität Professor gewesen, bevor er ein Jahr vor Beginn der Französischen Revolution nach Mainz kam. Sein Urteil war von Welt- und Menschenerfahrung geprägt. Als ihm der preußische Minister Graf Hertzberg im November »eine nennenswerte Summe« bereitstellte, falls er nach Berlin käme, schrieb er an den Verleger Voss:

Heißt das, daß ich in Mainz meine allgemein bekannten Grundsätze verleugnen, mich nicht freuen soll, daß es eine freie Verfassung erklärt, aufgefordert, wie ich bin, nicht dazu mitwirken, in einer Gärung, einer Krise, wo man durchaus sich entscheiden muß, entweder ganz unentschieden bleiben oder das mainzische Volk zu überreden suchen [soll], es tue besser, die alten Greuel beizubehalten als mit den Franzosen frei zu werden, ... so verlangt man etwas, wofür ich verdiente, an den nächsten Laternenpfahl aufgeknüpft zu werden.

Und doch wußte er, wie schwer es ist, ein Volk für Freiheit und Gleichheit zu begeistern, das an Untertanengehorsam gewöhnt war. »Die Aufopferung für ein Volk, das durchaus keinen Gebrauch davon macht, ist eine der alleraugenscheinlichsten Torheiten«, schrieb er am 4. Dezember 1792. »Man kann und darf es nicht verhehlen, daß die Mainzer ... durchaus ohne den gnädigsten Befehl des Herrn Generals nicht frei sein wollen und keinen Schritt dazu tun können und werden.« Aber das hinderte ihn nicht, als »Administrator« für die Bevölkerung zu arbeiten und sich für sie mit unermüdlichem Eifer beim General Custine zu verwenden; denn: »Was wird es sein, wenn diese armen, stumpfsinnigen Leute erst wirklich inne werden, daß sie keinen andern Herrn haben als ihren eigenen Willen?«

Indessen verlor Forster immer mehr alte Freunde, mit denen er in ganz Deutschland jahrelang durch einen umfangreichen Briefwechsel verbunden war. Ende 1792 ist dieser fast ganz erloschen. »Ich gelte für einen Hauptanstifter alles Übels in Mainz«, schrieb er an seine Frau. Aber »ich bin bei allem so ruhig, als wenn es mich gar nichts anginge ... Daß die Leute meinen, durch diese Äußerungen etwas auszurichten, malt nur sie selbst.« Am 1. Januar 1793 schrieb er ihr:

Ich stehe jetzt hier in meiner Tätigkeit ganz isoliert und finde also, daß auch der freie Republikaner nicht die Wahl hat, von Menschen, von ihren Parteiabsichten und Leidenschaften und dem daraus erwachsenden Parteigeist unabhängig zu bleiben, bei Strafe, sich in seinem Wirkungskreis von allen Seiten beengt und eingeschränkt zu sehen. Ich hange dem General nicht an, nicht dem Präsidenten der allgemeinen Administration und auch nicht den Kommissarien des [Pariser] Konvents, die soeben angekommen sind. Ich arbeite aber unausgesetzt, und ich merke wohl, daß man diese Art von Unbestechlichkeit mehr fürchtet als ehrt, mithin sich zwar meinen guten Willen zunutze macht, aber an mir weiter keinen Anteil nimmt, weil ich dem Eigennutz aller dieser Menschen nicht diene.

Zu Beginn des Jahres 1793 war beschlossen worden, einen » Rheinischen Nationalkonvent« nach Pariser Muster zu wählen, damit alle bisherigen Machthaber im mainzischen Kurfürstentum durch republikanische Instanzen ersetzt werden konnten. Zu diesem Zweck sollten allgemeine, freie Wahlen durchgeführt werden. Das geschah alles nach französischem Vorbild. Forster war skeptisch. Wie sollten die Bauern und die Bürger in den Kleinstädten wählen können, wenn sie nicht zuvor wie die Franzosen um ihr Wahlrecht gekämpft und den Adel vertrieben hatten? Was sie erlebt hatten, war eine » Revolution von oben«, ein von den Siegern mitgebrachtes Geschenk, für das sie überhaupt erst aufgeschlossen werden mußten.

MATTHIAS METTERNICH, Mitglied der » Gesellschaft deutscher Freunde...«, der selbst aus dem Bauernstand kam, hatte sich mit seinem zweimal wöchentlich erscheinenden » Bürgerfreund« die Propagierung republikanischer Grundsätze unter der katholischen Landbevölkerung zur Aufgabe gemacht. Er erläuterte die Ideen der Volkssouveränität in der althergebrachten Form eines Katechismus. Nennenswerten Erfolg hatte er nicht. Die Mehrzahl der Bauern sah keine Unterschiede zwischen der republikanischen Okkupation durch Revolutionstruppen und den früheren Raubkriegen französischer Könige.

GEORG CHRISTIAN WEDEKIND, wie Metternich ein Streitgefährte Forsters, richtete sich mit seinem Blatt » Der Patriot« an das Bildungsbürgertum. In kosmopolitischer Begeisterung forderte er in vielen Artikeln seine Mitbürger auf, alles zu tun, » um womöglich aus allen Völkern der Erde ein einziges Volk zu schaffen, ein Volk, dessen Glieder keinen andern Unterschied als den der Verdienste anerkennen. «

ANTON DORSCH, der Theologieprofessor, hielt Reden landauf, landab, um Verständnis für die Abschaffung der Privilegien bei gleichzeitiger Anerkennung des bürgerlichen Eigentums zu gewinnen: » Eine gute Staatseinrichtung muß jedem Bürger sein Eigentum geheiligt sichern, also auch die Früchte des Fleißes und der Industrie. Sollte der fleißige,

redliche Arbeiter verbunden sein mit dem Müßiggänger, dem Pflaster-
treter, um die Ungleichheit der Güter zu vermeiden, so würde aller Trieb
zur Arbeit... erstickt werden. Eine solche Gleichheit der Güter ist nicht
bloß eine Chimäre, sondern auch dem Geist einer zweckmäßigen Staatseinrichtung geradezu zuwider.«

Die Wahlvorbereitungen für den Konvent erwiesen sich als äußerst
schwierig, nachdem am 21. Januar 1793 der französische König guillotiniert worden war. Georg Forster sah darin eine »Sicherheitsmaßregel«
und war der Auffassung, daß Ludwigs XVI. »Verurteilung nicht nach
Gesetzbüchern, sondern nach dem Naturrecht« geschehen mußte, was
für seine Isolierung im Kreis der deutschen Geistesgrößen ausschlagge-
bend wurde. Doch wie alle Mainzer Klubisten führte er in Dörfern und
Städten des Kurfürstentums den Wahlkampf für den »Rheinischen Nationalkonvent«. Er entdeckte, daß er auch die Bauern in Wöllnstein an-
sprechen konnte, und wurde von ihnen und von einem Mainzer Wahlbe-
zirk als Deputierter in den Konvent gewählt. Dieser Konvent erklärte am
18. März »den ganzen Strich Landes von Landau bis Bingen« zu einem
»freien, unabhängigen, unzertrennlichen Staat«, proklamierte also eine
Republik auf dem Boden des Kurfürstentums Mainz, die erste deutsche
Republik.

Drei Tage später, am 21. März, beschlossen die 130 Abgeordneten des
»Rheinischen Nationalkonvents«, ihre Republik, an deren Spitze Andreas Hofmann stand, mit dem republikanischen Frankreich zu vereinen. Forster, der intelligenteste der Mainzer Klubisten, wurde beauftragt, zusammen mit zwei anderen Delegierten nach Paris zu reisen, um
dort die Vereinigung mit Frankreich zu bewirken.

Während er am 30. März dem Pariser Konvent den Wunsch der Mainzer vortrug, rückten bereits preußische Truppen gegen die erste deutsche
Republik vor. Anfang April wurden Stadt und Festung Mainz belagert.
Am 23. Juli mußte kapituliert werden. Als Forster von dem Bombarde-
ment auf Mainz erfuhr, schrieb er tief erschüttert:

Mainz muß einem Schutthaufen ähnlich sehen... Ich bin für die De-
mütigung nicht empfindlich, welche das Frohlocken der Eroberer
manchem wohl verursachen mag; aber ich fühle mich zerrissen, wenn

ich das Schicksal der unglücklichen Einwohner erwäge. Ihr Helden-
mut, ihre Leiden, ihre Zugrunderichtung, wird ihnen nichts helfen
Wie mancher arme Märtyrer der Freiheit wird nun noch bluten müssen. Dies ist der Punkt, wo man Mut und Geduld bedarf, um nicht an
allem Guten zu verzweifeln und seine Grundsätze nicht für Chimären
zu halten!

Und ein andermal heißt es in einem Brief an seine Frau:

Hätte ich vor zehn Monaten, vor acht Monaten gewußt, was ich jetzt
weiß, ich wäre ohne Zweifel nach Hamburg oder Altona gegangen
und nicht in ein Lehramt und nicht in den [Mainzer] Klub... Meinungen sind nicht frei, haben keine Immunität und können sie auch in dem
gewaltsamen Zustand der Dinge nicht haben. Hiermit spreche ich mir
also selbst das Urteil.

Er war zu Beginn der Terrorherrschaft nach Paris gekommen, und als er
die Guillotine sah, notierte er:

Eine Schande der Revolution ist das Blutgericht, ich mag nicht daran
denken. Wenn diese Auftritte vorüber sind, übersieht man sie in der
Geschichte um der heilsamen Folgen willen, die man zwar nicht durch
sie, aber nebenher durch die Revolution erlangte. Aber der unmittel-
bare Eindruck ist schauderhaft, und für die Zeitgenossen ist das Schauspiel oft zu stark.

Er wußte jetzt:

Laß uns die Mittel mit dem Zweck nicht verwechseln. Wir sind, wir
waren schon lange, wir werden noch immer mehr, was andere durch
die politische Freiheit werden sollen: nämlich moralisch freie Wesen.
Es wäre Torheit, den Menschen Freiheit zu geben oder auch nur zu
wünschen, wenn sie dabei Wilde bleiben und ihre Anlagen zu moralischer Vollkommenheit nicht leichter dadurch ausgebildet werden
sollten. Dies allein ist der Zweck, weswegen die politische Freiheit so
wünschenswert ist.

Forster blieb einsam in Paris. Er war schon als kranker Mann in die Hauptstadt der Revolution gekommen, seine fatale »skorbutische Winterkrankheit«, die ihn seit der Rückkehr von der Weltumsegelung mit Cook alljährlich plagte, überfiel ihn nun auch in Paris. Elend starb er am 11. Januar 1794 an einer Brustfellentzündung in einem Pariser Hotel.

Die Umstände von Forsters Tod im Paris der beginnenden großen »*Terreurs*« Robespierres und die Enttäuschung über die Folgen der errungenen politischen Freiheit sind beispielhaft für den Erlebnishorizont eines deutschen Kosmopoliten der Goethezeit. Freiheit war für Forster nicht nur politische Befreiung eines Volkes von despotischen Zwängen; Freiheit hieß für ihn Berufung zu moralischer Verantwortung.

Diese bis heute fortbestehende Problematik läßt uns nach dem Werdegang Forsters fragen, in dem sich die ganze Entwicklungsgeschichte der großen europäischen Umwälzung niedergeschlagen hat.

Georg Forster –
Kosmopolit und Revolutionär

Heftig umschwärmt und gründlich verkannt

Unter den vielen Trägern des klassischen Geisteslebens im Deutschland des 18. Jahrhunderts war Forster derjenige, der es »am wenigsten von allen fertiggebracht hat, tatenlos zu denken und zu schreiben«, sagt Heinrich Reintjes von ihm. Im Vergleich »mit anderen ist er nicht nur fast unbeachtet geblieben, sondern vielfach geflissentlich totgeschwiegen worden. In dieser Tatsache liegt ein wichtiger Hinweis für die Beurteilung des deutschen Volkes und seiner Geschichte. Heute müssen wir endlich mit klarem Blick und offenem Herzen uns Forsters wiedererinnern«, heißt es in dem Vorwort des biographisch orientierten Buches über den deutschen Revolutionär, das 1953 erschien und vergessen wurde.

Auch Wilhelm Langewiesches 1923 erschienenes Werk »Georg Forster – das Abenteuer seines Lebens« teilte das Schicksal deutscher Forster-Biographien; es ist kaum noch aufzutreiben. Wie ist das zu erklären? Es »erzählt das Leben eines Deutschen, auf den in seinen jungen Jahren das Vaterland stolz war, und der, noch nicht vierzigjährig, als Jakobiner und Vaterlandsverräter gebrandmarkt, zu Paris in Elend und Einsamkeit gestorben ist«. Und er »fiel einer Vergessenheit anheim, die nur ein an geistigen Größen so reiches Volk wie das deutsche verantworten kann«.

Doch immer wieder taucht der Name des Vergessenen auf, und sei es, wenn eine viel gelesene Zeitschrift wie »Geo« zu Beginn des Jahres 1987 über die Südseeinseln informiert. Da schreibt Klaus Harpprecht: »Was für ein merkwürdiger Ort, sich eines Deutschen zu entsinnen, der so gründlich vergessen wurde, wie kaum ein anderer unserer großen Landsleute, obschon ihn seine Zeitgenossen so heftig umschwärmt hatten. Friedrich Schlegel, der intellektuell wachste der Romantiker, nannte ihn kurz nach dessen Tod einen ›Klassiker‹, Goethe war bei ihm zu Gast und bewahrte ihm eine Art von kritischem Respekt. Schiller erkannte in ihm – zunächst – einen brüderlichen Geist. Der kauzig-kluge Lichtenberg suchte seine Freundschaft; Alexander und Wilhelm von Humboldt verleugneten niemals, daß sie durch ihn tief geprägt worden sind.«

Forster verlor sein Ansehen in der reichen Welt der deutschen Klassik, als er sich zur Französischen Revolution und ihren Freiheitsimpulsen bekannte, auch noch als die ersten Schreckenstaten des Konvents bekannt geworden waren. Selbst wenn Goethe ihn einmal einen Meister unter den deutschen Prosaschriftstellern genannt hat, so mußte sein revolutionärer Elan seinen Landsleuten in den vielen Kleinstaaten seiner Zeit doch fremd, ja abstoßend erscheinen. Er, der viele Länder und ihre verschiedenen Systeme aus eigener Erfahrung kannte, mußte den Deutschen seiner Zeit als Exot auf der politischen Bühne erscheinen. Was sollten sie auch dazu sagen, wenn sie von ihm hörten:

Schon haben wir 7.000 Schriftsteller, und dessen ungeachtet, wie es keinen deutschen Gemeingeist gibt, so gibt es auch keine deutsche »öffentliche Meinung«. Selbst diese Wörter sind uns so neu, so fremd, daß jedermann Erläuterungen und Definitionen fordert, indes kein Engländer den anderen mißversteht, wenn vom public spirit, kein Franzose den anderen, wenn von opinion publique die Rede ist.

Ein Mann, der im Deutschland des 18. Jahrhunderts von öffentlicher Meinung sprach, mußte allerdings damit rechnen, daß ihn niemand verstand. Man bewunderte den Kenner ferner Welten, die den Deutschen damals wie eine wunderbare, aber auch unheimliche Fata Morgana erscheinen mußten, aber der britische *common sense* war den Untertanen deutscher Könige und Fürsten völlig unbekannt, selbst wenn sie geistig ihre Landesherren turmhoch überragten.

Forster nahm, als er erst 21jährig von der großen Weltreise mit Cook zurückgekehrt war, das deutsche Geistesleben voller unverbildeter Begeisterung auf. Aber nach wenigen Jahren begriff er, daß das »Scriblerwesen von Professoren, Predigern und Philosophen« wohl dem künstlerischen, historischen und auch naturwissenschaftlichen Leben dienen konnte, aber ohne Wirkung auf die Lebensumstände der Menschen bleiben mußte. »Ich hasse das ewige Kreischen von Freiheit, das Gekrächz derer, die nicht wissen, was frei sein heißt, und des goldenen Vorrechtes nicht wert sind; ich hasse Sklaven, die nur sprechen und nicht handeln«, urteilte er später, als ihm Freiheit zum Ziel politischer Entwicklung wurde, zur Voraussetzung für die Entfaltung der menschlichen Persönlichkeit.

Der Mann, der nach der Heimkehr von der großen Reise durch seinen Reisebericht zu europäischem Ruhm gelangte, der in Kreisen der Wissenschaft, an den Höfen deutscher Herrscher und in den Salons interessanter Frauen zum Mittelpunkt des Interesses der Gebildeten wurde, er mußte einen tiefen Fall tun, als er die »Todsünde beging, sich mit Passion in die zentrale politisch-soziale Auseinandersetzung seiner Zeit zu werfen, und er traf eine klare Wahl in der weltgeschichtlichen Entscheidung, vor die seine Epoche gestellt war: für die große, die französische Revolution« (Harpprecht). Forster wurde mit der »Reichsacht« belegt, und für seine Auslieferung wurde ein Kopfgeld von hundert Dukaten ausgesetzt.

»Also 100 Dukaten nur auf meinen Kopf? Der arme Schelm von einem General, da er nicht besser weiß, was so ein Kopf wert ist«, schrieb Forster. »Ich gäbe keine sechs Kreuzer für den seinigen.« Doch mit Geld hätte der wertvolle Kopf eines lauteren und allem Parteienzwist fernstehenden Deutschen und politischen Denkers ohnehin nicht aufgewogen werden können. Er konnte zwar seit der Begründung des Bismarckreiches der Erinnerung deutscher Geschichtsschreiber immer mehr entrückt werden, verlorengegangen aber ist sie nicht, wie die Erscheinungsdaten der genannten Arbeiten über Forster – 1923, 1957, 1987 – beweisen.

Ungewöhnliche Herkunft und Kindheit

Als ältestes von sieben Geschwistern wurde Johann Georg Forster am 26. November 1754 geboren. In dieser Zeit belebte das siebenjährige Kind Johann Wolfgang Goethe das Haus am Frankfurter Hirschgraben mit seinen Bubenstreichen.

In Nassenhuben an der Mottlau, einem Dorf nahe der Stadt Danzig, hatte der Vater REINHOLD FORSTER (1729–1798) eine ungeliebte Pfarrstelle inne, unglücklich darüber, daß er predigen und taufen mußte, anstatt die große Welt erkunden zu können. Der Stammbaum der Familie Forster bezeugt, daß sie ursprünglich Forester hieß und auf schottische Lords zurückging. Einer von ihnen war als treuer Gefolgsmann König Karls I. nach dessen Hinrichtung 1649 geflohen und hatte sich in der Gegend von Danzig niedergelassen. Georg Forsters Großvater war Ratsherr in Dirschau, und wir brauchten ihn nicht zu erwähnen, wüßten wir nicht, daß dieser hochgebildete Mann mit seinem 1729 geborenen Sohn Reinhold grundsätzlich nur lateinisch sprach und seiner Frau verbot, anders als polnisch mit den Kindern zu reden. Von Reinhold Forster wissen wir, daß er egoistisch, herrisch und zugleich abenteuerlustig war. Er hat die geistigen Fähigkeiten seines ältesten Sohnes rigoros ausgebeutet und ihm das Leben schwer gemacht. Obwohl Georg Forster sehr unter dem tyrannischen Vater zu leiden hatte, liebte er ihn innig.

Ina Seidel hat in ihrem historischen Roman »Das Labyrinth« aufgrund eines stupenden Quellenstudiums das Vater-Sohn-Verhältnis der Forsters eindrucksvoll dargestellt. Reinhold Forster, der noch nicht 15jährig auf das Joachimsthaler Gymnasium nach Berlin geschickt wurde, sollte Jurisprudenz studieren, aber seine Interessen galten der Altertumskunde und Naturgeschichte. Starrsinnig verweigerte er sich einem Rechtsstudium, und schließlich einigte er sich mit dem Vater auf einen merkwürdigen Kompromiß: Theologie, ein Fach, das beiden in der Mitte zwischen Jurisprudenz und Naturlehre zu liegen schien. Die »Gottesgelahrtheit« studierte er in Halle, wobei er den orientalischen Sprachen und der Naturlehre mehr Aufmerksamkeit widmete als der Theologie. Es war die Zeit, in der der schwedische Botaniker und Zoologe Carl von Linné

(1707–1778) an der Entwicklung seines Systems der Arten arbeitete, und Reinhold Forster war fleißig dabei, nach Linné zu sammeln, zu ordnen und zu schematisieren. Dennoch mußte er am Ende doch protestantischer Pfarrer in Nassenhuben werden, einem Dorf bei Danzig.

Er heiratete, und seine Frau gebar ihm sieben Kinder. Sein ältester Sohn Georg lernte bei ihm die klassischen Sprachen und ein systematisches Botanisieren. Mehr schlecht als recht versorgte er sein Pfarramt, bis sich ihm 1765 eine einmalige Chance bot, Nassenhuben und seine Familie zu verlassen. Der russische Geschäftsträger im Freistaat Danzig hatte von dem botanisierenden Pfarrer gehört, der orientalische Sprachen kannte, und das schien ihm der richtige Mann zu sein, den er seiner Zarin KATHARINA II. (1762–1796) empfehlen konnte.

Die junge Zarin, die als Prinzessin Sophie von Anhalt-Zerbst immer nur das »Fieken« genannt worden war, hatte den Zarewitsch heiraten müssen. Sie schaltete ihn nach seiner Thronbesteigung aus und begann mit deutscher Gründlichkeit, Veränderungen in Rußland durchzusetzen. So förderte sie auch die Einwanderung schwäbischer Bauern, die »Kolonien« an der Wolga gründen sollten. Das ist ihr auch gelungen, sie hat es auf 173 wolgadeutsche Dörfer gebracht.

Reinhold Forster wurde nun von ihrer Regierung nach Rußland geholt, damit er die Lebensweise der »Kolonisten« deutscher Herkunft an der Wolga untersuche, aber auch die landwirtschaftliche Nutzung des Gebietes ergründe. Mit seinem 11jährigen Sohn Georg machte er sich 1765 auf die Reise nach St. Petersburg, und von dort aus ging es nach Saratow und in die Kalmückensteppe. Im Winter waren die beiden wieder in St. Petersburg, wo der Vater an einem Gesetzbuch für die Wolgadeutschen arbeiten sollte.

In St. Petersburg besuchte Georg das Petrigymnasium. Es war der einzige Schulunterricht, den er je erhielt, und das nur für ein halbes Jahr. Nebenbei mußte er aber unaufhörlich für den Vater arbeiten, der vergeblich auf die tausend Rubel wartete, die ihm von der Regierung versprochen worden waren. Weil das Geld ausblieb, mußte Georg Übersetzungen für Petersburger Auftraggeber aus dem Französischen ins Russische annehmen, damit sie leben konnten. Empört darüber, daß die russische Regierung nur tausend Rubel » und keine Kopeke mehr « für seine Arbeit zahlen wollte, stritt Reinhold Forster mit seinem Auftraggeber – und erhielt nichts. Wütend verließ er mit seinem Sohn das Land auf einem Segelschiff, das Kurs auf England nahm. Ohne seine Familie in Nassenhuben aufzusuchen, landete er in London.

Schon auf der zweiwöchigen Schiffsreise hatten Vater und Sohn unentwegt Englisch gelernt. Als sie nun mittellos in London saßen, mußte der 13jährige Georg das dicke Buch von Michail Lomonossow (1711–1765) über die »Chronologie Rußlands« aus dem Russischen ins Englische übersetzen, während der Vater sich um ein Lehramt an einer Schule bemühte. Er fand schließlich auch eine Anstellung als Deutschlehrer an der Dissidentenakademie in Warrington/Lancashire und ließ Frau und Kinder nachkommen, während er Georg als Lehrling in einem Wollkontor in London unterbrachte. Dort wurde der weitgereiste Junge wegen seiner Sprachkenntnisse zwar geschätzt, mußte aber als Packer und Austräger doch harte Arbeit leisten, die seiner Gesundheit schadete. Schließlich holte der Vater seinen Sohn im Herbst 1767 nach Warrington, teils damit er ihm seine Aufsätze übersetze, teils weil er ihn als Gehilfen an der Akademie brauchte.

Eine unbeschwerte Kindheit hat Georg Forster nicht erlebt. Es konnte auch nicht lange dauern, bis Reinhold Forster wieder von der Abenteuerlust gepackt wurde. Als er 1770 davon hörte, daß die Ostindienkompagnie eine Seefahrt nach Borneo unternehmen wollte, siedelte er mit seiner Familie nach London über, um sich als Begleiter anbieten zu können. Das Unternehmen zerschlug sich jedoch, und wieder stand die Forster-Familie vor dem Nichts. Durch gewerbsmäßige Übersetzungen von Georg und Reinhold Forster konnte man sich notdürftig am Leben erhalten.

Mit Cook um die Welt

Die englische Admiralität hatte 1768 den Kapitän JAMES COOK (1728–1779) nach Tahiti geschickt, um den Durchgang der Venus zu beobachten. Während der Seefahrt in der Südsee entdeckte Cook Australien, den fünften Erdteil. Jetzt, 1772, sollte sich Cook abermals in den Pazifik be-

185

geben, um die südliche Halbkugel und die in ihren mittleren Breiten vermuteten Länder zu untersuchen. Über das Kap der guten Hoffnung sollte er bis zum 60. Breitengrad fahren und ostwärts die Welt umsegeln.

Als Reinhold Forster davon hörte, meldete er sich bei der Admiralität, die einen Naturforscher suchte, der als »Schiffsphilosoph« die Seereise beschreiben sollte. Unter der Bedingung, daß er seinen 17jährigen Sohn als Gehilfen mitnehmen darf, und gegen 4.000 Pfund Handgeld, wovon auch die zurückbleibende Familie leben sollte, verdingte sich Forster bei der Admiralität. Er hatte nur 14 Tage Zeit, sich für das gewaltige Vorhaben auszurüsten.

Cook wie Forster waren davon überzeugt, daß auf dieser Reise ein neuer, der »antarktische Kontinent« entdeckt werden würde, und Forster erhoffte sich eine gewaltige Ausbeute an Kenntnissen über seltene Pflanzen und Tiere. Am 13. Juli 1772 stachen die beiden Segelschiffe »Resolution« und »Adventure« von Plymouth aus in See. Die Reise sollte über drei Jahre dauern. Nur zweihundert Tage, etwa ein Fünftel der gesamten Zeit, verbrachte die Mannschaft zu Lande, so daß die beiden Forsters nur wenig Erkenntnisse über die Tier- und Pflanzenarten der fremden Welt sammeln konnten, ansonsten befand man sich auf hoher See. Schnee, Nebel, Treibeis begleiteten die Schiffe, so oft Cook immer wieder und dann oft monatelang beharrlich polwärts steuern ließ.

Von England aus gelangte man 1772 über Madeira und die Kanarischen Inseln zum Kap der guten Hoffnung, ankerte dort einige Wochen, um am 22. November südwärts, also gegen die Antarktis vorzustoßen. Schon nach 17 Tagen sahen sich die Schiffe einer endlosen Treibeismasse gegenüber. Georg Forster war gerade 18 Jahre alt geworden, als er mit seinem Vater in einem kleinen Ruderboot saß, um Tiefentemperaturen zu messen. Das Boot wurde abgetrieben, und hilflos warteten sie in dichtem Nebel ohne Nahrung und zureichende Kleidung auf Rettung. Die »Adventure« nahm sie schließlich auf.

Cook blieb mit seinen Schiffen beharrlich im Eismeer, der Besatzung größte Strapazen zumutend. Pökelfleisch, Schiffszwieback, Erbsen und Mehl sollten die Mannschaft versorgen. Zum ersten Mal in der Geschichte der Seefahrt hatte Cook auch viele Tonnen Sauerkraut mitgenommen, das sich als antiskorbutisches Nahrungsmittel erwies. So

186

konnte fast die ganze Besatzung der »Resolution« auf diese Weise wieder nach England zurückkehren, schwere Fälle von Skorbut konnten aber dennoch nicht verhindert werden, und auch Georg Forster zog sich diese Krankheit zu, von der er niemals wieder befreit werden konnte, ebensowenig von einem fürchterlichen Rheumatismus, den das Eismeer ihm beschert hatte.

Hinzu kam die körperliche und seelische Not der Schiffsbesatzung, die mit unerträglichem Gestank, härtesten Strapazen und Krankheiten zu kämpfen hatte. Georg Forster litt auch ständig unter dem mißmutigen Temperament seines Vaters. »Seine Hitze, Heftigkeit und eifrige Verfechtung seiner Meinungen haben ihm unermeßlichen Schaden zugefügt, so wie es ein Unglück für ihn ist, daß er die Menschen nicht kennt und nie kennen wird. Immer mißtrauisch und dann wieder leichtgläubig, wo er es nicht sein sollte«, urteilte er nach der Reise über den Vater.

Trotzdem blieb Georg Forster den großen Natureindrücken des Eismeers gegenüber offen. Das Polarlicht, die zauberhaften Farben der Eisberge und des Himmels, ja selbst die düsteren Naturerlebnisse faszinierten ihn immer wieder. Anfang Februar wurde die »Adventure« vom Kommandoschiff abgetrennt. Cook wagte sich mit der »Resolution« weiter südwärts, bis eine unüberwindliche Eisbarriere ihn endlich im März umkehren ließ. Nach vier Monaten im Polareis erreichte man endlich den Südwesten von Neuseeland. Es gab wieder frische Nahrung, Wasser, Holz, Kräuter und Fische.

Sechs Wochen lang erkundeten die beiden Forsters die Küste und das Hinterland, während das Schiff ausgebessert wurde. Dann befahl Cook die Weiterfahrt nach Norden durch die Wasserstraße zwischen Süd- und Nordinsel Neuseelands, die später nach seinem Namen »Cook-Straße« benannt wurde. Erleichtert fanden sie die »Adventure« in einer Bucht vor. Nun mußte Georg Forster aber eine schaurige Erfahrung machen. Die Matrosen, die seit dem Kap der guten Hoffnung keine Frauen mehr gesehen hatten, stürzten sich auf die Mädchen und Frauen der Maoris, die den rohen europäischen Schiffsleuten gegen ein paar Nägel – eine Rarität auf dem eisenarmen Neuseeland – gewaltsam zugetrieben wurden. Der junge Chronist Forster notierte: »Ob unsere Leute, die zu einem gesitteten Volk gehören wollen und doch so viehisch sein konnten, oder jene Barbaren, die ihre eigenen Weibsleute zu solcher Schande zwangen, den größten Abscheu verdienen?«

Cook ließ in Neuseeland Kartoffeln, Rüben und Kräuter anpflanzen, die ein halbes Jahr später gut gediehen waren, als man die Bucht wieder anlief. Doch von dem Glauben Jean-Jacques Rousseaus an die Herrlichkeit des Lebens in einem ungestörten Naturzustand mußte der junge Forster abrücken. Er war entsetzt über die Tyrannei gegen die Frauen, die »durchgehend als Sklavinnen« unterdrückt wurden, in Neuseeland »noch weiter getrieben, denn irgendwo sonst«. Die Maori waren außerdem »Menschenfresser« und machten kein Hehl daraus. Forster zog daraus einen politisch-historischen Schluß:

Wir sind zwar selbst nicht mehr Kannibalen, gleichwohl finden wir es weder grausam noch unnatürlich, zu Felde zu gehen und uns bei Tausenden die Hälse zu brechen, bloß um den Ehrgeiz eines Fürsten oder die Grillen seiner Maitresse zu befriedigen... Es gibt ja leider Beispiele genug, daß Leute von zivilisierten Nationen den bloßen Gedanken von Menschenfleisch-Essen nicht ertragen, gleichwohl Barbareien begehen können, die selbst unter Kannibalen nicht erhört sind.

Von Neuseeland aus steuerte Cook die Gesellschaftsinseln an und kam am 16. August 1773 nach Tahiti, dessen liebliche Natur und herzliche Menschen Georg Forster mit seinen Schilderungen den Europäern so nahe brachte. »Ein Morgen war's, schöner hat ihn schwerlich je ein Dichter beschrieben«, begann er seine Schilderung der Insel. »Ein vom Lande wehendes Lüftchen führte uns die erfrischendsten und herrlichsten Wohlgerüche entgegen und kräuselte die Fläche der See. Waldgekrönte Gipfel erhoben ihre stolzen Wipfel in mancherlei majestätischen Gestalten und glühten bereits im ersten Morgenstrahl... Kummer, Sorgen, Unglück, die uns so frühzeitig alt machen, scheinen diesem glücklichen Volk gänzlich unbekannt zu sein. « Er, der in seiner Jugend selten Glücksgefühle empfinden konnte, war von der Anmut und Unbeschwertheit der Tahitianer hingerissen. Er übersah aber nicht, daß die jungen Frauen sich, »ehe es ganz dunkel war«, auf dem Schiff einfanden und »allerhand Tänze« tanzten, »die mit unseren Begriffen von Zucht und Ehrbarkeit eben nicht sonderlich übereinstimmten«. Aber sofort fügte er hinzu, die »tahitischen Buhlerinnen« seien aber »im Grunde minder frech und ausschweifend als die gesitteten Huren in Europa«.

Irgendwie blieb Tahiti für ihn doch die Insel der Seligen, an die er gerne zurückdachte.

Im Oktober 1773 ging es wieder in die Antarktis. Von neuem fuhr die »Resolution« durch das Eismeer, über den 71. Breitengrad hinaus. Vier Monate blieb man landsuchend in der Antarktis. Nie zuvor war jemand dem Südpol so nahe gewesen. »Die Fahrt gegen Süden war ein ewiges und im höchsten Grade langweiliges Einerlei. Eis, Nebel, Stürme und eine ungestüme See machten finstere Szenen, die selten genug durch einen vorübergehenden Sonnenblick erheitert wurden. Das Klima war kalt und unsere Nahrungsmittel beinahe verdorben und ekelhaft.« Georg Forster fröstelte noch, als er das später niederschrieb.

Cook beendete schließlich seinen zweiten Vorstoß in die Antarktis, steuerte die Osterinsel an, die Anfang März 1774 erreicht wurde. Man war über ihre dürftige Natur enttäuscht, und für die merkwürdigen Statuen, die Reinhold Forster abzeichnete, fand man keine Erklärung. Erst viel später haben sich Forscher mit ihnen beschäftigt, ohne jedoch eine glaubhafte Deutung für sie zu finden. Georg Forster war dagegen von den Bewohnern der Insel höchst angetan:

»In einem so armseligen Lande war uns die Gastfreundschaft unerwartet. Man vergleiche sie einmal mit den Gebräuchen der zivilisierten Völker, die sich fast aller Empfindungen gegen ihre Mitmenschen zu entledigen gewußt haben.« Immer waren Forsters Beobachtungen mit Blick auf die europäischen Verhältnisse kulturkritisch und politisch gefärbt. Über die Marquesas-Inseln gelangte man abermals nach Tahiti mit seinen Brotfruchtbäumen und Bananenhainen. Nur kurz durfte sich die Mannschaft dort vergnügen. Dann ging es nach Südwesten weiter, und Cook entdeckte die neuen Hebriden und Neukaledonien. Hier zogen sich viele der Schiffsleute eine Fischvergiftung zu, bevor sie wieder nach Neuseeland segelten. Die im Frühjahr 1773 angelegten Gemüsegärten waren verwildert. Die Maori ließen sich nicht sehen. Als endlich sich ein paar Männer zum Schiff wagten, versorgten sie die Mannschaft mit Proviant und deuteten an, daß die »Adventure«, das Schwesterschiff der

»Resolution«, im November oder Dezember dort gewesen war und ihre Besatzung ein gnadenloses Blutbad unter den Maoris angerichtet hatte, die sich ihrerseits dafür grausam rächten. Georg Forster dachte bei der Niederschrift seines Berichts an den letzten Aufenthalt in Neuseeland und schrieb: »Wie oft es den Neuseeländern ein leichtes gewesen wäre, uns umzubringen, wenn wir uns von den Booten entfernten, einzeln auf den Bergen herumkletterten, in den Wäldern streiften«, und er war »immer mehr davon überzeugt, daß man nicht das mindeste von ihnen zu besorgen hat, wenn man nur seinerseits sie in Ruhe läßt«.

Cook hielt sich mit solchen Überlegungen nicht lange auf. Er hatte Befehl, die Südspitze Amerikas anzusteuern, und nahm Kurs auf Feuerland. Dort warfen sie Weihnachten 1774 Anker und sahen die »jämmerlichsten aller Menschen«. Im Januar 1775 wurden die Neujahrsinseln und bald darauf Südgeorgien entdeckt. Noch immer ließ Cook Segel setzen, um die Antarktis zu erforschen. Doch da er auch da kein Land fand, beendete er die erste südliche Weltumsegelung. Am 22. März 1775 landete die »Resolution« in Kapstadt. Dann endlich ging es wieder nach England. Die beiden Forsters wurden von den Gelehrtenkreisen in London mit Auszeichnungen empfangen und bewundert.

Als Reinhold Forster nun aber eine Beschreibung der Cookschen Weltreise anfertigen und veröffentlichen wollte, wurde ihm das auf Befehl der britischen Admiralität aus politischen Gründen untersagt. Da die zurückgebliebene Familie darbte, machte sich Georg daran, das Verbot zu umgehen. Schon 1777 veröffentlichte er unter seinem Namen ein Buch mit dem Titel »A Voyage round the World«, das er auch ins Deutsche übersetzte und im Verlag von Haude & Spener in Berlin erscheinen ließ: »Johann Reinholds Reise um die Welt in den Jahren 1772 bis 1775, herausgegeben von Georg Forster«.

Dieses Werk sollte Georg Forster berühmt machen.

Professor in Kassel

In London lebten die Forsters ebenso berühmt wie arm. Wegen der verbotenen Veröffentlichung des Reiseberichts war Reinhold Forster mit der Admiralität in Streit geraten. Sein Sohn erkannte, daß dem Vater in England keine großen Möglichkeiten mehr offenstehen würden. Er setzte seine ganze Hoffnung auf die deutsche Übersetzung, zumal Reisende aus Deutschland die Forsters in ihrer armseligen Londoner Wohnung mehrfach besucht hatten. Unter ihnen war auch THOMAS SÖMMERING (1755–1830), ein Medizinstudent aus Thorn, mit dem Georg Forster sich bald befreunden sollte. Sie blieben ihr Leben lang eng verbunden.

Im Oktober 1778 fuhr Georg nach Holland, um dort die seltenen Pflanzen zu verkaufen, die die Forsters von der Weltreise mitgebracht hatten. Aber niemand hatte Interesse für die »trockenen Ballen«, und so wurde die finanzielle Not der Familie immer größer. Reinhold Forster besaß nur noch Schulden. Ihm drohte der Schuldturm, sobald er das Haus verließ. Sein Sohn war entschlossen, der Familie um jeden Preis zu helfen: Er reiste von Den Haag weiter nach Deutschland. In Düsseldorf suchte er den Dichter Friedrich Heinrich Jacobi auf, der ihn gern am Rhein festgehalten hätte. Doch Forster hatte sich aufgemacht, um in Deutschland seinem Vater eine Professur zu verschaffen, und die konnte Jacobi ihm nicht bieten. Forster lernte nun aber kennen, was alles in Deutschland geschehen war, während er im Eismeer und auf Südseeinseln geweilt hatte. Der Stern des jungen Goethe war aufgegangen, Lessing hatte Dramen, Herder seine erste Geschichtsphilosophie geschrieben, jedermann sprach von Wieland. Forster hatte viel nachzuholen. Überall, wo er hinkam, traf er auf Schöngeister und Gelehrte, die den Weltreisenden bestaunten. Er wurde allenthalben bewundert und gefeiert – aber was half das? Er reiste weiter; denn er kannte nur ein Ziel: die Professur für den Vater. Er versuchte es in Hessen-Kassel, Ende November traf er dort ein. In Kassel hatte Landgraf Friedrich II. kürzlich eine Malerakademie gestiftet und die alte Karlsschule, das Carolinum, durch Berufung namhafter Gelehrter zu einer wissenschaftlichen Akademie gemacht. Forster war kaum eingetroffen, da wurde ihm schon eine Professur angeboten. Wenn der kleine Hof von Sachsen-Weimar sich mit einem Goethe schmücken konnte, warum Kassel nicht mit einem Forster? Vergeblich versuchte er, die landgräfliche Gunst auf seinen Vater zu lenken. Weil ihm das nicht gelang, nahm er die Berufung halbherzig an, erbat sich aber Urlaub für die Weiterreise in die preußische Hauptstadt, hoffend, daß er in Berlin Gehör finden werde.

Auf der Reise nach Berlin machte er einen Abstecher nach Göttingen, der ersten deutschen Universitätsstadt, die er je gesehen hat. Dort ging es ihm nicht anders als in Düsseldorf und Kassel. Er wurde bewundert und umschwärmt. CHRISTIAN GOTTLOB HEYNE (1729–1812), ein berühmter Altertumsforscher und das geistige Haupt der Universität, empfand sogleich eine warme Zuneigung zu dem jungen Mann, der später seine Tochter Therese heiraten sollte. Bei dem kauzigen, geistreichen Georg Christoph Lichtenberg (1742–1799), der die Forsters schon einmal in London aufgesucht hatte, nahm er Quartier und lernte dort alles kennen, was in Göttingen Rang und Namen hatte. Doch um seines Vaters willen reiste er weiter in Richtung Berlin. Als er in Braunschweig einen kurzen Aufenthalt machte, hatte er eine Begegnung mit Lessing, der ihm seine Reise »versüßte«; aber nichts konnte ihn aufhalten, er mußte nach Berlin. Dort blieb er dann fünf Wochen, und es gelang ihm endlich, für den Vater eine Professur an der Universität Halle zu bekommen. Doch Berlin war für ihn enttäuschend: »Während der fünf Wochen habe ich wenigstens in 50 bis 60 verschiedenen Häusern Mittag- und Abendbrot gegessen und jedesmal die selbe Geschichte herableiern, die selben Fragen hören und beantworten, kurz tausend müßigen Leuten die Zeit vertreiben müssen.«

Auf der Rückreise von Berlin nach Kassel fand Forster herzliche Aufnahme am Hof von Dessau. »Jetzt«, schrieb er an den Vater, »bin ich wieder mit dem Geschlecht der Durchlauchtigkeiten so halb versöhnt, um der guten Fürsten willen, die ich hier in Deutschland fast noch besser finde als damals in England...« Der Dessauer Fürst überreichte ihm hundert Louisidor als Geschenk für die Londoner Familie.

In Kassel mußte Forster sich erst erholen. Im Frühjahr 1779 trat er sein Lehramt am Carolinum an. Eine Vorlesung wöchentlich und ein bißchen

Geographieunterricht im Kadettenkorps – das ließ ihm genügend Zeit, sich die deutsche Literatur anzueignen.

Thomas Sömmering, der alte Freund, wurde auf sein Betreiben als Anatom an das Carolinum berufen. Mit Sömmering verband ihn das Streben nach Humanität und Geisterkenntnis. Beide Freunde schlossen sich in Kassel dem Geheimbund der Rosenkreuzer an, zu dem auch der Göttinger Lichtenberg gehörte. Forster war schon 1778, vor seiner Abreise aus London, einer Freimaurerloge beigetreten, fühlte sich bei den deutschen Rosenkreuzern aber viel wohler. Von jeher religiös gestimmt und fromm, rang er sich nun zu einer vergeistigten Religionsauffassung durch. Forster wie auch Sömmering widmeten sich alchimistischen Versuchen und übten sich wie Schillers »Geistesseher« in dem Streben, eine jenseitige Welt durch Meditationen zu erreichen. Mehrere Jahre war Forster mit dem Rosenkreuzertum verbunden.

Das ließ ihn immer auf das Ganze der Natur blicken, hinderte ihn aber auch nicht, das Ganze der politischen Situation in Europa zu betrachten. Am 30. März 1782 schrieb er an seine Schwester:

Europa scheint auf dem Punkt einer schrecklichen Revolution. Wirklich, die Masse ist so verderbt, daß nur Blutlassen wirksam sein kann. Vom Throne bis zum Bauern sind alle zwischeninne liegenden Stände von dem, was sie sein sollten, herabgesunken und keiner mehr als unsere vorgeblichen Gottesgelehrten; von ihnen kann man wohl sagen, daß sie wolfsartiger in ihren Schafskleidern sind, als Pharisäer und Schriftgelehrte je waren; unwissender von Gott und dem Heiland als die armen Neger... Es hilft Deutschland wenig, so viel von der Erziehung der Jugend zu sprechen, seine Geistlichkeit, bei der man nur die Kenntnis Gottes und seiner Werke suchen sollte, ist so verderbt, daß sie nichts von ihm, von seinen Wegen und seiner Schöpfung weiß.

Sieben Jahre vor Ausbruch der Französischen Revolution ahnte Forster also schon, daß sie kommen mußte. Und er führte ihre Ursachen auf das Versagen der zu geistiger Führung berufenen Kräfte und Menschen zurück. Vom »Blutlassen« sprach er schon damals und sah den Sturm voraus, der kommen mußte.

In die Kasseler Zeit fiel auch seine erste Begegnung mit einem » Unbe-kannten « aus Weimar, der ihn aufsuchte und sich schließlich als Goethe zu erkennen gab (s. S. 71). Seither stand er mit Goethe in Kontakt. » Sie kennen ihn und wissen «, schrieb er an Jacobi, » was es für ein Gefühl sein kann, ihn kaum eine Stunde lang zu sehen, nur ein paar Minuten allein zu sprechen und als einen Meteor wieder zu verlieren. «

Fünf Jahre, von 1779 bis 1784, blieb Forster in Kassel, reiste gelegent-lich zu Heyne und Lichtenberg nach Göttingen oder zu seinem Vater nach Halle, konnte in Kassel aber nicht Wurzeln schlagen. Der Ruhm seiner Weltreise verblaßte, und Schulden hatte er auch gemacht. Da kam es ihm nur zu recht, daß er eine Berufung an die polnisch-litauische Uni-versität Wilna erhielt.

Reise nach » Sarmatien «

Seit der » ersten polnischen Teilung « 1763, an der Preußen, Rußland und Österreich beteiligt waren, regierte Katharinas II. Günstling, Graf Sta-nislaus Poniatowski, als König in dem verkleinerten Polen. Er war be-müht, den Wohlstand des Landes zu heben, und setzte auch eine Natio-nalerziehungskommission in Warschau ein, die der Bruder des Königs leitete. Neue Schulen und neue Universitäten sollten entstehen, aber man kam nicht recht voran. Das änderte sich erst nach dem Verbot des Jesuitenordens 1773 durch Papst Klemens XIV. (1769–1774). Aus ver-schiedenen polnischen Jesuitenkollegs gingen Universitäten hervor, so auch in Wilna.

Dorthin wurde Forster im Frühjahr 1784 berufen – als Professor der Naturwissenschaft. Für acht Jahre mußte er sich verpflichten, doch vier sollten es nur werden. Er hatte seine Kindheit nahe der Weichsel ver-bracht, er war in St. Petersburg und Saratow gewesen; ganz unbekannt konnten ihm die weiten Ebenen nicht sein, in die er sich jetzt begeben sollte. Aber vor der Verlassenheit eines Gelehrten an einer kleinen polni-schen Bildungsstätte graute ihn doch ein wenig. Er begab sich zögernd auf den weiten Weg. Fünf Monate dauerte seine Reise von Kassel nach

Wilna. Und wieder war der Ruhm der Cookschen Weltumsegelung sein Reisebegleiter.

Von Kassel über Göttingen, wo er sich »heimlich« mit Therese Heyne verlobte, ging es über Dresden nach Teplitz, wo Forster sich seines Rheumas und der »skorbutischen Übel« wegen einer Kur unterzog. Die vielen Seefahrten im südlichen Polarmeer forderten ihren Tribut. Aber dann kam Prag, wo er sich wider Erwarten als Weltreisender geachtet und geehrt fand. Der Höhepunkt der Reise aber war Wien, wo er sieben Wochen blieb und sich kaum losreißen konnte.

Wien war wohl nicht nur der Höhepunkt der Reise, sondern seines ganzen Lebens. Glücklich bewegte er sich in dem Wien Kaiser Josephs II. und Mozarts, der Stadt der Opern und Schauspiele, der Diplomaten und Glücksritter, der Rosenkreuzer und Freimaurer. Und überall kannte man Forster, den Mann, der die Schönheit Tahitis und das Grauen der Antarktis geschildert hatte. Als »Hahn im Korbe« genoß er das Leben in der Donaumetropole, speiste mit Erzherzoginnen, Schauspielern und Hofdamen, suchte Mineralienhändler und Naturalienkabinette auf, tanzte Quadrillen und führte Gespräche mit Gelehrten und schrieb an seinen Freund Sömmering: »Für ein Herz wie das meinige, welches der Freude mit Menschen zu leben, sie zu lieben und von ihnen geliebt zu werden, so offen ist, ... ist Wien ein Paradies.«

Kaiser Joseph II. gewährte ihm eine Audienz, und Staatskanzler Kaunitz hätte ihn gern nach Wien geholt. Aber Forster fühlte sich verpflichtet, das gegebene Versprechen an die Polen zu halten. Mitte September brach er nach Krakau auf, notierte dort aber in sein Reisebuch: »Ich ging mit dem traurigen Gedanken, mein liebes, liebes Wien verlassen zu haben, in der Hitze bergan, nah am Weinen und ganz trübe und trostlos.« Und ein paar Tage später: »Ach, liebes Wien, liebes Wien! ... Nur mit den Wienern und nur für sie wünscht' ich zu leben. Nun ja, das ist die Strafe für die Reise um die Welt, – dafür muß man nach Wilna ins Exilium.«

Doch bei aller Liebe zu Wien hatte er nicht übersehen, was auch in Österreich im argen lag: »Alle großen Städte gleichen Wien. Alle Höfe sind mehr oder weniger verderbt, der Adel überall, der das Recht besitzt, was er will und mißbraucht es oft.«

Über Olmütz näherte er sich Polen. Schon als er nach Krakau kam, überfiel ihn der Zweifel an seinem Entschluß, den Ruf nach Wilna angenommen zu haben. Die Zerfallenheit der Stadt fiel ihm sogleich auf, und auch Warschau, wohin er weiterreiste, ließ ihn den bedrückenden Wechsel seiner Lebensverhältnisse erkennen. Dann lud ihn Bischof Poniatowski ein, sogleich zu ihm nach Grodno zu kommen. Er notierte:

> Hier habe ich trotz der Ehre, die mir widerfährt, oft die schrecklichste Langeweile. Denn was hilft's mir, mit dem König zu Abend zu essen und die Gnade zu haben, Seiner Majestät eine Stunde von der Insel O-Taheiti vorzuplaudern, da ich dieses in meinen Augen dennoch nicht sehr beneidenswerte Glück dadurch erkaufen muß, daß ich, wie jedermann hier, in einer schlechten Kammer übel logiert, den ganzen Tag lauern muß, ob ich einen Wagen erhaschen kann, um in dem Ozean von Kot herumzuschiffen, der alle Straßen hier überschwemmt.

Überraschenderweise begegnete Forster in diesem deprimierenden Grodno einem berühmten Entdeckerkollegen, der in Südamerika herrliche Pflanzen gefunden und nach Europa gebracht hatte: Louis Antoine de Bougainville (1720–1811). Der vielseitige, geniale Bougainville hielt sich gerade in Polen auf, und Forster, der als Knabe in London dessen *»Description d'un voyage autour du monde«* ins Englische übersetzt hatte, konnte dieser Begegnung mit dem großen, auch politisch interessanten Mann doch nicht froh werden. Zu sehr lastete die Enttäuschung über die allzu rückständigen polnischen Verhältnisse auf seiner Seele.

Mitte November kam der weitgereiste Forster endlich in Wilna an. Hier fand er eine merkwürdige Universität und eine höchst seltsame Kollegenschaft vor: polnische, erzkatholische Priester und Exjesuiten, die hier lehrten, weil der Jesuitenorden gerade vom Papst verboten worden war. Keine schöne Umgebung für den Protestanten Forster! Zum Glück war wenigstens ein österreichischer Medizinprofessor nach Wilna verschlagen worden und auch ein paar Italiener und Franzosen. Doch Forster fühlte sich vereinsamt und litt unter dem »Mangel an guter Gesellschaft«. Immerhin war er froh, daß die Ausländer an dem ehemaligen Jesuitenkolleg, das sich jetzt Universität nannte, »aufgeklärte« Männer waren. Von Polen aber, dem Land, in dem er jetzt leben sollte, schrieb er an Therese Heyne, was man noch zweihundert Jahre später hätte schreiben können: »In Religionssachen herrscht neben tiefem Aberglauben doch eine fast vollkommene Toleranz.«

An vernünftiges wissenschaftliches Arbeiten war in Wilna nicht zu denken. Es gab keinen botanischen Garten und kein Naturalienkabinett für den Naturforscher Forster. Die Straßen waren genauso schlecht und schmutzig wie in Krakau oder Warschau. Was er als »botanischen Garten« vorfand, war ein mit Unkraut bedeckter Fleck, »kaum groß genug, um Kohl darauf zu pflanzen«.

Nicht einmal eine Buchhandlung gab es in dieser polnischen »Universitätsstadt«. Forster, der viel Entsagung durchlitten hatte, war tief enttäuscht. Das Dorf Nassenhuben bei Danzig, in dem er als Kind gelebt hatte, war ein geistiges Eldorado, gemessen an den Wilnaer Verhältnissen. In Deutschland bestellte Zeitschriften und Bücher gingen unterwegs verloren, nur die Rechnungen kamen an. Forster war verzweifelt. Die Vorlesungen mußte er in mittelalterlicher Manier auf Lateinisch halten; die Studenten waren halbgebildete Kleriker; hinzu kam die »Unkultur des Volkes, die Ansicht des sandigen, mit schwarzen Wäldern überall bedeckten Landes, die über alle Vorstellungen gingen, die ich mir hatte machen können. Ich weinte in einer einsamen Stunde über mich – und dann, wie ich allmählich zu mir selbst kam, über das so tief gesunkene Volk.«

Der letzte Satz ist typisch für Forster, der nicht nur über seine eigenen Nöte klagte, sondern stets auch an die »da unten« denken mußte. Deshalb raffte er sich bald wieder auf: »Ich finde, daß ich meine Begriffe, die ich mir von der hiesigen Lage gemacht, ganz umstimmen muß. Ich bin mir meiner guten Absicht bewußt, mit der ich herkam. Ich finde mich zwar betrogen in mancher Erwartung. Aber darum, weil ich nicht alles kann, was ich wollte, darum nicht tun wollen, alles liegen lassen – – –... das scheint nach reifer, kühler Überlegung doch übereilt.« Schließlich kommt er zu der Einsicht: »Durchaus sehe ich Wilna als einen Raupenzustand für mich an. Ich bin auf acht Jahre gebunden; danach kommen die Flügel, und das vollkommene Insekt wandelt seiner Bestimmung nach.«

197

Es gelang ihm, im Frühjahr 1786 Urlaub zu bekommen. Es zog ihn nach den Wäldern Göttingens mit ihrem jungen Grün und nach den gepflügten deutschen Äckern. Es zog ihn aber auch in das Haus des Professors Heyne, dessen Tochter er heiraten wollte. Unmittelbar vor der Abreise überfiel ihn wieder einmal seine skorbutische Krankheit und das Rheuma. Erst im Juli war er reisefähig. Nach der geistigen Einöde von Wilna kam er sich in Deutschland wie in einem Menschenparadiese vor. Im September fand die Hochzeit mit Therese Heyne statt. Zuversichtlicher als zuvor trat er mit seiner jungen Frau die Rückreise nach Wilna an, nicht ohne zuvor in Weimar Station gemacht zu haben. Dort speiste das junge Ehepaar mit Herzog Karl August und verbrachte den Rest des Tages in der Gesellschaft von Goethe, Wieland und Herder. Forster fühlte sich endlich wieder in seinem Element.

Aber dann mußte er mit Therese die beschwerliche Reise in die »sarmatische Wildnis« von Wilna antreten, über die ihn auch Therese nicht hinwegtrösten konnte und wollte. Die lebenslustige Heyne-Tochter, die mit Caroline Böhmer – die spätere Frau Schlegels und Schellings – befreundet war, muß in polnisch Litauen noch unglücklicher gewesen sein als Forster. Anders als Therese hätte die geistvolle Caroline das Leben in Wilna vielleicht ertragen können. Sie war Forster sehr zugetan, aber er fühlte sich dem verehrten Heyne doch zu sehr verbunden, als daß er seiner Neigung zu Caroline nachgegeben hätte. Die Ehe mit Therese wurde so unglücklich, wie es nur denkbar ist. Sie betrog ihn nicht nur mit einem Mann, sondern gleich mit mehreren. Forster wußte davon und duldete es sogar, daß Thereses Liebhaber als »Hausfreunde« fungierten. Er verzieh ihr immer um der gemeinsamen Kinder willen.

In Wilna zog er sich bald ganz von den Naturwissenschaften zurück, für die ihm alle notwendigen Hilfsmittel versagt wurden. Seit seinem kurzen Besuch in Deutschland wandte er sich mehr und mehr den Geisteswissenschaften und der Geschichte zu. Dringend bat er seine Freunde in Göttingen, Halle, Wien und Berlin, sie möchten ihn auf dem laufenden halten über literarische und politische Zeitereignisse. Er begann wieder seine Übersetzertätigkeit, übertrug verschiedene Arbeiten aus dem Englischen und auch Cooks Reisebericht über seine dritte Entdeckungsreise, auf der er 1779 gestorben war. Mit Joachim Heinrich Campe

198

(1746–1818), dem Braunschweiger Schulrat, der einst Lehrer an Basedows »Philanthropinum« in Dessau gewesen war und Defoes »Robinson Crusoe« bearbeitet hatte, begann Forster eine Korrespondenz, weil dieser ihn um die Abfassung eines Handbuches der Naturkunde gebeten hatte. Aus diesem Projekt ist leider nichts geworden.

In Wilna ließ sich Forster auf eine Auseinandersetzung mit Immanuel Kant (1724–1804) ein, dessen »Wortkram« er »nicht leiden« konnte. Seinen Aufsatz über Kant schickte er an Herder, der ihm sehr zustimmte und ihn im »Deutschen Merkur« veröffentlichen ließ.

Aufgrund seiner literarischen Leistungen konnte Forster die Verbindungen zu Deutschland aufrechterhalten. Es dauerte nur immer wochenlang, bis ein Brief oder eine Sendung von Wilna nach Weimar, Göttingen, Braunschweig oder Berlin ankam. Rascher ging die Post nach St. Petersburg, aber Forster hielt es im trübseligen Wilna kaum noch aus. Andauernd sann er nach Befreiung aus dem trostlosen Polen. Er schrieb damals: »Was bei Exjesuiten, und wenn es die besten sind, zu holen ist, ist leicht zu denken; es ist keine Silbe eines wissenschaftlichen Gesprächs mit diesen Menschen möglich.« An einem Juni-Morgen 1787 kam die Erlösung. Ein russischer Marineoffizier, Kapitän Mulowski, erschien bei Forster. Er überbrachte ihm die Einladung der Zarin Katharina, an einer Expeditionsreise in die Südsee teilzunehmen. Der russische Gesandte in Warschau kaufte den überglücklichen Forster aus Polen frei.

Als er aber nach England reisen wollte und sich mit Frau und Kind schon in Deutschland befand, las er in der Zeitung, daß zwischen Rußland und der Türkei der Krieg ausgebrochen war. Die Expedition in die Südsee konnte also nicht stattfinden. Forster sah sich wieder einmal vom Schicksal betrogen.

Vorrevolution in Mainz

Forster stand in seinem 33. Lebensjahr, als er in die Aufforderung, an einer russischen Expedition in den Pazifik teilzunehmen, einwilligte. Zwar hatte er die halbe Welt kennengelernt und auch manche Gedanken über die Ungerechtigkeiten in den verschiedenen Ländern, die er durchreist hatte, zu Papier gebracht, an eine revolutionäre Umgestaltung aber hatte er nie gedacht. Er war ein Verehrer Friedrichs des Großen, zu dessen Tod er schrieb: »Nunmehr ist der Schimmer von Aufklärung und Denkfreiheit wohl für immer dahin.« Und als 1787 seine Übersetzung von Cooks Reisebericht über die Entdeckungsfahrten in Nordamerika erschien, widmete er sie Kaiser Joseph II. Was in Frankreich von Montesquieu und Rousseau über Gewaltenteilung und die Auflösung der Herrschaftsverhältnisse geschrieben worden war, hatte ihn unberührt gelassen.

Dieser Forster war von Haus aus kein Revolutionär.

Das sollte sich erst ändern, als er nach Mainz kam. Nachdem die russischen Entdeckungspläne sich zerschlagen und er sich in Göttingen bei seinem Schwiegervater Heyne schon mit den Reiseplänen für die Südseefahrt befaßt hatte, entschied das Schicksal über sein weiteres Leben. Was sollte Forster nun tun? Wieder einmal stand er vor dem Nichts. Aber er ließ den Mut nicht sinken. Sein Freund Sömmering war Medizinprofessor an der kurfürstlichen Universität Mainz geworden. In Mainz lebte auch Johannes (von) Müller (1752–1809), den er schon in Kassel kennengelernt hatte und der als ehemaliger Bibliothekar der Universität jetzt Staatsrat in der Regierung des Kurfürstentums war. Forster hatte Aussicht, dessen freigewordenen Posten zu erhalten, und er erhielt ihn auch.

Anfang Januar 1788 traf er in Mainz ein und war froh, daß es wenigstens »kein Wilna« war. Kritisch betrachtete er am Morgen seiner Ankunft die »Piroutschade«, wie man die Auffahrt von 30 bis 40 Piroutschen, der Wagen des Hofadels, vor dem kurfürstlichen Schloß nannte.

Kurfürst und Erzbischof Baron Erthal empfing ihn und gewährte ihm sogar einen Urlaub von sechs Monaten, damit er sich an der Göttinger Universität in seine neue Arbeit einarbeiten könne. Forster ging auch nach Göttingen und lernte dort den Studenten WILHELM VON HUMBOLDT und seinen Bruder ALEXANDER kennen, mit dem er 1790 eine »Reise in die Niederlande« unternahm und darüber einen großartigen Bericht veröffentlichen sollte. Zu Michaeli 1788 trat Forster seinen Dienst als kurmainzischer Hofbibliothekar an. Die Bibliothek war verstaubt, besaß kaum naturwissenschaftliche Schriften, dafür umso mehr katholische

Theologie. Für Neuanschaffungen wurde er knapp gehalten, und so beschäftigte er sich mit eigenen Aufsätzen, schrieb Rezensionen und kleinere Arbeiten. Dann hörte und las er von der Revolution in Frankreich, und alles sollte sich für ihn ändern.

Das Kurfürstentum Mainz war von altersher eines der wichtigsten Bestandteile des Reiches. Sein Erzbischof, im Mittelalter derjenige, der stets den deutschen König krönte und Kanzler des Reiches war, war seit Friedrich II., dem Stauferkaiser, auch Landesherr über ein großes Territorium und seit Karl IV. einer der sieben Kurfürsten, die den König wählten.

Als Forster nach Mainz kam, umfaßte das Kurfürstentum die fruchtbaren und reichen Gebiete an Rhein und Main und hatte großen Streubesitz in Hessen und Thüringen. Erfurt und das Eichsfeld, Starkenburg an der hessischen Bergstraße, Fritzlar und Amöneburg unterstanden dem Mainzer Erzbischof und Kurfürsten.

Nach dem geistig verödeten Wilna konnte die Stadt am Rhein inmitten einer schönen Natur den Weltreisenden Forster nur erfreuen. Zwar sah er sehr bald, daß sich das Leben der einfachen Menschen in Mainz kaum von demjenigen in Wilna unterschied, aber immer wieder trafen bedeutende Zeitgenossen in der Bischofsstadt ein. Bald war Forster auch der Mittelpunkt eines geselligen Kreises, der sich regelmäßig an seinem Teetisch traf, seit er 1788 in Mainz Wohnung genommen hatte. Er erlebte in Mainz, dieser Hochburg des Katholizismus im damaligen Deutschland, daß der Geist der Aufklärung nicht ohne Wirkung auf das Erzbistum geblieben war. Der Kurfürst hatte Protestanten wie Sömmering, Müller und Forster nach Mainz geholt und ohne konfessionelle Beschränkungen Professoren an die Universität berufen. Aber es wäre falsch, wollte man dem Kurfürsten allzu viel Ehre in Sachen Geistesfreiheit geben. Er war ein engstirniger Despot, vor dem seine Untertanen zitterten, sich zugleich aber fromm und ergeben dem Glanz seiner Hofhaltung beugten.

Dem Hofbibliothekar Forster blieb viel Zeit für eigene Arbeiten. In den ersten Mainzer Jahren entstanden neben zahlreichen Übersetzungen seine berühmt gewordene Abhandlung »Über die Proselytenmacherei«, die in den »Berliner Monatsheften« 1789 erschien, und bald auch seine

Verteidigung Schillers in dem »Fragment eines Briefes an einen deutschen Schriftsteller über Schillers Götter Griechenlands«.

In seiner Arbeit gegen die »Proselytenmacherei« äußert Forster die Besorgnis über die Knechtung der Gedankenfreiheit durch das Zusammenwirken politischer und konfessioneller Mächte. Als Protestant gestand er aus gegebenem Anlaß – in der Form eines Briefes – einem Katholiken das Recht zu, ohne unzulässige Druckmittel die von ihm erkannte Wahrheit zu verteidigen: »Sie wissen ja«, heißt es darin, »ich war von jeher ein Eiferer für die Sonnen: Wahr, gut und schön! Wahrheit muß also behauptet, muß mit Gründen verfochten werden. Und solange sie einem unaufgelösten Problem ähnlich sieht, – das ist überall, wo Verschiedenheit der Meinungen herrscht – kann ihre Erforschung ohne Diskussion, ihre Mitteilung ohne Überredung nicht vonstatten gehen... Vom Wilden bis zum Großinquisitor, vom frommen Schwärmer bis zum Philosophen sind wir alle Proselytenmacher, und was so tief in der menschlichen Natur gegründet ist, kann nicht an sich, kann nur durch den Gebrauch unrechtmäßiger Mittel sträflich sein...« Weise Regenten schenkten »dem Volke die Gewissensfreiheit als ein kräftiges Mittel zur eigenen Bildung, wobei es vorbereitet werden könnte, die Majestätsrechte der Menschheit in sich selbst zu empfinden und deren Ausübung dereinst in seine Hände zurückzufordern. O warum fühlten sie sich nicht groß genug, um die Befreier ihres Volkes zu werden? Warum bedachten sie nicht, daß einen Teil ihrer Rechte aufzuopfern, soviel als gar nichts der Freiheit des Bürgers einräumen hieße, solange der Nachfolger auf dem Thron alles niederreißen darf, was sein Vorfahr baute?...«

Solche Gedanken wurden Ende des Jahres 1789 publiziert, als die Ereignisse in Paris jedem Leser bekannt waren. Forsters Abhandlung im »Deutschen Merkur« muß vor diesem Hintergrund gesehen werden. An seinen Freund Jacobi in Düsseldorf schrieb er damals: »Ich mag keinen Despotismus, auch nicht den der allgemein gültigen Prinzipien. Eine alleinseligmachende Philosophie ist mir so zuwider wie ein alleinseligmachender Glaube. Diese ausschließende Rechthaberei hat mich immer revoltiert.« Ob er sich an diese Sätze noch erinnerte, als er der Französischen Revolution diente?

Ebenfalls im Jahr 1789 ließ er in »Neue Literatur und Völkerkunde« seine Verteidigungsschrift für Schiller erscheinen, der von Friedrich Leopold Graf Stolberg (1750–1819) angegriffen worden war. In diesem Aufsatz zeigt er sich erstmals als Kunstkenner der Antike, der neben Lessing, Winckelmann und Goethe bestehen kann. Schiller war sehr erfreut über Forsters Eintreten für ihn. Auch in diesem Vorgang kommt nichts davon zum Ausdruck, was als die Ereignisse von Versailles und Paris in jenen Tagen die Welt bewegte. Forster schrieb damals auch viele Rezensionen, z. B. über Literatur und Kunst in England und über gelehrte botanische Abhandlungen. Nur in Briefen an seine Freunde, vor allem an seinen Schwiegervater Heyne, kam er auf die Revolution zu sprechen. An letzteren schrieb er im August 1789:

Welch eine Sitzung war die vom 5. August in der französischen Nationalversammlung! [Es war die vom 4. August, als der Adel auf seine Privilegien verzichtete; d. Verf.] Ich glaube, sie ist noch in der Welt ohne Beispiel. An Vollkommenheit, zu der es in menschlichen Dingen gebracht werden könnte, glaube ich freilich nicht mehr; allein es gibt doch Grade und Stufen des mehr oder weniger Unvollkommenen, und wenn da nur das Bessere errungen wird, so ist alles geleistet, was man von der Menschheit verlangen kann... Die französische Revolution ist angefangen, aber noch nicht geendigt. Wenn man nur nicht zu rasch verfährt. Es ist wohl gewiß, daß die gänzliche Unterdrückung des Adels eine große Verwirrung hervorrufen mußte; wie mancher hat gar keine Einkünfte, als die von den droits seigneurieux [Herrenrechte] entspringen. Vollkommenes kann indessen nicht werden, immer genug, wenn es in seiner Art etwas Gutes und Großes wird.

Schon am 30. Juli hatte er dem Schwiegervater, der ihn wie einen Sohn liebte, seine welthistorisch orientierte Auffassung der Ereignisse von 1789 wissen lassen: »Daß England sie hat geschehen lassen, ist sehr viel Treuherzigkeit und sehr wenig Politik. Die Republik von 24 Millionen Menschen wird England mehr zu schaffen machen, als der Despot mit so viel Untertanen.« Forsters Weitblick sollte sich in jeder Weise bestätigen.

Noch war an eine »Republik Frankreich« nicht zu denken. Noch regierte der König, noch gab es eine Monarchie, und dennoch sah Forster voraus, wie es kommen würde.

Im nächsten Jahr, am 13. Juli 1790, berichtete er Heyne, daß er nach der »Niederländischen Reise« mit dem jungen ALEXANDER VON HUMBOLDT (1769–1859) selbst noch schnell in Frankreich gewesen sei:

Der schnelle Flug nach Frankreich ist wenigstens hinreichend gewesen, mich zu überzeugen, daß an keine Gegenrevolution dort zu denken sei. Alles ist ruhig, alles verspricht den besten Erfolg der neuen Einrichtungen. Der Anblick des Enthusiasmus im Volke, und vorzüglich auf dem Champ de Mars [Marsfeld, s. S. 80f.], wo man die Vorbereitungen zum großen Nationalfest machte, ist herzerhebend, weil er so ganz allgemein durch alle Klassen des Volkes geht.

Dieses Urteil des objektiv beobachtenden, welterfahrenen Forster ist zur Interpretation der großen Umwälzung in Frankreich für jeden Historiker von hohem Wert: »Alles ist ruhig, der Enthusiasmus des Volkes... ist herzerhebend«, sagt hier ein Zeitzeuge vom Range Forsters. Das sollte man immer im Blick behalten, wenn man an die erste Zeit der Revolution denkt. Sie war nicht so schrecklich, wie eine spätere, konservativ-reaktionäre Geschichtsschreibung es uns glauben machen wollte. Man sollte auch nicht vergessen, daß der schon erwähnte Joachim Heinrich Campe (s. S. 198f.) in jener Zeit als Hauslehrer beim Freiherrn von Humboldt tätig war, dessen Söhne Wilhelm und Alexander erzog und mit Wilhelm im Jahr 1789 eine Reise nach Frankreich unternahm, von der er als begeisterter Anhänger der Revolution nach Deutschland zurückkehrte.

Verglichen mit Campe waren Forsters positive Worte über das revolutionäre Frankreich beinahe bedächtig. Wie Campe stand auch er dem Hause Humboldt nahe. Den jungen Alexander hatte er 1787 in Göttingen bei Heyne kennengelernt und dessen Verehrung gewonnen. 1789 hatte dieser ihn in Mainz besucht und sich von ihm anregen lassen, eine Arbeit über die Basalte am Mittelrhein zu schreiben. Humboldt wurde dann sein Begleiter auf der Reise von Mainz an den Niederrhein, nach

Brabant, Holland und England, die beide zwischen April und Juni 1790 unternahmen.

In seinen »Ansichten vom Niederrhein«, die Forster nach dieser Reise publizierte, behandelte er Geographie und Geologie, Menschen, Kunst und wirtschaftlich-politische Verhältnisse in einer Form, die ihn zu einem Klassiker der deutschen Sprache machte. Lichtenberg schrieb ihm nach der Lektüre dieses Werkes: »Ich sage Ihnen ebenso aufrichtig als gerade-heraus, daß ich Ihre ›Ansichten‹ für eines der ersten Werke in unserer Sprache halte... Die Gabe, jeder Bemerkung durch ein einziges Wort Individualität zu geben, wodurch man sogleich erinnert wird, daß Sie die Bemerkung nicht bloß sprechen, sondern machen, habe ich nicht leicht bei einem Schriftsteller in solchem Grade angetroffen.« Forster äußerte sich auch über den Aufstand der Bürger von Lüttich, die so schwer unter den preußischen Exekutionstruppen zu leiden hatten, nachdem diese 1789 auf Bitten des Kaisers in die österreichischen Niederlande – das heutige Belgien – eingerückt waren. Forster nahm die Strafe des »rebellischen« Lüttich zum Anlaß, eine großartige Betrachtung über Freiheit und Despo-tismus in sein Reisewerk einzuarbeiten.

Für Alexander von Humboldt aber war die »Niederländische Reise« in erster Linie eine Lehre für seine eigenen Naturforschungen und späteren Reiseberichte. Indessen nahm die Französische Revolution ihren Fort-gang. Doch bei aller Sympathie für die politischen Veränderungen in Frankreich bewahrte Forster seine philosophische Ruhe. Nach der Rückkehr aus den Niederlanden wurde er Mitarbeiter an Schillers »Thalia«, wo seine Abhandlung »Über die Humanität des Künstlers« Ende 1790 erschien und auch sein Aufsatz »Die Kunst und das Zeital-ter«. Schiller war nicht ganz mit Forsters Ausführungen einverstanden, schrieb aber in einem Brief an Huber: »Ich finde ihn an manchen Orten durch Herdersche Ideen zu sehr hingerissen. Aber auch seine unhaltbar-sten Meinungen sind mit Eleganz und Lebendigkeit vorgetragen, die mir einen außerordentlichen Genuß beim Lesen gegeben hat.« Auch mit Goethe stand er in Kontakt und schickte ihm seine aus dem Engli-schen ins Deutsche übertragene indische Dichtung »Sakontala«, durch die Goethe zu seinem »Vorspiel auf dem Theater« im »Faust« angeregt wurde, was er Forster mit einigen, ihm gewidmeten Versen dankte.

Herder schrieb später: »Uns Deutschen wird Georg Forsters Name eben auch mit der Sakontala in lieblichem Andenken leben.«

So war der berühmte Weltreisende, der sich gerade erst aus seiner »sarmatischen Wildnis« befreit hatte, vom klassischen Deutschland aufgenommen worden: Goethe, Schiller, Herder, Lichtenberg, Jacobi und der junge Alexander von Humboldt waren die Gefährten seines Geistesstrebens. Umso tiefer war der Fall, den er tun mußte, als er sich mit den Grundsätzen der Französischen Revolution aktiv verband und viele Freunde sich von ihm abwandten.

Revolution in Mainz – die erste deutsche Republik

Nicht nur in Frankreich waren Bauernaufstände und Bürgerproteste dem Ausbruch der Revolution vorausgegangen. Auch in Deutschland regte sich Widerspruch und Kritik: »In Trier ist das Volk sehr unruhig und will seinen Beschwerden abgeholfen wissen«, schrieb Forster im Herbst 1790 an Heyne. »Unsere Mainzer halten sich noch gut, allein der Hunger wird sie vielleicht zwingen, laut zu werden.« – »Im Kölnischen bestürmt das Domkapitel den Kurfürsten... Der Kurfürst von Trier hat... in Koblenz eine Kommission niedergesetzt, die einer Inquisition nicht unähnlich sein soll.« In Mainz rebellierten die Studenten, und Forster meinte: »Wir haben hier eine römisch-katholische Stiftung, wobei viel von dem jesuitischen Sauerteig geblieben ist. Die Studenten, die sich schlecht aufführten, sind nur die, welche man Philosophen nennt..., [so] wurde in einer Stadt, wo sich ein zahlreicher Adel befindet ohne Kenntnisse, wo die Regierung eifersüchtig auf die Universität ist..., die Gelegenheit ergriffen, die Universität verhaßt zu machen... Gegen 20 Studenten haben einen derben Verweis bekommen«, und Darmstädter Dragoner stellten mit Waffengewalt die Ordnung wieder her. Am 9. Juli 1791 heißt es in einem Brief Forsters: »Die Korruption ist wirklich so weit gekommen, daß man sich wundern muß, wie alles noch zusammenhält. Desto eher stürzt alles mit einem Mal über den Haufen.«

Forsters Vorahnung wurde Wirklichkeit, als sich ein Jahr später die alten Mächte – Preußen, Österreich – gegen das revolutionäre Frankreich verbündeten und nach der Kanonade von Valmy der Mainzer Erzbischof Hals über Kopf die Stadt verließ. Die Ereignisse im Frankreich des Jahres 1792 wurden von hervorragenden Vertretern des deutschen Geisteslebens begeistert begrüßt. Der Sturz des Königs, seine Gefangennahme und die ersten Waffenerfolge der Revolutionstruppen jagten den deutschen Fürsten Angst und Schrecken ein. Aber Klopstock bedankte sich Mitte November, als die Revolutionstruppen schon im Kurfürstentum Mainz einmarschiert waren, in einem herzlichen Brief an den französischen Innenminister für die Verleihung der Ehrenbürgerschaft durch das revolutionäre Frankreich.

Nicht nur Wieland feierte im Novemberheft seines »Neuen Deutschen Merkur« die Größe der französischen Nation (s. S. 171). AUGUST BÜRGER (1747–1794), der Dichter der berühmten »Lenore«, bejubelte die Freiheit, und Schiller überlegte, ob er nicht seine Geschichtsprofessur an der Universität Jena niederlegen und sich um ein Lehramt in Frankreich bemühen solle. Die Theologiestudenten in Tübingen tanzten um einen Revolutionsbaum, und in Mainz erlebte Forster den Einzug der siegreichen Franzosen am 21. Oktober.

Der Erzbischof und Kurfürst war längst geflohen, und mit ihm sein Hofadel und eine große Zahl französischer Aristokraten, die in Mainz auf die Niederwerfung der Revolution durch den Herzog von Braunschweig gewartet hatten. Sobald die schwerbeladenen Wagen des Adels per Schiff über den Rhein gesetzt hatten, mußten die Mainzer feststellen, daß der geistliche Herr und Kirchenfürst, Baron Erthal, die »Kriegs- und Waisenkasse« des Landes mit mehreren 100.000 Gulden hatte mitgehen lassen.

In seiner »Darstellung der Revolution in Mainz« hat Forster später die Verhältnisse im Kurfürstentum großartig analysiert. Es erfüllte ihn mit Genugtuung, daß es den Fürsten nicht gelungen war, den Geist der Freiheit auszurotten, den die Freiwilligenheere seit Valmy nach Deutschland trugen. Als die Truppen des Generals Custine in Mainz einrückten, das sich am 21. Oktober kampflos ergab, war Forster zwar über ihr schmutziges Aussehen entsetzt, erklärte es sich aber damit, daß sie »jetzt schon sechs Monate lang kampieren«, und außerdem:

Es sind sehr viele schöne Leute darunter, und alles hat den französischen Frohsinn und bonhomie im höchsten Grade... Der General Custine ist ihnen ein Gott, bei dem sie schwören. Er hat einen unglaublichen Grad von Liebe bei ihnen und darf ihnen mit unumschränkter Macht gebieten.

Die Mainzer staunten nicht wenig über Custines Umgang mit seinen Soldaten. »Es ist unglaublich, wie stupid das Volk ist. Jetzt kommt ihre Leere und Charakterlosigkeit erst recht zum Vorschein. Sie wissen gar nicht, wie ihnen geschehen ist, und vermissen ihren gnädigen Herrn«, schrieb er am 24. Oktober an seinen Schwiegervater Heyne. Zunächst ging es drunter und drüber in Mainz. Die Weinberge, die der Universität gehörten, wurden von den Bürgern geplündert, die von den Soldaten Custines erstmals etwas von Freiheit und Gleichheit gehört hatten. Um die Universität vor dem Freiheitsbegriff der Bürger und Bauern zu retten, ging Forster zu Custine und bat um seinen Schutz. Der General bemerkte gleich, daß er es mit einem Mann von Welt zu tun hatte, und begegnete ihm mit Respekt. Die Versorgung der Universität durch die alten Einkünfte und der Lehrbetrieb sollten gesichert werden.

Indessen dachte Custine an die Gründung eines Jakobinerklubs in Mainz. Daniel Stamm aus Straßburg und Georg Wilhelm Böhmer (s. S. 169) fungierten als seine Adjudanten. Sie wurden von ihm mit der Gründung des Mainzer Jakobinerklubs beauftragt, dem Forster jedoch nicht gleich beitrat (s. S. 172 f.), aber dessen Präsident er sehr bald werden sollte.

Es ging ihm alles viel zu schnell mit der Revolution in Mainz und im ganzen Kurfürstentum. Er wurde gegen seinen Willen vom Strudel der Revolution erfaßt und wußte doch nur zu gut, daß grundlegende Veränderungen ihre geschichtlichen Voraussetzungen haben, daß weder die Untertanen des geflüchteten Kurfürsten noch das ganze deutsche Volk die politische Reife für eine Umwälzung besaßen. Zwar war er in das Lager der Revolution eingetreten, nachdem die Franzosen einmarschiert waren, als er aber 1793 vom »Rheinischen Nationalkonvent« nach Paris entsandt worden war und sah, was dort vor sich ging, war er tief erschüttert. Seiner Frau Therese schrieb er:

Du wünschest, daß ich eine Geschichte dieser greuelvollen Zeit schreiben möchte? Ich kann es nicht! O, seit ich weiß, daß keine Tugend in der Revolution ist, ekelt es mich an. Ich konnte, fern von allen idealistischen Träumereien, mit unvollkommenen Menschen zum Ziel gehen, unterwegs fallen und weiter gehen. Aber mit Teufeln, herzlosen Teufeln, wie sie hier sind, ist es mir eine Sünde an der Menschheit, an der heiligen Mutter Erde und an dem Licht der Sonne. Immer nur Eigennutz und Leidenschaft zu finden, wo man Größe erwartet und verlangt, immer nur Worte für Gefühle, immer nur Prahlerei für wirkliches Sein und Wirken – wer kann das aushalten?

Anhang

Aus den Reden der Revolution

Aus der großen Zahl an Reden, die in der Revolution gehalten und gedruckt wurden, sollen und können hier nur einige wenige wiedergegeben werden. Sie sind aber geeignet, den politischen Hintergrund der Umwälzung von 1789 transparent zu machen und die revolutionäre Beredsamkeit einzelner zu zeigen.

Die großen Gestalten der Französischen Revolution waren alle hervorragende Rhetoriker. Ihre Sprache war scharf, offen, undiplomatisch. Zahlreiche fliegende Blätter, Broschüren und Pamphlete gaben die Reden wieder, die in den verschiedenen Klubs oder in der Nationalversammlung gehalten worden und buchstäblich der Druckerpresse übergeben worden waren. Auf diese Weise konnten sie unmittelbar auf das Volk einwirken und die Massen in Bewegung setzen oder halten. Erstmals in der Geschichte wurde ein Umsturz nicht durch die Verschwörung einer oppositionellen Machtelite herbeigeführt, sondern durch das gedruckte Wort, das, unter die unzufriedenen Volksschichten gestreut, die Menge orientierte, ihr Bewußtsein stärkte und sie zu handelnden Personen machte.

Vor 1789 haben lokale Konflikte sich oft zu Bürgerkriegen ausgeweitet und am Ende grundsätzliche politische Veränderungen erbracht. Selbst bei der Boston-Tea-Party, die zum amerikanischen Unabhängigkeitskrieg und zur Ablösung von der englischen Krone führte, war das noch der Fall. Die Französische Revolution aber war das Werk der Redekunst gebildeter Bürger und Aristokraten, die in der vorhandenen revolutionären Situation die entscheidenden Parolen artikulierten und so den Sturz der Monarchie durch das Volk bewirken konnten.

Ausgewählte Reden der Französischen Revolution wurden in deutscher Übersetzung zuletzt von Peter Fischer 1974 herausgebracht und mit einer historischen Einleitung versehen. Das Standardwerk über die Reden und Redner stammt von Alphonse Aulard aus dem Ende des 19. Jahrhunderts, das Fischers Ausgabe zugrundeliegt. Aulard, der 1928 starb, hat nach der Sammlung von Reden und der Darstellung der Redner 1901 ein Buch über die politische Geschichte der Revolution verfaßt, das auch in deutscher Übersetzung vorliegt. In den zwanziger Jahren unseres Jahrhunderts, also zur Zeit der Weimarer Republik, erschien im Neuen Deutschen Verlag in Berlin eine Reihe kleiner Bände: »Redner der Revolution«, in die auch Lassalle, Wilhelm Liebknecht, Rosa Luxemburg, Sun-Yat-Sen, Thomas Münzer u. a. eingingen. Dieser Reihe sind die Reden von Marat, Danton und Saint-Just entnommen, die hier wiedergegeben werden und z. T. von Fischer nicht berücksichtigt worden sind. Seine Ausgabe ist für Studienzwecke jedoch unerläßlich.

MARAT AM 16. JULI 1790: »Neue Verschwörung der Schwarzen«

Marat ließ vor der Revolutionsfeier am 14. Juli 1790 ein Flugblatt verteilen, das die Überschrift trug: »Höllischer Anschlag der Revolutionsfeinde«. In seiner Zeitschrift »Der Volksfreund« – »L'Ami du peuple« änderte er den Titel in: »Neue Verschwörung der Schwarzen«.

… Mit welch vollendeter Kunst haben unsere Feinde ihre Batterien aufgestellt! Man sah nicht ohne Überraschung die Schmeicheleien, die der König den Abgeordneten entgegenbrachte. Wir wollen nicht die Betrogenen unserer Verfassung sein: sie verbirgt hinterlistige Absichten. Und wir können die Zeichen des Wohlwollens, die vom Hof kommen, nicht als Beweise des Patriotismus auffassen.

Man hat mit nicht geringerer Überraschung die Bücklinge des Generals [La Fayette] vor den Angeordneten und alle die niedrigen Schmeicheleien, die angewandt wurden, um sie zu fangen, bemerkt. Endlich hat man nicht ohne Entrüstung die Mittel gesehen, derer sich La Fayette bediente, um alle glauben zu machen, er, La Fayette, sei der Held zweier Welten.

Man will mit Hilfe solcher gekaufter Abgeordneter dem König einreden, daß die Nation die Entlassung aller gegenwärtigen Minister fordert, man will das Dekret, welches den Mitgliedern der verfassunggebenden Körperschaft unmöglich macht, Ministersessel inne zu haben, aufheben.

Wir können jedoch nicht annehmen, daß die Deputierten so wenig
Verstand besitzen, um wie Kinder in die Falle zu gehen...

Und nur, um mit unserer Haut niedrige Intriganten, niederträchtige Verschwörer, gemeine Schurken zu decken, hätten wir die Waffen ergriffen, unseren Beruf, unser Glück, unsere Ruhe verlassen?

Aber wie? Sollten die Nationalgarden, die sich bewaffneten, um die
Freiheit zu verteidigen, nun selbst die grausamsten Bedrücker werden? Sollten sie sich zu unumschränkten Herren des Staates aufwerfen
dürfen und ihre Mitbürger, das Volk, die ganze Nation für nichts achten? Die zivile Macht würde dem Militär geopfert, und aus den Volkssoldaten würden Prätorianerkohorten werden, die über das Reich ver-
fügten; und nach einem Jahr der Mühsal, der Entbehrungen, der Gefahren, der Tränen, würden wir schließlich eine Militärdiktatur haben,
einen fürchterlichen Despotismus! Verlohnte es sich denn der Mühe,
unsere Unterdrücker zu beseitigen, nur um uns neue, grausamere Tyrannen zu geben? Nein und abermals nein! Wie groß auch immer die
Verderbtheit des Jahrhunderts sein möge, wir sind noch nicht auf diesem Grad der Sorglosigkeit, des Stumpfsinns, der Verächtlichkeit angelangt. Unsere bewaffneten Brüder sind nicht aus allen Ecken des
Königreichs herbeigeeilt, um uns Ketten anzulegen.

Empört über die Hast, mit der man an Vertrauensstellen Männer
berufen will, deren Wahl eine sorgfältige Prüfung erfordert, wissen
sie, daß es um das allgemeine Wohl in solchen Händen verzweifelt
schlecht bestellt wäre. Sie haben die Fallen durchschaut, die hinter den
Schmeicheleien des Hofes und seiner Kreaturen verborgen sind.

Anstatt verbrecherische Maßnahmen zu unterstützen, werden die
Volkssoldaten ihre Rechte und die allgemeine Freiheit sichern, indem
sie die die Wahl der Offiziere und deren Überwachung fordern. Das
Volk wird plötzlich aus seiner Lethargie erwachen, sich von seinen
Plünderern alles wieder zurückerobern, die gefährlichen Männer mit
Schande von den Ämtern verjagen und auf immer die sittenlosen In-
triganten ächten, die man heute noch in das Ministerium berufen
will.

Glaubt denn die Nationalversammlung, daß die Masse ehrlicher
Bürger es ruhig zulassen wird, daß ein Dekret aufgehoben wird, wel-

ches den Zweck hat, ihre Hände rein zu erhalten, während sie bis jetzt nicht wagte, die Kriegsgesetze, die indirekten Steuern, die Rechte des Monarchen aufzuheben, welche die Bürger ihrer Rechte berauben, die Freiheit untergraben und das öffentliche Wohl gefährden?

DANTON AM 29. JANUAR 1792: Rede vor dem Generalrat der Commune

Danton war in die Pariser *Commune* gewählt worden und von dieser zum Stellvertreter des Prokurators. Bei seiner Amtseinführung hielt er eine Rede, der folgender Ausschnitt entnommen ist.

Paris wie ganz Frankreich setzt sich aus drei Schichten zusammen. Die eine, jeder Freiheit, jeder Gleichheit, jeder Verfassung feind, verdient all das Unheil, das sie über die Nation gebracht hat und immer noch weiter bringen möchte. Kein Wort für sie! Sie will ich bis aufs äußerste bekämpfen, bis in den Tod. – Die zweite ist die Elite der eifrigen Freunde, der Mitarbeiter, der festesten Stützen unserer heiligen Revolution. Sie hat immer schon darauf bestanden, daß ich hier sei. Auch ihr brauche ich nichts zu sagen; sie hat ihr Urteil über mich gefällt, niemals werde ich ihre Erwartungen enttäuschen. – Die dritte Schicht, ebenso zahlreich wie gut gesinnt, will gleichfalls die Freiheit, aber sie fürchtet ihre Stürme; sie haßt ihre Verteidiger nicht, wird ihnen in Tagen der Gefahr immer beistehen, doch sie verdammt häufig ihre Energie, die sie meist für unnötig oder gar gefährlich hält. Ich achte diese Klasse von Bürgern, obgleich sie den perfiden Einflüsterungen jener, die unter der Maske der Mäßigung die Verruchtheit ihrer Absichten verbergen, ein zu gefälliges Ohr leiht. Ihr muß ich mich als Beauftragter des Volkes durch ein feierliches Bekenntnis meiner politischen Prinzipien bekannt machen.

Die Natur hat mir eine athletische Gestalt und die herben Züge der Freiheit gegeben. Ich bin nicht belastet mit dem Unglück, von jenen Kasten abzustammen, die unsren alten Einrichtungen gemäß privilegiert und deshalb fast stets entartet waren. Ich habe mir meine bürgerliche Existenz allein geschaffen und dadurch meine ursprüngliche

216

Kraft bewahrt, und immer habe ich bewiesen, – im Privatleben wie im Beruf – daß ich die Kaltblütigkeit der Vernunft mit der Glut der Seele und der Festigkeit des Charakters zu verbinden weiß.

Wenn ich seit den ersten Tagen unserer Wiedergeburt alle Aufwallungen des Patriotismus empfunden habe, wenn ich manchmal zu weit zu gehen schien, weil ich niemals schwach sein wollte, wenn ich seinerzeit geächtet wurde, weil ich rundheraus gesagt habe, was diese Leute waren, die der Revolution den Prozeß machen wollten, weil sie die sog. Fanatiker der Freiheit verteidigte, so geschah das, weil ich erkannte, was von den Verrätern zu erwarten war, die die Schlangen der Aristokratie offen beschützten...

Wenn ich, meiner Sache, der Sache unsrer Nation bewußt, die Gefahren einer zweiten Ächtung auf mich genommen habe, einer Ächtung, die noch nicht einmal mit meiner sagenhaften Beteiligung an jener tragisch-berühmten Demonstration* begründet wurde, sondern mit einem elenden Märchen von Pistolen, die in meiner Gegenwart an einem ewig denkwürdigen Tage aus dem Zimmer einer Militärperson fortgeschafft sein sollten, so handelte ich beständig nach den ewigen Gesetzen der Gerechtigkeit und so besagt dies, daß ich unfähig bin, Beziehungen aufrecht zu halten, die unsauber werden, und meinen Namen mit solchen zu verbinden, die nicht davor zurückschrecken, der Sache des Volkes abtrünnig zu werden, die sie vorher verteidigt hatten.

So war mein Leben bisher.

Und so, meine Herren, wird es in Zukunft sein.

MARAT AM 26. AUGUST 1792: Der Volksfreund an die tapferen Pariser

Marat war am 10. August Mitglied des revolutionären Gemeinderats von Paris geworden. Die Truppen des Herzogs von Braunschweig standen auf französischem Boden. Marat ließ Plakate drucken, die am 26. August überall angeschlagen waren: »Marat, der Volksfreund, an die tapferen Pariser«.

---

* Gemeint ist das Blutbad auf dem Marsfeld.

Die zahlreichen Banden des verschwörerischen Despoten rücken gegen uns vor, das Vaterland ist nahe daran, unter ihren Streichen zu fallen; in 14 Tagen wird es nicht mehr sein. Wir selbst werden aus der Zahl der Lebenden verschwunden sein, wenn wir nicht augenblicklich allen unseren gegenseitigen Haß einstellen, alle unsere gegenseitigen Zwistigkeiten aufschieben und allen kleinen Leidenschaften Schweigen gebieten. Vereinigen wir uns gegen den gemeinsamen Feind! Treffen wir endlich kraftvolle Maßnahmen, um unsere Häuser vor Plünderung, unsere Frauen und Töchter vor der Brutalität einer wilden Soldateska, unsere Kinder vor dem schändlichen Joch der Sklaverei und unser Leben vor dem Eisen der Mörder zu schützen.

Zweifelt nicht mehr daran, daß es um uns für immer geschehen ist, wenn nicht noch heute alle Freunde der Freiheit, alle Nationalgarden, alle tapferen, in der Handhabung der Waffen geübten Sansculotten sich auf den öffentlichen Plätzen eintragen lassen, um gegen den Feind zu marschieren; wenn alle diejenigen, die sich weigern werden, mitzuziehen, nicht ihre Waffen ihren kampfbereiten Brüdern übergeben; wenn alle in der Hauptstadt verfügbaren Pferde nicht zur Bildung einer leichten Truppe requiriert werden; wenn die ganze Gendarmerie nicht den Marschbefehl bekommt; wenn der Kriegsminister nicht ungesäumt die Paris beherrschenden Höhen besetzen und in Verteidigungszustand bringen läßt; wenn er nicht auf der Stelle Sachverständige zur Errichtung einer den Feind aufzuhalten geeigneten Stellung hinausschickt.

Von heute Abend ab müssen alle Bürger von der Kommune bei Todesstrafe aufgefordert werden, die Waffen, die nicht zu ihrer eigenen Ausrüstung dienen, abzuliefern; von heute Abend ab müssen Kommissare ernannt werden, die in allen verdächtigen Häusern inquisitorische Nachforschungen anstellen; noch heute muß die Kommune drei aufgeklärte und standhafte Kommissare ernennen, die über das allgemeine Beste zu wachen haben; noch heute Abend muß jeder Büchsenmacher, Messerschmied und Schlosser den Befehl erhalten, öffentlich und ohne Unterlaß Piken und Dolche herzustellen.

Im Namen der Freiheit, des Vaterlandes, der Humanität und im Interesse des Wohles eurer Frauen, eurer Kinder, der kommenden Gene-

218

rationen des Menschengeschlechts und eurer selbst, meine lieben Mitbürger, leiht der Stimme eures treuen Freundes ein Ohr, vereinigt
euch, um den Staat zu retten.

Es ist vergeblich, daß diejenigen unter euch, die das Glück bevor-
zugt hat, versuchen würden, sich abzusondern, sich zu verbergen und
in Untätigkeit zu verharren. Paris wird der Plünderung preisgegeben
sein und besonders ihre Häuser werden verwüstet werden. Die Sorge
um Erhaltung ihrer Güter und ihres Lebens läßt sie keine andere Möglichkeit wählen, als sich mit ihren Brüdern zu vereinigen und mit ihnen zu kämpfen. Von heute ab muß jeder Bürger, der bereit ist, für das
Vaterland zu streiten, auf Kosten der Nation erhalten werden.

Soll ich es euch sagen, meine lieben Freunde: Vielleicht werdet ihr
schließlich gezwungen werden, um das Volk zu retten, ein Triumvirat
der aufgeklärtesten, rechtschaffensten und unerschrockensten Männer
zu wählen, die alle ihre Maßnahmen in einem Rat, der sich aus den
entschlossensten und makellosesten Vaterlandsfreunden zusammen-
setzt, bestimmen werden.

Erschreckt nicht über die Worte. Nur durch Gewalt kann man dahin
gelangen, die Freiheit triumphieren zu lassen und das öffentliche Wohl
zu sichern. Als Bürgschaft ihrer guten Führung genügt es, daß die
Verwahrer der nationalen Autorität ihre Gewalt nur zur Vernichtung
der Feinde der Revolution und nicht zur Unterdrückung ihrer Mitbürger anwenden dürfen und daß ihr Amt mit dem Augenblick zu Ende
geht, in dem der Feind sich nicht mehr wird erheben können. Ihr habt
so viele Jahrhunderte lang darunter gelitten, daß unverschämte Gebie-
ter, um euch zu vernichten, über euch eine willkürliche Herrschaft
ausgeübt haben, – werdet ihr dem tugendhaftesten eurer Brüder dieselbe Macht, die euch retten wird, verweigern? Um die inneren Feinde
im Zaume zu halten, wird es genügen, ihnen Dolche zu zeigen!

SAINT JUST, 1794: Rede gegen Danton vor dem Konvent

Am Tag der Verhaftung Dantons hielt der 27jährige Saint-Just eine un-
gerechte, ja grausame Anklagerede gegen Danton, der dem Wüten der
Guillotine Einhalt gebieten wollte.

Danton, du wirst der unausbleiblichen und harten Justiz antworten
müssen. Danton, betrachten wir deine Vergangenheit und zeigen wir,
daß du seit dem ersten Tage der Mitschuldige aller Attentate warst...
Danton, du hast der Tyrannei gedient. Du warst, das ist wahr, ein
Gegner La Fayettes, aber auch Mirabeau, die Orléans und Dumouriez
waren seine Gegner. Hast du den Mut zu leugnen, daß du dich allen
diesen drei Gegnern verkauftest? Nur dank der Protektion Mirabeaus
wurdest du Verwalter eines Pariser Departements in einer Zeit, wo der
Wahlkörper ausgesprochen monarchistisch war. Die Freunde Mirabeaus rühmten sich, daß sie deinen Mund zugestopft haben, und solange diese niederträchtige Persönlichkeit lebte, bliebest du stumm.

Während der ersten Blitze der Revolution hast du den Höfen eine
feindliche Stirne gezeigt und du sprachst mit Eifer gegen Versailles.
Mirabeau, der eine dynastische Änderung wollte, fühlte den Wert deiner Kühnheit und benutzte die Gelegenheit. Seit dieser Zeit hast du
dich immer mehr von den strengen Grundsätzen entfernt, und bis zum
Massaker auf dem Marsfeld hörte man nichts mehr von dir...

Nach dem Tode Mirabeaus hattest du mit Lamette konspiriert. In
der Versammlung bliebst du unparteiisch und während des Kampfes,
den Brissot mit den Jakobinern und den Girondisten führte, hast du
geschwiegen. Du warst erst mit den Girondisten in den Fragen des
Krieges einverstanden, und später, als dich die besten Bürger warnten,
erklärtest du, du würdest ruhig sein und die beiden Parteien beobachten. Und als du sahest, daß sich das Gewitter vom 10. August vorbe-
reitete,* zogst du dich wieder auf dein Gut zurück. Du bist ein Deser-
teur, du hast die Gefahren, die die Freiheit bedrohten, gesehen und
schwiegst. Die Patrioten hofften, dich nicht mehr wieder zu erblicken.
Als du aber sahst, daß der Fall der Tyrannei unausbleiblich sei, als du
genügend Sicherheit hattest, kamst du am 9. August nach Paris zurück. In dieser furchtbaren Nacht in Paris angelangt, legtest du dich
ruhig schlafen. Man kam zu dir, deine Sektion hatte dich zum Präsidenten ernannt, man störte dich aus deiner Ruhe, du präsidiertest eine
Stunde die Versammlung, und als die Sturmglocken läuteten, gingst

---

* Gefangennahme des Königs

du nach Haus. Einige Minuten später hat ein Bajonett das Herz des Präsidenten dieser Versammlung durchbohrt. Was tatest du in dieser Zeit, wo warst du? Du schliefest! Was machte zu jener Zeit dein Freund und dein Komplize Fabre? Du selbst hast uns erzählt, daß Fabre mit den Höfen verhandelte, um die Höfe zu betrügen. Aber konnte der Hof mit Fabre verhandeln, wenn der Hof nicht einen Beweis der Bestechlichkeit Fabres in Händen gehabt hätte? Jeder, der Freund eines Mannes ist, der mit den Höfen parlamentiert, ist der Feigheit schuldig. Die Vernunft hat ihre Fehler, aber die Fehler des Gewissens, das sind die Verbrechen...

Literaturhinweise

Unsere Darstellung wendet sich weniger an Fachgelehrte als an historisch denkende Menschen, die sich für die Bedeutung der Revolution von 1789 interessieren und auch den kulturellen und sozialen Umkreis der Ereignisse kennen oder kennenlernen möchten.

Alle gegebenen Ausführungen sind nach ihren Quellen belegbar, alle Zitate in der angegebenen Literatur zu finden. Dennoch wurde auf einen Anmerkungsapparat verzichtet, um den Text der Darstellung lesbar zu halten. Die benutzte Literatur und Spezialstudien zum Problem der Französischen Revolution sind folgenden Werken zu entnehmen:

Alt, Robert (Hrsg.): »Erziehungsprogramme der Französischen Revolution«, Berlin - Leipzig 1949

Andreas, Willi: »Das Zeitalter Napoleons und die Erhebung der Völker«, Heidelberg 1955

Aretin, Karl Otmar v.: »Der aufgeklärte Absolutismus«, Köln 1974

Aulard, Alphonse: »Politische Geschichte der Französischen Revolution«, München – Leipzig 1924

Barnave, Antoine: »Theorie der Französischen Revolution«, München 1971

Berg, Eberhard: »Zwischen den Welten – Anthropologie der Aufklärung und das Werk Georg Forsters«, Berlin 1982

Bergerson, L., F. Furet und R. Kosellek: »Das Zeitalter der europäischen Revolution 1780–1848«, Frankfurt 1969 (Fischer Weltgeschichte, Bd. 26)

Borries, Kurt: »Die Bedeutung der französischen Revolution für die Entstehung der modernen Welt«, Tübingen 1938

Borudio, Günter (Hrsg.): »Das Zeitalter des Absolutismus und der Aufklärung (1648– 1779)«, Frankfurt 1981

Conches, Feuillet de: »Correspondances de Madame Elisabeth...«, Paris 1867

Dalin, V. M.: »Babeuf-Studien«, Berlin 1961

Damas, François Ribadeau: »Cagliostro«, deutsche Übersetzung München 1966

Eckermann, J. P.: »Gespräche mit Goethe«, München 1976

Erdmann, Karl Dietrich: »Volkssouveränität und Kirche«, Köln 1949

Fehrenbach, Elisabeth: »Vom Ancien Régime zum Wiener Kongreß«, München – Wien 1981

Fischer, Peter (Hrsg.): »Reden der Französischen Revolution«, München 1974

Forster, Georg: »Entdeckungsreise nach Tahiti und in die Südsee«, Stuttgart 1979

Forster, Georg: »Werke in 4 Bänden«, hrsg. v. Gerhard Steiner, Frankfurt o. J.

Forster, Johann Georg: »Sämtliche Schriften (mit einer Charakteristik des Verfassers durch G. G. Gervinus)«, 9 Bde., Leipzig 1843 f.

Friedländer, Paul: »Jean Paul Marat«, Berlin 1926 (Redner der Revolution, Bd. VII)

Frölich, Paul: »Georges Jacques Danton«, Berlin 1928 (Redner der Revolution, Bd. VIII)

Furet, François und Denis Richet: »Die französische Revolution«, München 1978

Garber, Jörn (Hrsg.): »Revolutionäre Vernunft – Texte zur jakobinischen und liberalen Rezeption in Deutschland 1789 – 1810«, Kronberg/Ts. 1974

Grab, Walter (Hrsg.): »Deutsche revolutionäre Demokratie«, 5 Bde., Stuttgart 1971–78

Grab, Walter (Hrsg.): »Freyheit oder Mordt und Todt, Revolutionsaufrufe deutscher Jakobiner«, Berlin 1979

Guth, Paul: »Mazarin, Frankreichs Aufstieg zur Weltmacht«, Frankfurt 1974

Handbuch politisch-sozialer Grundbegriffe in Frankreich, hrsg. von Rolf Reichardt und Eberhardt Schmitt, München 1985 ff.

Harpprecht, Klaus: »Der Evangelist der Südsee – Georg Forster«, in: GEO 1 (1987), S. 124 ff.

Harpprecht, Klaus: »Georg Forster oder die Liebe zur Welt«, Hamburg 1987

Heckethorn, Charles W.: »Geheimgesellschaften, Geheimbünde, Geheimlehren«, Leipzig 1900

Hegel, Georg Friedrich Wilhelm: »Die absolute Freiheit und der Schrecken«, in: »Phänomenologie des Geistes«, hrsg. v. J. Hoffmeister, Leipzig 1949

Heiseler, J. H. v.: »Modell der Revolutionen oder besonderer französischer Weg«, in: Marxistische Studien 14, Jahrbuch des IMSF, Frankfurt 1988

Herold, Christoph: »Der korsische Degen. Napoleon und seine Zeit«, Berlin – Darmstadt – Wien 1968

Herzfeld, Hans: »Die moderne Welt…«, Braunschweig – Hamburg – Kiel o. J.

Heyer, Karl: »Aus dem Jahrhundert der französischen Revolution«, Kreßbronn 1956

Hinrichs, Schmitt und Vierhaus (Hrsg.): »Vom Ancien Régime zur Französischen Revolution«, Göttingen 1978

Kant, Immanuel: »Beantwortung der Frage: Was ist Aufklärung?«, in: Berlinische Monatsschrift IV (1784)

Koller, Heinz und Bernhard Töpfer: »Frankreich, ein historischer Abriß«, Köln 1978

Kossok, Manfred: »Revolutionen der Weltgeschichte 1500–1917«, Berlin (DDR) 1982

Kropotkin, Pjotr A.: »La Grande Révolution«, dtsch. von Gustav Landauer, Berlin 1909

Kuczynski, Jürgen: »Die Stellung und Lage der Arbeiter in Frankreich von 1789 bis 1848«, Berlin 1967

Kuhn, Alex (Hrsg.): »Linksrheinische deutsche Jakobiner«, Stuttgart 1977

Langewiesche, Wilhelm: »Georg Forster – Das Abenteuer seines Lebens«, Ebenhausen – Leipzig 1923

Lenhoff und Posner: »Internationales Freimaurertum«, Zürich – Wien 1932

Marcu, Valeriu: »Maximilien Robespierres Reden«, Berlin ²1928 (Redner der Revolution, Bd. I)

Markov, Walter: »Die Freiheiten des Priesters Roux«, Berlin 1970

Markov, Walter: »Revolution im Zeugenstand«, 2 Bde., Leipzig 1982

Markov Walter (Hrsg.): »Jakobiner und Sansculotten – Beiträge zur Geschichte der französischen Revolutionsregierung«, Berlin 1956

Markov, Walter (Hrsg.): »Maximilien Robespierre 1758–1794«, Berlin 1961

Markov, Walter und Albert Soboul: »Die Sansculotten von Paris 1793/94«, Berlin 1957

Massin, Jean: »Robespierre«, Berlin 1963

Maurois, André: »Frankreich – Geschichte in Bildern«, München 1960

Michelet, Jules: »Die Frauen der Revolution«, dtsch. von G. Etzel, Frankfurt 1984

Michelet, Jules: »Geschichte der französischen Revolution«, dtsch. von R. Kuhn, 10 Bde., Wien – Hamburg – Zürich o. J.

Mignet, F. A.: »Geschichte der französischen Revolution«, Berlin 1975

Pernoud, Georges und Sabine Flaissier: »Die Französische Revolution in Augenzeugenberichten«, dtsch. von H. Thürnau, Düsseldorf 1962

Petersen, Susanne: »Marktweiber und Amazonen, Frauen in der Französischen Revolution«, Köln 1987

Pflugk-Hartung, J. v.: »Revolution und Kaiserreich«, in: »Geschichte der Neuzeit«, Berlin 1908

Rauhut, Karl: »Die pädagogischen Theorien der Französischen Revolution«, Halle 1954

Redslob, Rudolf: »Die Staatstheorien der französischen Nationalversammlung«, Leipzig 1912

Reichart, Rolf und Eberhard Schmitt: »Ancien Régime, Aufklärung und Revolution«, in: »Handbuch politisch-sozialer Grundbegriffe in Frankreich 1620 – 1820«, Bd. 10, München 1985

Reichardt, Rolf und Eberhard Schmitt (Hrsg.): »Die Französische Revolution – zufälliges oder notwendiges Ereignis«, München – Wien 1983

Reinalter, Helmut (Hrsg.): »Jakobiner in Mitteleuropa«, Innsbruck 1977

Reintjes, Heinrich: »Weltreise nach Deutschland – J. G. Forsters Leben und Bedeutung«, Düsseldorf 1953

Ritter, Joachim: »Hegel und die französische Revolution«, Frankfurt 1972

Robespierre, Maximilien: »Reden«, hrsg. v. Kurt Schnelle, Leipzig o. J.

Rödel, Wolfgang: »Forster und Lichtenberg«, Berlin 1960

Rohden, P. R.: »Robespierre, die Tragödie des politischen Ideologen«, Berlin 1935

Rudé, Georges: »Die Massen in der Französischen Revolution«, München – Wien 1961

Sassenbach, Johann: »Die Freimaurer«, Berlin 1905

Schmid, Carlo: »Maximilien Robespierre – ausgewählte Texte«, Hamburg 1971

Schmitt, Eberhard: »Einführung in die Geschichte der französischen Revolution«, München 1976

Schmitt, Eberhard: »Die Französische Revolution – Anlässe und langfristige Ursachen«, Darmstadt 1973

Schoeller, Wilfried F.: »Schubart – Leben und Meinungen eines schwäbischen Rebellen«, Berlin 1979

Schumacher, Karl v.: »Mirabeau«, Stuttgart 1954

Seibt, Ferdinand: »Revolution in Europa«, München 1984

Sieburg, Friedrich: »Robespierre«, Stuttgart 1958

Sieyès, Emmanuel: »Abhandlung über die Privilegien. Was ist der dritte Stand?«, hrsg. v. R. H. Foerster, Frankfurt 1968

Soboul, Albert: »Die Große Französische Revolution«, Darmstadt 1983

Sorel, Albert: »Montesquieu«, dtsch. v. A. Kreßner, Berlin 1896

Steigerwald, Robert: »Goethe und die Große Französische Revolution«, in: Marxistische Studien 14, Jahrbuch des IMSF, Frankfurt 1988

Stern, Alfred: »Der Einfluß der Französischen Revolution auf das deutsche Geistesleben«, Stuttgart – Berlin 1928

Sybel, Alfred v.: »Geschichte der Revolutionszeit von 1789 bis 1800«, 5 Bde., Düsseldorf 1865–1879

Tetzlaff, Irene: »Unter den Flügeln des Königs – Der Graf von Saint Germain«, 1970

Traeger, Claus: »Die Französische Revolution im Spiegel der deutschen Literatur«, Leipzig 1975

Traeger, Claus: »Mainz zwischen Rot und Schwarz«, Berlin 1963

Tulard, Jean: »Napoleon oder der Mythos des Retters«, Tübingen 1978

Uhlig, Ludwig: »Georg Forster. Einheit und Mannigfaltigkeit in seiner geistigen Welt«, Tübingen 1965

Voigt, Hedwig: »Die deutsche jakobinische Literatur und Publizistik 1782–1800«, Berlin 1955

Volz, Berthold: »Der Graf von Saint Germain, das Leben eines Alchimisten«, Dresden 1923

Vovelle, Michel: »Die Französische Revolution – Soziale Bewegung und Umbruch der Mentalitäten«, München – Wien 1982

Wagner, Fritz: »Europa im Zeitalter des Absolutismus 1648 – 1789«, München 1948

Waite, A. E.: »The Brotherhood of the Rosy Cross«, London 1924

Witte, Kurt: »Deutsche Geschichte im europäischen Zusammenhang«, Bd. 3: 1789 – 1850, Braunschweig 1950

Personenregister

Kursiv gesetzt sind in den Literaturhinweisen nachgewiesene Autoren.

Renate Riemeck

Glaube – Dogma – Macht

Geschichte der Konzilien

336 Seiten, 1 Farbtafel, Leinen

Über eine vollständige Geschichte der Konzilien hinaus gibt Renate Riemeck mit dieser Entwicklungsgeschichte des Christentums zugleich eine
Darstellung der Geistesgeschichte Europas, die vom Urchristentum über
die Auseinandersetzungen mit dem Arianismus, mit der griechisch-oströ-
mischen Orthodoxie, über die Herausbildung des Papsttums und der europäischen Nationalstaaten, über die Rangstreitigkeiten zwischen Papst und
Kaiser, die Kreuzzugs- und Ketzerbewegungen, die Geschichte der Templer, der Reformation und Gegenreformation bis zum Unfehlbarkeitsdogma
von 1870 reicht. Während die Kirche in den ersten Jahrhunderten noch geistige Wegmarken für die Prägung des jungen Christentums setzte, wurde sie
seit ihrer Allianz mit dem Kaisertum mehr und mehr zu einem führenden
machtpolitischen Faktor Europas; auf der anderen Seite entglitten ihr wesentliche geistige Entwicklungen, wie sie hinter den Kreuzzugs-, Armuts-
und Ketzerbewegungen, der Reformation und anderen Ereignissen standen
und zu denen die Kirche immer mehr in Opposition geriet.

War Konziliengeschichte bislang eine Domäne katholischer oder evangeli-
scher Dogmatiker oder Kirchenhistoriker, so bringt Renate Riemeck dagegen nicht nur profunde Kenntnisse der allgemeinen Geschichtswissenschaft
wie auch des umfangreichen Quellenmaterials mit, sondern sie kann dem
Leser aufgrund eines übergreifenden geistesgeschichtlichen Horizonts einen
umfassenden Überblick vermitteln über den Gang der europäischen Geschichte, den die Kirche ständig beeinflussend und leitend mitgestaltete. Sie
lenkte damit die Geschichte viel intimer und folgenreicher, als dies gemein-
hin bewußt ist. Die Disziplinierung der Gläubigen durch die Ohrenbeichte,
die Proklamation der priesterlichen Vollmacht oder die Abhängigkeit der
Kirche von der europäischen Finanzwirtschaft am Ende des Mittelalters sind
nur einige Beispiele dafür.

VERLAG URACHHAUS STUTTGART

Renate Riemeck

Verstoßen – verfemt – verbrannt

Zwölf Ketzerschicksale aus acht Jahrhunderten

132 Seiten, 11 Abbildungen, kartoniert

In diesem Buch wird anhand von zwölf exemplarischen Beispielen die menschliche Tragik und zugleich die geistesgeschichtliche Bedeutung jener besonders engagierten Christen geschildert, die nur deshalb verfemt und verbrannt wurden, weil sie ihrer Zeit und deren Institutionen zu weit voraus waren. Die hier behandelten Ketzer waren konsequente Christen, denen die wahre Kirche am Herzen lag und die deshalb an den Unzulänglichkeiten und Erstarrungen der Kirche ihrer Zeit besonders litten, so wie die Kirche an ihnen litt, weil sie die innere Berechtigung der ketzerischen Anschauung spürte, aber ihnen noch nicht gewachsen war. Das Streben nach einem lebendigen und freien Christentum brach sich so an den verhärteten Strukturen der Kirche.

So mußten bereits im 9. Jahrhundert der Mönch Gottschalk und Scotus Eriguena feststellen, daß ihre spirituellen Auffassungen der Kirche nicht mehr integrierbar waren. Im 12. Jahrhundert brach sich mit Arnold von Brescia eine christliche Armutsbewegung Bahn, die die Kirche der Völlerei, der Geldgier und des Machthungers anklagte, und auch die Katharer und Waldenser stellten ihr eine vorbildliche Lebensführung entgegen. Joachim von Fiore trat dafür ein, dem Glauben an die Kirche wieder den Glauben an Christus entgegenzustellen. Im 14. Jahrhundert mußten die Sozialreformer Konrad Waldhauser und Militsch von Kremsier an den festgefügten Strukturen der Kirche scheitern, doch auf ihrem Impuls konnte später Jan Hus aufbauen, der zudem mit dem antipapistischen theologischen Rüstzeug eines John Wiclif ausgestattet war. Sogar der Protestantismus kannte in der Gestalt des Hans Denck seinen »Ketzer«, der über die absolute Schriftgläubigkeit hinaus die spirituelle Erleuchtung des einzelnen Christen forderte. Noch im 17. Jahrhundert endete Gottfried Arnold, der erste Historiker der Ketzergeschichte, durch seine Beschreibung des Abfalls der Kirche, als »Ketzer«.

VERLAG URACHHAUS STUTTGART